JN056453

本当の仏教の話　下巻

幹(みき)編第6章から枝葉(えだは)編

目次

・この目次ですが、この本の概要を知るため章名、節名、項目名だけでなく、その内容についても分かるようにしてある箇所があります。
・本文と目次に、【】が打ってある語句、文章は、著者が重要だと思う語句、文章です。
・目次に、★、☆が打ってある箇所は、興味を持ってもらえると思われる箇所です。★の方がより面白いと思っていただける内容です。参考になさって下さい。

枝葉（えだは）編

第1章　小さな枝葉
避けて通れない大きな枝

第2章　蕾　最初期の阿弥陀仏、初期の阿弥陀仏

第1節　阿弥陀仏の最初の名前　……120

注記

この本は、全体の構成が、すっきり縦割りになっているわけではありません。この本は、普通の本のように、最初から読んでいって、その内容が頭の中に入ってくるということではないかもしれません。そうならないことの方が多いような気がします。それは、この本の意図が、仏教の流れを意識していただきたい、ということにあるからです。

読み始めてもらうと、「なんだ、これは?」みたいな感覚が出てくるのかもしれません。歴史の断片的な話が出てくると思えば、知らない間に、筆者の推測でしかない話になっていってしまうし、そんな話は聞きたくないと思われる方は多いことでしょう。

それかと思うと、本の中の何カ所かには、同じ文章が何回も出てくるし、こんな本は有り得ないと思われることもあるでしょう。

私がこの本で取り上げた歴史的事実は、選りすぐりのものと自負しております。貴重なものばかりだと自負しております。仏教を語る上で外してはいけないものばかりだと思っています。

そして、私の推測話がお気に召さない時は、読者の方々に、それぞれの推測、想像をしていただきたいのです。そうすることによって、読者の方に、仏教の流れを意識していただきたいのです。皆さん方が捉えられた流れが、私がこの本に記述しました流れとは異なっていることは、大いに有り得ることだと思っております。流れを感じることは、決めつけることではありません。仏教そのものを感じることです。お釈迦さまその人を感じることです。

この注記は、この本を書き始めて、書く予定の4分の3ぐらい書き終わった時点で書いています。この本に書いたことは、今、思うに、私の「決めつけた」ものではないな、と思います。そうではなく、私が、今、「思っている」ことなのです。だから、絶えず手直ししています。別に、校正をしているわけではありません。何カ月か前に書いたことが、今自分の思っているのと少しでも距離があるように感じたら、書き直したり、書き足したりしています。

私は、この本に書いたことに、自信を持っています。しかし、私の言っていることが正しいと言っているわけではありません。ここに書かれていることは、私の無謬性の主張ではありません。間違いが数多くあると思います。私の想像、推測が、度を越して、歴史的事実からかけ離れたものになっているのかもしれません。

第6章　大いなる流れの帰着と出発

序節　「大いなる流れの帰着と出発」ということ

この第6章の名前、「大いなる流れの帰着と出発」について、お話させていただきます。

「大いなる流れ」とは、お釈迦さまが説かれた教え、仏教の教えがいろいろな時代のいろいろな人に届く、その「流れ」のことを言います。

お釈迦さまは、今から2400年前に、ある教えを説かれました。その教えが仏教です。

それが、いろいろな、多くの人々の間で大事にされ受け継がれ、また多くの人々に伝わり、それが連綿と現代にまで続いてきました。

そのことを私は「流れ」と言い表してみたいのです。

さらに、2400年間、数限りなく多くの人々の生きる礎(いしずえ)になってきました。そういう意味で、「大いなる」としました。

「帰着と出発」とは、お釈迦さまの仏教の流れがどこに帰り着き、また、それがどこから出発するのか、ということです。

「帰着と出発」とは、本質的には、数限りない人々の中で、個々の人の中で起こることです。歴史の中で言えば、起こってきたことです。

しかし、世の中で言う、いわゆる「歴史」という観点から見ると、また違った見方ができます。

仏教の歴史、2400年間を概観しますと、その中で、とても面白いことに気がつきました。一つだけ、非常に興味深い時期があるのです。

それは、初期大乗仏教経典が編纂されたとされている時期なのです。その代表的な経典の解説、探求は、上巻第5章にあります。

その時期は、仏教にとって、一大転換点と言ってよいものでした。最も大きなターニングポイントでした。

初期大乗仏教経典は、お釈迦さまの本当の仏教の流れを回復させようとしたものでした。しかし、一つの経典で、あらゆるものを回復させ得たわけではありません。ほとんどが、多くの教えの中の、たった一つの教えの回復に成功したに過ぎませんでした。ただし、その教えには、非常に大きなものから、小さなものまでありました。私は、初期大乗仏教経典のすべてを、素晴らしいものだと評価しています。

ここで、留意してもらいたいことがあります。私は、小乗仏教より大乗仏教の方がすぐれているので、初期大乗仏教経典を評価する、と言っているわけではありません。私の考えの中に、そういう意図はただのひとかけらもありません。

初期大乗仏教経典が編纂される、きっかけ、動機、エネルギー、妥協、収斂（集束）、収束、そのどれの場合でも、上座部（いわゆる小乗）仏教の僧侶の中の、多くの人々が関わっていたと思われるからです。

皆さん方は、上座部仏教の僧侶というと、スリランカ系の上座部であると勘違いをする方がほとんどだと思います。実は、上座部仏教の僧侶は、この当時の仏教の存在するところには例外なくあらゆるところにおられたのです。中インド、南西インド、西北インド、現在のアフガニスタンからウズベキスタン方面、中国のいわゆるシルクロードといわれる辺り、中国世界全体、あらゆるところに上座部仏教の僧侶はおられたのです。

現在のスリランカの上座部は、その中の一部分に過ぎませんでした。現在は、ただ一つの上座部系教団なので、唯一正統のように思われているのかもしれません。けっしてそうではありません。スリランカの上座部に関する歴史の本を読むと、興味深いことがたくさんあります。

また、初期大乗仏教の経典のそれぞれが、編纂される時も、経典として認められる時も、上座部仏教の僧侶の間接的配慮があったように思われるのです。もしかしたら、直接的とも言えるようなことがあったような、そんな気もします。

初期大乗仏教経典の成立時には、上座部仏教の僧侶の、承認、または、黙認がされていたように私には思われるのです。

これらのことは、初期大乗仏教経典の成立を考える時には非常に大事なことなのかもしれません。

そして、その素晴らしい時期の全体を、完全に収束させた経典があったのです。

現在、私の行き着いた場所（結論）は、次の通りです。

大いなる流れは、「無量寿経」に帰着し、「無量寿経」から出発します。

ということです。

実際の歴史の中の瞬間で言うと、紀元４２１年の中国の南京付近ということになります。

その時、そこで、漢訳無量寿経（宝雲、仏陀跋陀羅（ブッダバドラ）共訳の無量寿経。４２１年、南京近郊で漢訳）という形を取ることによって、「無量寿経」は、完成されたのです。

ここで私は、「お釈迦さまからの大いなる流れが、無量寿経に帰着し、無量寿経から大いなる流れが出発する」ということを主張したいわけではありません。この第6章の名前を、「無量寿経に帰着し、無量寿経から出発する」とは、したくはありません。なぜなら、そのようにすると、この第6章は、これまでの前5章の帰結が無量寿経になることを主張するということになるからです。「本当の仏教」ということが成立しなくなるからです。

私にとっては、絶対に譲れないこだわりです。

この第6章の意義は、「帰結」が無量寿経にあることを主張するのではありません。

皆さん方に、それぞれの「帰結」があるのであれば、それを意識していただきたいのです。そして、もし、皆さん方が「大いなる流れの帰着と出発」を持っておられるのであれば、それを意識していただき、思い出していただき、それと、私がこの章で素描する絵（姿）（私の結論）とを比較していただきたいのです。

それぞれの「大いなる流れの帰着と出発」を持っておられる方のことを、私は尊敬いたします。自分の中に、それぞれの「大いなる流れの帰結と出発」を感じておられる方々のことを、私は尊敬いたします。

それらの方々は、今の自分を、現在の自分を、はっきり捉えておられるからです。私の歩んでいる道とは、違っていると思われるかもしれませんが、それらの方々は仏教の道を歩んでおられると私は思うからです。

今、ここに、到る(いた)
「かの国に到る」と言うより

幹(みき)編を書き始めた時、この第6章を書くつもりはありませんでした。幹編に、この第6章を置く予定はなかったのです。

なぜなら、この章があることで、結局、この本は、ここへ来るために作られた本であると思われるからです。つまり、「仏教の教えの流れ」とか言いながら、最初から結論が決まっていたのだろうと思われてしまうからです。おまえの中では、浄土真宗が本流であるということは、最初から決まっていたことなのだろう。そのように思われるのは、心外なことなのです。この本を書き始める時、そのような意図は全くなかったのですから。だから、この第6章を作ることは考えたこともありませんでした。

私は、お釈迦さまの所から、教えの水が流れ始め、その先、どのように流れていくのだろうか、わくわくしながら、水の流れる様子を観察していきました。そうして、第5章の所までやって来ました。そのように、一番上の場所から、確かめ確かめしながら、やってきたのです。

最初に結論があって、その結論を導き出すために、それを擁護するものを探して見つけてくる。そういったことは、この世界、いわゆる仏教の本の中にも、大変多くあります。

私は、そのような誤解を受けるようになっても、それでも、この第6章を置きます。

この第6章は、第5章の結論なのです。しかし、第5章には置きたくなかったのです。第5章は、いろいろなお経を客観的な視点で記述しました。どの経典にも肩入れをすることなく、初期大乗仏教経典の各個の特質を明らかにしました。さらに、初期大乗仏教経典の全体像を見渡してみたかったのです。

そして、主要な初期大乗経典の本質を尋ねていく中で、無量寿経は、その他の経典とは、全く異なった特質を持っていることに気づきました。

第1節　「無量寿経」の中身

ここからは、いきなり無量寿経の話になります。「無量寿経」の中には何が書かれてあるのか。まず簡潔に、中身だけをさらさらっと描いてみたいと思います。

この第6章の「無量寿経」とは、漢訳『無量寿経』（421年、宝雲・仏陀跋陀羅共訳）のことを言います。

【序文】

お釈迦さまのお話が、始まります。最初の言葉は、あらゆる経典の決まり文句、「このように私は聞きました」です。これは、お釈迦さまが説かれたお経であるということを表しています（注1）。

【菩薩（ぼさつ）ストーリー（物語）】

修行僧でなくても、普通の生活をしていても、目覚める（ブッダになる）ことができる、ということを、経典の最初で確認しています。そして、そのことを、主張するために、わざわざ、「菩薩ストーリー（物語）」が作られました。本編が始まるその前に、それは置かれました。

ここで言う「菩薩ストーリー（物語）」とは、私が名付けたものです。

内容は、出家生活ではない、普通の生活をしている人こそが、目覚める（ブッダになる）ことができる、そして、そういう菩薩たちが、数限りなく、あらゆる世界におられる、というものです。

この「菩薩ストーリー（物語）」が、注目すべきなのは、この箇所には、阿弥陀仏に結びつく内容が一切ないことなのです。菩薩一般に関する内容になっています。無量寿経の中に、このような〈阿弥陀仏に触れない〉世界の叙述があることに、もっと注目すべきではないかと思います。この部分は、今まで、なきが如く扱われてきました。しかし、この部分の存在理由は、無量寿経の、仏教全体における自分の位置を確固として主張することにあると、私は思います。

すなわち、この経典（無量寿経）は、出家生活者でなく、普通の生活をしている仏教徒たちのためのお経であるということです。

【法蔵比丘（ほうぞうびく）（菩薩）ストーリー（物語）】

ここからが無量寿経の本編となります。

「法蔵菩薩」とは、阿弥陀仏がブッダになる（目覚める）、それ以前の呼び名（注2）（名前）です。（本当に）目覚めた人に出会い、アドバイスをちゃんと受け止めれば、普通の人こそが、自分のなりたい人になっていけるんだ。

そして、そういうことが、「国王、世自在王仏、法蔵比丘、法蔵菩薩、阿弥陀仏」という具体的な名前と共に語られているのです。

この宇宙が生まれ消滅することを数限りなく繰り返すほど昔、1人の国王がおりました。その国王が世自在王という名前のブッダ（目覚めた人）に出会われました。

彼は、世自在王ブッダに、今まで抱えていたさまざまな疑問をぶつけてみました。ブッダは、それらの疑問に明快に答え説明されました。その答え、その明快さに心の奥底まで打たれ、ブッダの弟子となりました。ブッダの教育（教え育て）を受けることにしたのです。

この当時の名前を「法蔵比丘」と言います。

法蔵比丘は、多くの弟子たちとは全く違いました。普通、ブッダの弟子になった人たちは、ブッダの教えに従って修行をして何らかの能力を得たいと思うものでした。ある程度の能力を得たところで満足する人がほとんどでした。

法蔵比丘は、そういう考えは微塵も持っていませんでした。彼は、もし自分がゴールに達したとして、自分のゴールが、他の人々にとってどれほどの意味があるのか、そのことばかり考えていました。

そのことをブッダに言うと、「それは素晴らしい。他を絶して素晴らしい」と言われました。彼は、その言葉を励ましにして、あらゆる場所に行き、あらゆる人に出会って、考えに考え抜きました。その時間は、宇宙が誕生・消滅するぐらいの時間でした。

そして、法蔵比丘は、自分のゴールの具体的姿を、世自在王ブッダに披瀝しました。それは、48カ条からなっていました。

その中心部分だけを、まとめてみます。

「あらゆる世界の、生を受けている者たちへ。

私の名前を聞いて、その名前を大事にしているならば、私に会いたいと思えば、本物の私に会えるであろう。

そして、望むならば、私の国の住人になれるであろう。」

そして、自分の打ち立てたゴールを目指して、修行が始まります。その修行の期間は、なんと、宇宙が誕生･消滅するその期間の無限大倍、人類が誰も考えたことのない時間の長さです。

ここで、「法蔵比丘」は、呼ばれ方が変わります。ここからは、「法蔵菩薩」と呼ばれるようになるのです。この「法蔵菩薩ストーリー」の中に、「比丘」という言葉があることを記憶に留めていてほしいと思います。大変重要な意味があるからです。

永遠と言うしかない修行の結果、法蔵菩薩は、阿弥陀仏になるのです。

【阿弥陀仏ストーリー（物語）】

法蔵菩薩が永遠の修行の結果ブッダになりました。そのブッダは阿弥陀仏と呼ばれます。

この「阿弥陀仏ストーリー（物語）」の最初で、阿弥陀仏とは、いかなる人なのか、という問いに対する答えとして、その名前の元の意味を尋ねていきます。そして、阿弥陀仏には、もともと、二つの名前があったことを紹介します。その二つとは、「アミターユス」と、「アミターバ」です。その二つの名前の発音から漢訳された時、「アミダ」とされたのです。

その二つの名前を、私は次のように解釈します。「慈悲あふるるアミダ・ブッダ」と、「栄光なるアミダ・ブッダ」の二つです。

普通は次のように解釈されます。

阿弥陀仏の原語（サンスクリット語、インド古語）では、アミターユス、アミターバとなっています。それぞれの意味は「無量なる寿命」、「無量なる光」です。それを、漢訳する時、「無量寿」、「無量光」としました。現代語にされる時、「限りなき命」、「限りなき光」と訳されることが多いです。そして、二つの名前の発音から、「アミダ」すなわち「阿弥陀」となり、「阿弥陀仏」と言われるようになったのです。

無量寿経では、「無量なる光」、「無量なる寿命」の説明がしっかりなされています。

これを私は、「栄光なるアミダ・ブッダ」と、「慈悲あふるるアミダ・ブッダ」と言い表したのです（注3）。


阿弥陀仏ストーリーに書かれてあることは、

「はるかに大昔、永い時間、絶え間なく努力をして、その人自身にとっての理想の人間になった人がいました。

その方は、今現在も生きておられます。生き生きと働いておられます。その姿。その方の世界の様子。そこへ行くにはどうすればよいのか。

そして、あらゆる命ある者たちを、その者が望むのであれば、自分と同じあり方にまで、育て上げよう、とされているのです。」

ということです。


【「あらゆるブッダにお会いしたい。多くのブッダの皆さんに会いに行きます」ストーリー（物語）】

阿弥陀仏の国の住人は、

「私は、たくさんの先生に会いに行きます。

その時、私が一番聞きたい話をしてくださる先生を見つけに行きます。そして、その先生の話を、毎日聞きに行きます。質問をいっぱいします。こういう話をして下さい、とお願いします。どなたの所へ行っても、楽しくて楽しくて仕方がありません。

私は、いろいろなことを聞きたいのです。」

【「あらゆる人々にお話をしたい。目の前の皆さんに話しかけます」ストーリー（物語）】

阿弥陀仏の国の住人は、

「私は、私の目の前の人に、私と一緒に生きている人に、今私が思っていることを言葉にして、話しかけよう。

話しかけて話しかけて、私の目の前の人の声も、聞いて聞いて、そして、聞いて話しかけて、話しかけて聞く。また、話しかけて聞いて、聞いて話しかける。

無茶苦茶、充実した時間です。お釈迦さまの教えが話され、それを聞く。仏教が話され、それを聞く。

それが習慣にまでなっていく。そういう習慣が途切れなく続いていく。そうなれば、最高。そう想うようになれば、最高。」

ここまでが、無量寿経に書かれてあることです。私の受け取りです。簡潔に表現してみました。
「無量寿経の中身」の最後に、無量寿経にふさわしい言葉を添えます。
《気持ちに応える》
《すれ違いだけはしない》
無量寿経は、優しいです。どんな人でも、やさしく受け止めてくれます。
《大地に足を下ろし、すくっと立つ》
《キョロキョロしながら歩み続ける》
無量寿経は、一人で雄々しく進みます。お節介でも、心・ものを配り続けます。
目の前にいる人の役に立つこと、ためになることを知っているから、するのです。

注記
【】内に書いたように、私はこのように、無量寿経の中身を受け止めています。そのことを、私の言葉で表現したものです。
無量寿経の中に対応する部分はしっかりあるのですが、そうは見えないような表現になっているかもしれません。今ここでは、対応箇所を表記しません。
みなさん方の理解と、私の受け止めとが異なっているかもしれません。その時は、私の受け止めとのギャップを意識していただければと思っています。そして、ギャップを感じられて、しかも、私のこの提起の中身、仕方に、不愉快なものを感じられたなら、ご意見をお寄せいただければありがたいです。

注1　この形式があったということで、実際にお釈迦さまが説かれたということにはならないのです。一般的に大乗仏教といわれている経典は、歴史上のお釈迦さまが説かれたものではありません。上座部仏教の（パーリ語）経典の中でも、お釈迦さまが説かれたと言えるものは、数少ないです。ただ、一つ言えることがあります。それは、この形式をもつ経典は、経典作成当時、多くの仏教僧侶が、これはお釈迦さまの語られたものである、との同意または黙認をした、であろうことです。これは、仏教徒にとって非常に大事なことです。

☆注2　【名前には3種類ある】

ここでは、法蔵菩薩という名前を「呼び名」としました。名前には基本的に次の3種類があると考えます。「名付(なづ)けられ名」、「名告(なの)り名」、「呼(よ)び名」の三つです。「名付けられ名」とは、親、先生などから付けてもらった名前のことです。「名告り名」とは、自分で名告った名前のことです。「呼び名」とは、一般の人々が自然に呼ぶようになった名前のことです。私は、法蔵菩薩という名前は、最初にはなかったと思っています。「法蔵菩薩」のストーリーがある程度の期間語られると、自然にその中から発生したものであると思います。「教えが、自らの中から出てくる、そういう菩薩」、または、「多くの教えを自らの中に宿している、そういう菩薩」であると、聞いている人々が呼び始め、そういうことで、自然に、「法蔵菩薩」になっていったと思われます。

☆補注《名前》

注2のように、名前が出てきた時、その名前を、先の3種類のどれに当たると考えるかによって、その意味ががらっと変わってしまうことがあります。

ですから、名前が出てきた時は、まず歴史的に見て、その名前の成立の客観性を尋ねるべきです。名前の本人が残されたものを見る。なければ伝記資料を見る。それらが皆無である名前に関しては、名前の成立の時期を探っていく。名前の語義解釈を厳格に行う。そういうことが大事な作業であると思います。

親鸞さんの場合の、「綽空」、「善信」、「親鸞」。阿弥陀仏の場合の、「アミターバ（無量光）」、「アミターユス（無量寿）」。これらは、先のことに留意して探求すべき、そういう名前です。

注3　無量寿、無量光に関する詳しいことは、「枝葉編　第2章　第1節　1、2、6」をご覧下さい。

第2節　優れもの「無量寿経」
六つの優れていること

(1)　無量寿経は、約400年間（または、約500年間）にわたる、長い持続した時間の中で、自らの経典の中身を吟味し続けてきました。

このような経典は、世界のどこにもありません。無量寿経の最大の優れた点です。約400年間、どのように無量寿経が出来上がっていったのかを、描いてみたいと思います。そして、最終的に漢訳無量寿経になる訳ですが、その道筋を辿ってみたいと思います。それは、長い議論の末、確定したものが、経典となっていく、その過程なのです。その順番と内容とを、掲げてみます。

★【無量寿経の成り立ちの過程】

（各項の最初にありますアルファベットは、漢訳無量寿経の中の関係のある箇所を示しています。「枝葉編　第3章　第1節　1　漢訳無量寿経の大まかな構成とその内容」をご覧下さい。

①から㉕の経典の創出、あるいは経典の編集の影響が、漢訳無量寿経のどの部分に出てくるのかを表したものです。このことは、後出38頁の図をもって最終結論とします。）

①【A〜Qの基層】

ある出家僧たちは、長い長い思索と議論を経て、次のような結論を導き出しました。「お釈迦さまは亡くなられてしまいました。しかし、お釈迦さまではない他のブッダが、現在生きておられます」。そういう宣言がなされ、そのことを世に問いました。

お釈迦さまが亡くなられてから、100年後、仏教はアショカ王の支援を受けインド世界の各地に広まりました。勢力は大きくなりましたが、教団の変質という側面もありました。

その後、100年ぐらい経ったころから、修行僧の一部の人々が、釈尊の教えがこれでよいのかと微かな疑問を感じるようになりました。彼らは、少しずつ仲間を増やしながら、紀元前100年頃には、「プラジュニャー・パーラミター（般若波羅蜜）」という言葉を合い言葉（鍵）にして、熱心に修行に励むようになりました。そういう「新しい動き」の人々が、次第に、仏教集団の中で確固とした位置を占めるようになっていきました。

さらに、そのコミュニティーに属している人たちの中で、次のような考えを持つ人々が現れてきました。

「お釈迦さまは300年近く以前に亡くなられていて、皆は、現在はブッダのおられない、どうしようもない時代だと思っています。今現在、生きて活動しておられるブッダは、本当におられないのでしょうか?」と。

そして、現在生きておられるブッダがいてほしいという切望が次第に大きくなっていきました。その後100年ぐらいの地道で着実な議論の結果、お釈迦さまの言葉の吟味を通して、現在生きておられるブッダは、必ずおられる、という確信に至りました。

そのコミュニティーの人々は、現在生きておられるブッダのことを、「永遠の寿命を持っておられる方」と思うようになっていきました。これは自然なことでした。現在の状況を表すとともに、これからの期待も表しています。

その頃は、そのブッダのことを表す特定の名前(固有名詞)はありませんでした。いろいろな言葉(普通名詞)を使ってその方のことを呼んでいたのです。

「いつまでも生きておられる、永遠の寿命を持つ人よ」と、呼んでいたのでした。

しばらくすると、そのブッダは「頼りがいのある素晴らしいお方」ということで、「光り輝く、栄光あるお方」というように呼ぶこともありました。

ここに書きましたことは、「無量寿経」が、テキスト化されるずっと以前、人々の間で固定化される、さらに前のことです。

このようにして、時が過ぎていくことによって、そのブッダのことを、「アミターユス（永遠の寿命を持つ者）」、「アミターバ（無限の光を持つ者）」と呼ばれることが多くなっていきました。

②【D「法蔵比丘」ストーリー】

その二つの呼び名が、次第に、そのブッダの固有の名前として、人々に認知されるようになっていきました。

現在、無量寿（阿弥陀（あみだ））という名前のブッダ（仏）が、西方の彼方におられます。

（「阿弥陀」という名前は、無量寿経の最初の漢訳である『大阿弥陀経（222年訳）』で使われた訳語です。その後、『阿弥陀経（402年訳）』で使われ、中国で一般的になっていきました。『漢訳無量寿経（421年訳）』では、「無量寿」という訳語が多く使われています。）

③【D「法蔵比丘」ストーリー、E (3)寿命】

その名前の最初の意味は「私は、これから先、あなたとずっと一緒にいます」です。

（前章の最後の注の所に書いておきましたように、「名告り名（なのりな）」と同時に、「呼び名」という意味も有り得ます。その時は、「私のことを想い、私の生前も死後もずっと相手をしていただけるお方」となります。①で書きましたように、もともとは「呼び名」であったのですが、この『漢訳無量寿経』では、「名告り名」の比重が大きいです。この③では、「名告り名」と私は解釈しています。）

④【D「法蔵比丘」ストーリー、E（2）光明】

もう一つ意味があります。「無限の光を発しておられる、栄光あるお方」です。自然にこういう意味も持ってきました。

（これも、「呼び名」と同時に「名告り名」の意味も有り得ます。その時は、「あらゆる世界の人々を光で照らし、その人がしっかり道を歩んでいけるように」という意味です。この④では、「呼び名」と私は解釈しています。）

⑤【D「法蔵比丘」ストーリー（四十八願）、E 仏国土】

阿弥陀仏とは、一人一人の願いを掬（すく）い取られ、それをかなえようとしておられる方なのです。一人一人の願いをかなえることができるブッダ（仏さま）なのです。

⑥【D「法蔵比丘」ストーリー】

阿弥陀仏のおられる世界は「安楽に満ちあふれた国（『安楽国』、後世中国、日本では『極楽』）」と呼ばれています。

⑦【D「法蔵比丘」ストーリー、E 仏国土】

そこ（安楽に満ちあふれた国）は、安楽、幸福感、美しさのある世界です。それだけでなく、豪華さ、便利さ、富裕さもある世界なのです。仏教徒が飛びつくのは当たり前です。一般の人々も、どんな人も、そういう世界があると知れば、みんなが行きたいと思う。そういう世界です。

⑧【M　阿難、仏に見える】

阿難が、阿弥陀仏に合掌礼拝して、阿弥陀仏に対して、挨拶の言葉「ナム（南無）アミダ・ブッダ」を言います。そうすると、アミダ・ブッダが出現して、大いなる光を放たれるのです。阿難は、アミダ・ブッダにお会いしたのです。

（ここには、最古のアミダ信仰の姿が記録されています。既に自然に行うようになった、礼拝の様子が記録されています。）

○紀元前50年頃

『大阿弥陀経』の根幹部分成立

⑨【D「法蔵比丘」ストーリー（四十八願）、E　⑽往生する者、F　⑴彼の国に生まれる】

そこ（安楽に満ちあふれた国）は、仏教修行僧にとっての理想世界です。そこで行われる修行は、確実な効果があり確実な結果をもたらし、最終的には、滅度（究極的な充足、涅槃）に至るのです。

⑩【D「法蔵比丘」ストーリー（十八、十九、二十願）、F　⑴彼の国に生まれる】

阿弥陀仏は、あらゆる生きとし生けるものに、願いをかけているのです。あらゆる人々を掬おうとされているのです。あらゆる人々を摂(すく)おうとされているのです。

(大阿弥陀経には、「八方・上下の諸の無央数の仏国の諸天・人民・蜎飛(けんぴ)・蠕動之類(ぜんどう)」とあります。)

(無量寿経には、「十方衆生(じっぽうしゅじょう)」とあります。)

⑪【A 序分、Q 終章】

これまでの部分的に固定化された記憶、または、テキスト、それらのものを統合してしっかりした経典が作られました。この時、一つの経典としての体裁が整えられました。

これが、後の、『大阿弥陀経』の漢訳の時の原テキスト、そのまた元になるものです。中央インドで生み出されたと、私は思っています。ただし、即座にその原本は複写され西北インドにもたらされたと、推測します。

その後二つの地域でそれぞれに編集がされたと思います。中央インドではマトゥラーを中心として、西北インドではペシャワール北方のスワート渓谷を中心として、編集がなされたのだと思います。初めのテキストは、共通でしたが、それ以来、独自に変化することが起こります。しかし、しっかり確認しておくことがあります。この二つの地域の教団は一つの教団であるといっていいほど、情報の共有、僧侶の行き来、議論の共有が行われていたと考えられます。

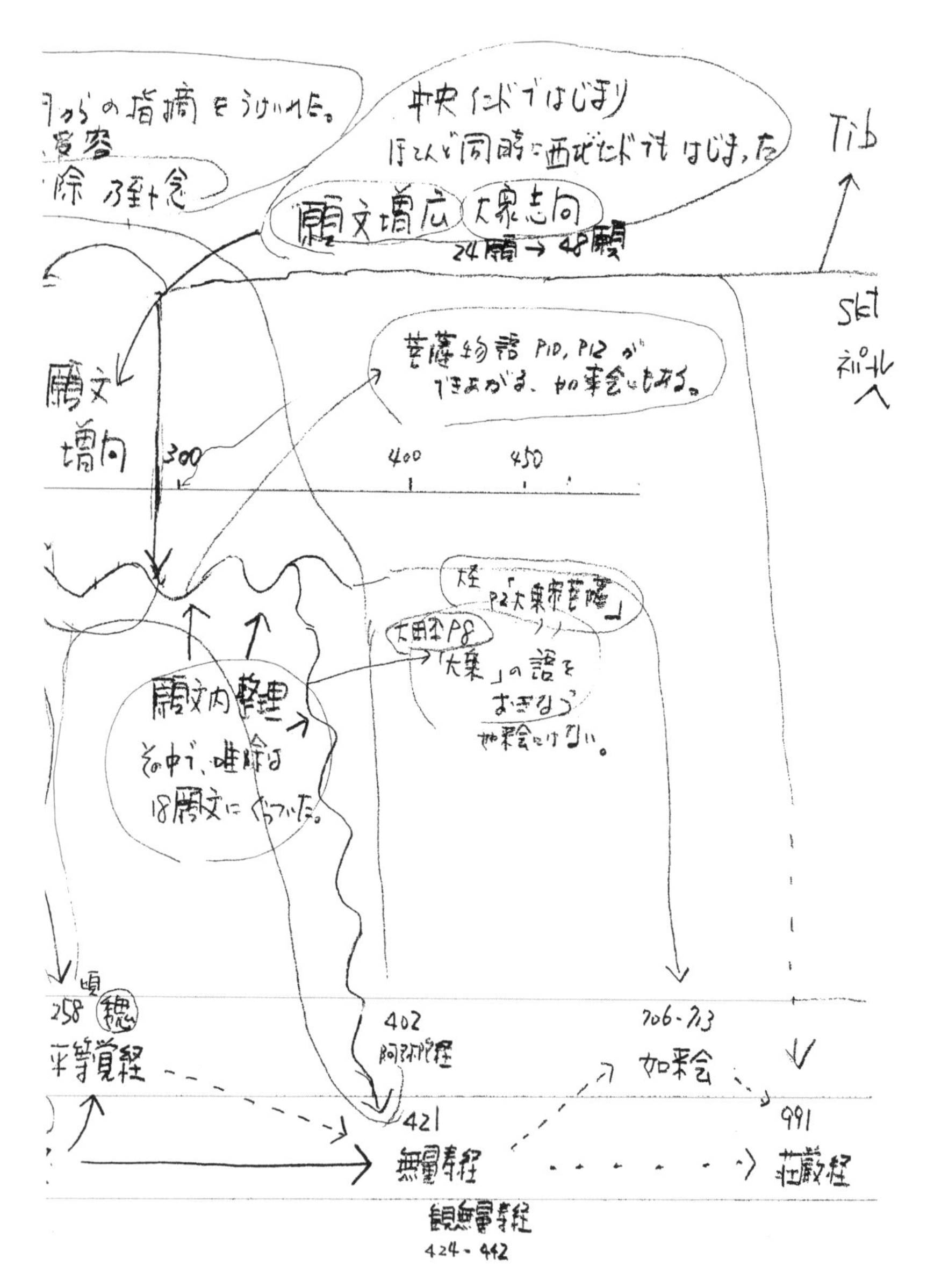
中央インドではじまり
ほとんど同時に西北インドでもはじまった
願文増広
大衆志向
24願 → 48願
Tib
Skt
ネパールへ
願文増向
菩薩物語 P10, P12 が
できあがる、如来会にもある。
300
400
450
大経「P2大乗菩薩」
大田本P8
「大乗」の語をおぎなう
如来会にはない。
願文内整理
その中で、唯除は
18願文にくっついた。
258頃
平等覚経
402
阿弥陀経
706-713
如来会
421
無量寿経
991
荘厳経
観無量寿経
424-442

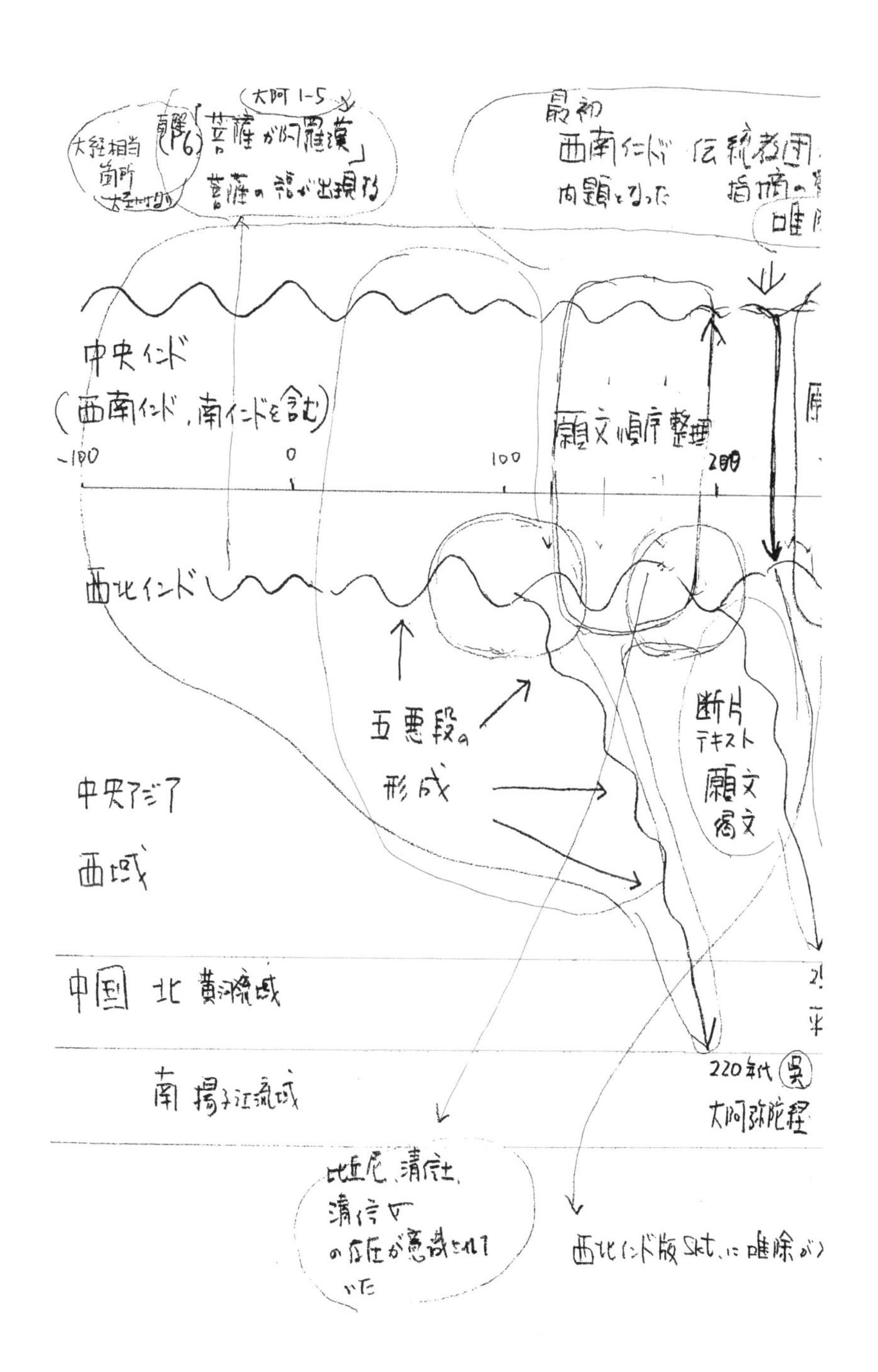

大阿 1-5
「菩薩が阿羅漢」
菩薩の語が出現する
最初
中央インド
(西南インド，南インドを含む)
-100
0
100
200
願文順序整理
西北インド
五悪段の形成
断片
テキスト
願文
偈文
中央アジア
西域
中国 北 黄河流域
南 揚子江流域
220年代 呉
大阿弥陀経

（この辺りは、図を見て下さい。これは、私がこの本を書くに当たっての最終結論です。図のジグザグは、盛んに編集が行われていたことを表します。最も、無量寿経が生き生きしていた時です。）

○紀元前後頃

『大阿弥陀経』の基本部分成立

⑫【K　世の人々への説教⑴】

この経典を大事に保持しているお坊さんたちは、一般の人々に阿弥陀さまの話をしておられました。多くの人々が熱心に聞いておられました。そこで話された話の中から一般の人々に受けた話を整理して、それを他の多くのお坊さんたちと共に記憶し、さらに、この経典の中に記録しました。

まず、あらゆる世界の人々への、三つの説教です。お金、財産について、くよくよする人。人のことを憎んだり嫉妬したりする人。人の取るべき道、道徳を分かっていない人。これらについての、三つの話です。

【L　世の人々への説教⑵】

そして、あらゆる世界の人々への、五つの説教です。「悪」に満ちあふれているこの世間の中で、福徳、救い、長寿、神の国に生まれること、涅槃への道が獲られること。これらがかなえられていく、という、五つの話です。

⑬【M　阿難、仏に見える】

このような説教の後で、福徳（功徳）のある特別な人には、阿弥陀仏に見えるということが、実際に起こることがあります。代表者に選ばれているのは、ずっと対告衆（釈迦の話相手）だった、阿難です。

⑭【D「法蔵比丘」ストーリー（四十八願）、F　彼の国に生まれる　⑵三種類の人々（三輩）】

阿弥陀仏に会いたいと思うようになった人々のために、阿弥陀仏の世界に行くための方法についての話があります。

阿弥陀仏の力を信じている人は、その人の死後、阿弥陀仏の力によって、阿弥陀仏のおられる世界に生まれ変わる、ということが語られます（このことを、往生と言います）。そして、そこで阿弥陀仏に見えて、阿弥陀仏に教え育てられる、ということです。

その後、上中下、三種類の人々（三輩）について、往生するために必要なこと、往生の有り様が説かれます。

三種類の人々とは、上は、社会的な善行を行い、修道上の善も行っている人々のことです。

中は、社会的な善は行っているが、仏道のことについては熱心でない人々のことです。下は、仏道についても全く関心はなく、悪行ばかりしている人々のことです。この部分の話は、説教と僧侶たちの議論の中から出てきたものだと見ます。普通は軽く読まれがちですが、ここの読み方によって無量寿経の展開の一つの流れが浮かび上がってきます。

⑮【G 威神無極・諸仏称歎、H 十方の菩薩衆、I この経を聞くことは難しい、J 彼の国の菩薩】

阿弥陀仏の力によって、何がかなえられるのかという議論の中から、仏道の本質的なあり方が顕わになってきます。

《阿弥陀仏の世界の住人になると、多くのブッダたち（諸仏）に見えることができるようになるのです。（諸仏供養）》

このことで、阿弥陀仏の救いは普遍的な救いであって、特殊な救い（ただ阿弥陀仏だけがされる救い）ではないことが、明らかにされています。

阿弥陀仏は、衆生（人々）（注1）を、自分の中に囲うことはしません。衆生に、最大限のチャンス（可能性）を提供します。

このことは、仏教の本質と深く結びついていることなのです。

⑯【D「法蔵比丘」ストーリー（四十八願）】

多くの人々に、阿弥陀仏の話をしているうちに、聴衆の反応によって、話の順番を変更するということが行われてきました（二十四願の願文の順序の変更）（注2）。

⑰【D「法蔵比丘」ストーリー（四十八願）（第十五願、第二十二願）】

衆生の、もっと、自分自身の可能性がないか、という願望にも応えようとします。

阿弥陀仏の世界の住人が阿弥陀仏によって教え育てられる時、一方的に阿弥陀仏に従うのではないことをはっきり打ち出します。

「本願（注3）」、つまり生徒の意志に従うことを阿弥陀仏の育てより優先することを宣言します。これは、仏教のみの原則です。

この問題は、衆生の欲（おもい）に応えるという表面的な問題ではないのです。実は、もっともっと、仏教の本質（究極）に関わる問題なのです。

⑱【D「法蔵比丘」ストーリー（第二十二願）、J　彼の国の菩薩　(1)総説】

阿弥陀仏によって教え育てられることの、最終段階の話を具体的にします。

その姿は、自立したはつらつとしたものです。

そこには、阿弥陀仏の、単なる生徒としての面影は全くありません。阿弥陀仏と完全に同じ境地と言っていいほどです。

最高の、（仏陀と等しい）菩薩の姿なのです。

これは、お釈迦さまの教えを歩む者の究極の姿なのです。その人は目覚めた人（仏陀）ではあるが、周囲からその人のことを見ると、普通の人（菩薩）であるのです。そして、どんなあらゆる人も掬い取ろうとしている人、そのように見えるのです。つまり、目覚めと願いとを兼ね備える人になっていくのです。

（華厳経入法界品からの影響を受けているようです。第二十二願の最後部の記述が顕著です。）

⑲【D「法蔵比丘」ストーリー（四十八願）】

その後、聴衆の方々から、阿弥陀仏は、こんなことはしておられないのか、という質問が出されると、その内容を吟味して、少しずつ、阿弥陀仏がしておられること（願文）は、増えていきました。

聴衆からだけではありません。修行僧からも、同じように、阿弥陀仏は、こんなことはしておられないのか、という質問が出されると、その内容を吟味して、また少しずつ、阿弥陀仏がしておられること（願文）は、増えていきました（願文が二十四願から四十八願になっていきます）（注4）。

いろいろな人が描く、阿弥陀仏の世界、それがどんどん膨らんでいきます。そして、絶えざる吟味が行われ、順番の変更が行われ、経典の中に盛り込まれたりするのです。

つまり、イメージ（世界）の拡張が行われていくのです。

ただし、このように言うと、われわれの欲求に応えて、どんどんそれが拡張していくように思われるかもしれませんが、そういうことではありません。仏陀の理想像がどんどん膨らんでいくということなのだと思われます。

⑳【F (1)彼の国に生まれる】

ここで、本格的な編集が行われます。「救う、救われる」ことの整理が行われました。漢訳無量寿経の下巻の最初の所に、十一、十八、十九、二十願が、成就文の形でまとめられています。まだ、この時点では、十八、十九、二十願の三願にはなっていませんでした。二願でした。この時、二願が三願になったのです。

「阿弥陀仏（私）の名前を聞いて、澄んだ心をもって、阿弥陀仏（私）のことを何回も何回もイメージするようになって、その人が死ぬ時、心が乱れるようだから、阿弥陀仏（私）の仮の姿を表し楽土へ導いていこう。」（サンスクリット本第十八願意訳）

「ありとあらゆる生きとし生けるものが、阿弥陀仏（私）の名前を聞いて、私の楽土に行こうと思い、善い行いをしようとする時、楽土に生まれることができます。楽土に生まれることに、ほんの少し心を振り向けるならば、楽土に生まれるであろう。」（サンスクリット本第十九願改訳・意訳）

これらがこの時の元になる願文です。これらの二願が漢訳無量寿経では、十八、十九、二十願の三願になっていくのです。

これから出しますものは、サンスクリット本と漢訳無量寿経の文意を統合したものです。ここで人為的に作ったものです。これらが、漢訳無量寿経の十八、十九、二十願となっていきます。
「あらゆる生きとし生けるものが、（私の名前を聞いて）（私に）確かな信頼と私の元での確かな解放があり、（私のことを）しっかりイメージで捉えているとするならば、その人は楽土に生まれるであろう。」（後の十八願）
「あらゆる生きとし生けるものが、ブッダになろうとして、そのための功徳を積んで、確かな心で私を信頼し私の国に生まれたいと思う人は、（よく頑張ってきたね、の意味を込めて）、死ぬ時には、姿を表し励まそう。」（後の十九願）
「あらゆる生きとし生けるものが、私の名前を聞いて、私の国に生まれたいと思って、偉大なる功徳を集め、確かな心でそれでもって私の国に生まれようとしている。それでも、必ずその願いを成就すると、ここに誓います。」（後の二十願）
ここで、少しだけこの三願の順番について述べてみます。三願転入の文をもってして、十九、二十、十八願と並べて、各段階を上がってくるように、主張する人もいます。最初に十八願があるのは、他力回向の素晴らしさを表すためであると、主張する人もいます。それらはすべて的外れと言わざるを得ません。
私（阿弥陀仏）の「優しさ」から、すべて来ているのです。

「あなた、何を言っているの。私の部屋へもう既にいますよね。そして、私とお茶を飲みながらいろいろお話ししてるじゃないですか。」

「私の部屋に来たい来たいと言いながら、その前に君にふさわしいりっぱな男になるんだ、ですって。人の手を煩わせるんだから。」

「私に夢中なんですって。ほんとうはそんな人、大嫌いなんだけど。しょうもないわね。そんな人でも何とかしてあげるわ。」

と、いうぐらいです。

㉑【D「法蔵比丘」ストーリー（四十八願）（第十八願）、F ⑴彼の国に生まれる】

ここで、本格的な経典としての体裁が、内容も含めて整えられます。

この時、出来上がったものが、インドの仏教界に流布されました。

無量寿経コミュニティーではない、各コミュニティーに対して、そして、縁のある上座部の僧院に対しても、それは流布されたのだと思われます。

その後、各コミュニティーから出された意見は、しっかり配慮されていきます。

そのことによって、次の㉒の「唯除（ゆいじょ）」の文の添付が行われたのだと思います。

そして、本願文もより深く整えられていきました。

㉒【D「法蔵比丘」ストーリー（四十八願　第十八願）】

「阿弥陀仏による救いは、阿弥陀仏の救いを信じさえすれば、かなえられる」ということについて、特に伝統的な修行僧たちは、それに異議を唱えました。紀元後3世紀初めの、西北インド、中インドでの出来事でした。それで、長い議論の結果、その箇所に例外条項を付け足しました。大罪を犯した者と、仏教の教えを損なう行為をする者とを、「信じるだけでの救い」から、除外したのです（唯除の文）（注5）。

○サンスクリット語本成立

㉓【D「法蔵比丘」ストーリー（四十八願　第十八、第十九、第二十願）】
あらゆる生きとし生けるものを救わんとする、阿弥陀仏の願いを表した願文を分かりやすく、そして誤解なくストレートに伝わるようにしました。今まで二つの願文で表してこられたものを、整理し、その気持ちがはっきり分かるように、三つの願文で再構成しました。

それが、『漢訳無量寿経』の第十八願、第十九願、第二十願なのです。この三つの願文だけ、願いをかける相手を「十方衆生（じっぽうしゅじょう）」となっています。

㉔【B　テーマ「菩薩」】
無量寿経は、もともと、菩薩（ぼさつ）（出家しているか、していないかに関係なく、真摯な仏教修行者たち）が主人公の経典でした。しかし、さらにこのことを強調する必要があると感じるよう

になっていきました（注6）。

「あらゆる世界に数限りない菩薩たちが修行しておられます。素晴らしい菩薩たちが、この経典の説かれる場に、やって来ておられます。」

この「菩薩ストーリー（物語）」の無量寿経への挿入は、紀元後4世紀の、中国の西域のオアシス都市での出来事でした。

この経典は、出家修行僧のものではなく、在家信者のものであるということをはっきりさせたかったのです。

○漢訳無量寿経の原テキスト（サンスクリット語本、失われている）成立

㉕【D「法蔵比丘」ストーリー（四十八願）（第三十五願）】

「女性は女性であることを厭（いと）う、ということから（やむを得ずそうなってしまった状況から）、女性を救う」という表現を、阿弥陀仏の救いの本質に照らしての議論の結果として、「女性であることを厭う、そういう女性を阿弥陀仏は救う」という表現に変更しました。

紀元後5世紀初頭、今の南京付近で行われた中国語への翻訳の時の出来事です（第三十五願）。

女性がこの部分を読んで、差別的な表現と捉える、そういう曖昧さの残る表現は極力、避けるべきであるということで、実践したのです。

差別的表現を削除するというやり方ではありませんでした。そうではなく、言わんとすることと、もともとあった表現との、厳密な一致を目指していったのでした。

◎漢訳無量寿経完成（宝雲、仏陀跋陀羅共訳）

ここでは、①から㉕と、順番にならべて書いてあります。これらの順序は、時系列に則(のっと)っています。無量寿経の中の内容が、出来上がっていって、「無量寿経」という経典の中に取り入れられた順番になっています。

①から始まって、㉕に至るまで、正味400年余りかかっています。その準備段階も含めれば、約500年かかっています。この「無量寿経」という経典は、それだけの長い期間、絶えず制作され続けた、という、他の経典にはない特質を持っているのです。これが、この経典の最大の特徴であると思います。

（無量寿経のある部分が、いつ、どこで、どのようにして出来上がったのか、という歴史上の詳しい説明が知りたい方は、「枝葉編　第3章　第1節　4　漢訳無量寿経の形成（成り立ち）」をご覧下さい。ただし、現時点では、説明は、完成させておりません。ここに書いたものだけで充分と考えたからです。そこでは、無量寿経の最古の漢訳本『大阿弥陀経』の訓読を

マトゥラー出土　阿弥陀仏の台座（マトゥラー博物館）

核にして、詳しい注が施してあります。これを読むことが、説明以上に、いろいろなことが語れると考えたからです。）

(2)　目覚めた人、ブッダと会うことを、経典の要としました。

この経典では、私たちに対する救いが、最も分かりやすくなっています。

【アミダ・ブッダに会うことが救いなのです】

アミダ・ブッダに会えば、すべての願いがかなえられる、そのように約束されています。

▽いつ、どこで、会えるのか、という疑問にも、この経典は、分かりやすく答えます。

場所は、西の彼女の阿弥陀仏の現におられる世界。会えるその時は、行者その人の死後ということです。

　ここで、ぎょっとされる方もおられることでしょう。

「エッ、死後にしか救われないの?」「今、救ってほしいのに。」

　現在、今、救いがないと言っているわけではありません。現在、ただ今、救いはあるのです。

　しかも、日本の神さま、外国の神さま、他の仏さまたち、菩薩さまたち、それらの方々の救いよりも、阿弥陀さまの救いの方がはるかに勝っています。それらの方々の救いは、完璧な完全なものではありません。

　ここでは、簡潔に述べてみます。

　私の死後、阿弥陀仏のおられる世界では、私の願いが一挙に果たされていく感じだと思います。

　これは、私の欲望がすべてかなえられるのとは、ちょっと違います。その人を動けなくさせている、その人自身のこだわり、トラウマ、引け目、厭だと思うすべてのことが、解消されるのです。身は軽く、心爽やかになっていきます。心身に自分の中から湧き出てくるエネルギーを感じられるようになります。

　しかも、私の気づかなかった、私の中の最も奥底にある深い願いも、果たされていくのです。

　現在、今、この場所では、私の願いが、私の気にしていることから、順に果たされていく感じです。

これらのことは、親鸞さんが、綿密に吟味し、詳細にはっきり述べておられます（注7）。

(3)　この私が、生きておられるブッダ、阿弥陀さまと、永遠に一緒に生きていくことができることを、経典の「いのち」としました。

阿弥陀仏は、現在生きておられるブッダなのです。過去のブッダ、未来のブッダではありません。そして、阿弥陀仏は私たちをご自分の世界に連れて行って下さるのです。そこで、直接、私たちを教え育てて下さるのです。私たち一人一人の願いを最優先して、私たちを育てて下さるのです。

「永遠に、私たちと一緒に生きていこう」、そのことは、アミダ・ブッダの名前に刻み込まれています。阿弥陀仏の名前は、「アミターユス（無量寿）」、つまり、「どこまでも、いつまでも、私は生きていくよ」という意味を持つ名前なのです。

もっと分かりやすく言えば、

「【あなたと、いつまでも一緒だよ】」

と言っておられるのです。

(4) 女性差別を、厳しい苦闘の後、完全にクリアしています。
それは、未来に向かっての明るさ、楽しさを醸し出しています。

(ここで、「女性差別をクリアしている」と言いましたのは、無量寿経が400年の歴史の中で、女性差別の問題を克服しようと苦闘して、最後、漢訳無量寿経になって、やっと完全に克服できた、という意味です。さらにその先の道筋をも示しています。
無量寿経は、最初は、この問題をまともに抱えていたのでした(注8)。それを、無量寿経の歴史の中で、乗り越えようとしたということです。)

漢訳無量寿経の原テキストにあった「女性が女性であることを厭う、ということがあるから、阿弥陀仏は女性を救うのだ」というように取れる表現を、表面上はほんの少し変更しました。しかし、内容的には大変革でした。漢訳無量寿経が作成された時です。漢訳無量寿経が中国語訳された時のことです。
漢字をたった1字入れたのです。「其」という文字を入れることにしたのです。それによって、阿弥陀仏の救いの本質に照らしての議論の結果として、「女性であることを厭う、そういう女性を阿弥陀仏は救う」という意味に取れるようにしました。

以前は、「女性一般が（つまり、あらゆる女性が）、女性の身体であることを厭だと思っている」と取れる文章でした。それを、「ある1人の女性であって、その女性が女性の身体であることを厭だと思う、そういう女性を、阿弥陀仏は救う」という意味に取れるようにしたのです。

このことは、私たちをさらなる歩みに導いていってくれます。

現代の性同一性障害（女性の身体から男性の身体へなど）の問題をも、クリアしようとしていると言っていいと思います。また、さらに、この文章の「女性」を「男性」に変えるのも大いにありだと思います。「ある男性であって、男性の身体であることを厭だと思う、そういう男性を、阿弥陀仏は救う」という願文を、私たちは無量寿経の中に創出していってよいのだと思います。

もう一度、言います。

漢訳無量寿経は、女性差別を、厳しい苦闘の後、完全にクリアしています。それは、未来に向かっての明るさ、楽しさを醸し出しています。

このことの詳しい説明は、「枝葉編　第3章　第2節　3　女人成仏の願（第三十五願）」をご覧下さい。「枝葉編　第4章　第2節　第3段」も参考にして下さい。

⑸　お釈迦さまと同じ、「目覚め、涅槃に入る」ことが、私たちの救いの最終目標になっています。それが、どんな人でもかなえられるとされているのです。

ただし現代では、このことをもって最終目標にする人は全くいません。仏教徒であってもほとんどおられません。

仏教の歴史、2400年の中の8割ぐらいの時代では、熱心に仏道に励んだものでした。こういうことになったのはここ200、300年のことだと思います。

食料も含め消費物資が大量に身の回りにあること。医療・衛生環境が整ってきたこと。職業、住居、宗教の自由が保障されるようになったこと。原因はいろいろあると思います。状況はこの先ますます進んでいくと思われます。

しかし、私たちが生きていく上で、その根っこにある、大事な願い、これはどんな瞬間でも、私たちの奥深い所に必ずあるものです。

（必至滅度（ひっしめつど）の願）（注9）

実は、このことは、私たちにとって非常に取っ付きにくいことなのです。日頃、私たちは目先のことしか考えていません。自分の、最終的な救いなんて、これっぽっちも考えたことがありません。

阿弥陀さまは私たちを最後の最後まで面倒見ようとされているのです。

阿弥陀さまは、私たちを、自分と同じ「ブッダ（目覚めた人）」にまで育てようとしておられるのです。私たちを、お釈迦さまと同じ位に上げようとされているのです。そして、その後は、自然に、穏やかで、完璧な安らぎ（涅槃）に至るのです。

⑹ 一般の人たちにした法話を、そのままの状態で、自らの経典に収録しました。普通の一般の人々に、教えを語る、そのことの重大な意義を、約４００年間、持ち続けてきました。

このことは、この節の、⑴の⑫をご覧下さい。


（三毒五悪段）

経典の中にある話を、法話として使うというのはよくあることです。しかし、された法話をそのままの形で収録するということは、ほとんど有り得ません。このことも、私は、無量寿経の優れた点に入れたいと思います。

これらのことは、無量寿経の編纂が、約４００年間続いてきたことの、裏返しの表現です。

これらの、六つのことは、他の初期大乗仏教経典には、ないことなのです。無量寿経が、他の初期大乗仏教経典より優れている点だと思います。
これらの六つの点で、無量寿経は、他の初期大乗仏教経典とは、レベルが違う、ということを申し上げたいと思います。
ただ、このような私の認識に対して、いろいろなご意見があることも分かります。単刀直入なご意見をお寄せ下さい。お願い申し上げます。

【参考　無量寿経を読もうとしたら、どの本が読みやすいか】

ここにある「無量寿経」とは、漢訳の無量寿経（伝統的に康僧鎧（こうそうがい）訳とされているものです。本当は、宝雲（ほううん）、仏陀跋陀羅（ぶっだばだら）共訳です）のことです。サンスクリット語無量寿経のことではありません。他の異訳無量寿経のことでもありません。

もし、無量寿経を読んでみたいと思われるのなら、漢訳の無量寿経を読んで下さい。

よく、聞かれます。「どの本を読んだらいいですか」と。

漢訳の無量寿経の書き下し文のものが一番読みやすいです。

真宗大谷派（東本願寺）の発行しているものは、『真宗聖典』（東本願寺出版部　1978年）です。

私は、この本を一番使います。

原文の書き下し文のしっかりしているものは、西本願寺が発行している、『浄土真宗聖典註釈版　第二版』（本願寺出版社　２００４年）でないかと思います。ただ、これは、本願寺で使われるすべての聖教が含まれるので、重いし、扱いにくく、値段も高いです。しかし、本文の下段に注があって、読むのには適しています。

この『浄土真宗聖典』の書き下し文が右側に、左側に現代語訳がある本が、文庫本としてあります。一番のお薦めです。『浄土三部経　原文・現代語訳・解説』（本願寺出版社　２０１３年）です。この本で、ほとんどのことは分かります。

しかし、厳密な読解をするには、原文（漢文）が必要になります。私が、最高の「無量寿経」とするのは、漢訳無量寿経です。漢文で書かれたものが、最高の「無量寿経」であると思います。

書き下し文からは微妙なところで読めないことがあるのです。漢文の中の一つの漢字が、読みでは伝統的な読み方でひらがなになってしまうことがあります。その漢字の意味がある程度多岐にわたっている場合、書き下し文を読むだけでは、その意味が把握できないことがあるのです。

さらさらと読めるものとしては、サンスクリット語無量寿経の日本語訳がよいと思います。ただし、このサンスクリット語無量寿経は、無量寿経であるのは確かですが、結構多くの点で、漢訳無量寿経には、及ばないところがあります。読むのにお薦めなのは、『梵文和訳　無量寿経・阿弥陀経』（藤田宏達　法蔵館　1975年）です。素晴らしい日本語訳です。

注1　「衆生」とは、生きとし生けるもの、生あるもの、のことです。ただし、植物は除外します。だから、家畜も、自然界の動物も、衆生なのです。ただし、分かりやすくするために、私は、「人々」と表現することがあります。厳密に言うと間違いですが、受け取りやすくするため、と思って下さい。

注2
①『大阿弥陀経』　訳者は、支謙（呉）（月支国居士）。222年訳出
②『平等覚経』　訳者は、帛延（はくえん）（曹魏）（亀茲出身）。258年頃訳出
③『無量寿経』　佛陀跋陀羅（北インド出身）と寶雲（＝宝雲。中国河北の人、廬山にて修学）の共訳。421年、健康にて訳出。
『大阿弥陀経』、『平等覚経』の二つは、願文の数は、24です。数は同じですが、順序、並び方が相当違います。『大阿弥陀経』の願文にはあっても、必要のないものとして削除されて『平等覚経』の願文にはないものもあります。

私は『大阿弥陀経』の願文の順序を、ある意図をもって変えたものが、『平等覚経』であると思います。願文の部分は一般の人々に話しやすい箇所です。お坊さんたちが、幾度となく話をしているうちに、話をする順序が変わっていきます。それが積み重なって反映されたのが、『平等覚経』の願文、ということになるのだと思っています。

注3　無量寿経の中で、無量寿如来の本願として出てくる「本願」という言葉は、2カ所にあります。
（『真宗聖典』36、49頁）

彼の無量寿如来の国の住人、【菩薩の本願として出てくる「本願」】は3カ所です。（『真宗聖典』17、18、51頁）

次の①、②、③の3カ所です。

①「設い我、仏を得んに、国の中の人天、寿命能く限量なけん。其の本願、修短自在（しゅたんじざい）ならんをば除く。若し爾（しか）らずんば（者）、正覚を取らじ。」（『無量寿経』真宗聖典17　第十五願願文）

②「設い我、仏を得んに、他方の仏土の諸の菩薩衆、我が国に来生して、究竟して必ず一生補処に至らん。其の本願の自在の所化、衆生の為の故に、弘誓の鎧を被て、徳本を積累し、一切を度脱し、諸仏の国に遊んで、菩薩の行を修し、十方の諸仏如来を供養し、恒沙無量の衆生を開化して、無上正真の道を立て使めんをば除かん。常倫に超出し、諸地の行現前し、普賢の徳を修習せん。若し爾らずんば（者）、正覚を取らじ。」（『無量寿経』真宗聖典18　第二十二願願文）

この願文だけ、2種類の現代語訳を付けておきます。

a「私が仏になる時、他の仏たちの国の菩薩たちが、私の国に生まれてくれば、必ず（菩薩の最上の位である）一生補処の位に至るでしょう。

ただし、その菩薩の願によってはその限りではありません。すなわち、人々を自由自在に導くため、固い決意に身を包んで多くの功徳を積み、すべてのものを救い、（さまざまな）仏たちの国に行って菩薩として修行し、あらゆる仏・如来たちを供養し、ガンジス河の砂の数ほどの数限りない人々を導き、この上ない覚りを得させようとするものは別であって、菩薩の通常の各段階の行を越え出て、その場で限りない慈悲行を実践することもできるのです。そうでなければ、私は決して覚りを開きません。」

b「私が仏になる時、他の仏たちの国の菩薩たちが、私の国に生まれてくれば、必ず（菩薩の最上の位である）一生補処の位に至るでしょう。

ただし、願に応じて、人々を自由自在に導くため、固い決意に身を包んで多くの功徳を積み、すべてのものを救い、（さまざまな）仏たちの国に行って菩薩として修行し、あらゆる仏・如来たちを供養し、ガンジス河の砂の数ほどの数限りない人々を導き、この上ない覚りを得させることもできます。すなわち、通常の菩薩でなく還相の菩薩として、諸地の徳をすべてそなえ、限りない慈悲行を実践することができるのです。そうでなければ、私は決して覚りを開きません。」（この二つの現代語訳は、『浄土真宗聖典　浄土三部経　現代語版』本願寺出版社　１９９６年を参考にしたものです）

③「彼の国の菩薩は、皆當に一生補處を究竟すべし。其の本願、衆生の為の故に、弘誓の功徳を以て（而

して）自ら荘厳し、普く一切衆生を度脱せんと欲わんをば除く。」（『無量寿経』真宗聖典51　第二十二願成就文）

この第二十二願の問題は、「枝葉編　第3章　第2節　2　必至補処の願」に詳しく説明してあります。ご覧下さい。

注4　願文の数は、先の二つの異訳、『大阿弥陀経』、『平等覚経』の24から、『無量寿経』では、48に増えています。

注5　【「唯除の文」】とは、「唯五逆と誹謗正法とを除く」のことです。これが、「阿弥陀仏の力を信じ切るということがあるならば、あらゆる者たちを掬い取ろう」という願文の最後に付け加わっているのです。

『無量寿経』の第十八願の願文の最後のところ（真宗聖典18）と、願成就の文（『無量寿経』の下巻の最初（真宗聖典44））の2カ所にあります。

この「唯除の文」の解釈は、後世、深く読み込むように変化していきます。親鸞さんは『教行信証行の巻』で、善導の『観経疏散善義』を引用して、善導の解釈を採用しておられます。

「この義仰いで抑止門の中について解す。」（真宗聖典276頁）

「ただ如来、それこの二つの過を造らんを恐れて、方便して止めて『往生を得ず』と言えり、またこれ摂せざるにはあらざるなり。」（真宗聖典276頁）

つまり、五逆という大罪、正法を誹謗する大罪を犯した者は、救われないのでなく、阿弥陀仏によって掬い遂げられる。ただ、絶対にしてはいけないことなので、止めるために、そういう言葉をわざわざ入れられたのだ。そのように解釈するのです。（親鸞『尊号真像銘文』真宗聖典513頁）

注6　仏教が、中国世界の中に入り、そして、中国社会の中に浸透するためには、この当時一つの難問が横たわっていたのです。

この当時の中国の権力者からは、仏教僧が、優れた道人と同等、またはそれ以上の能力を持っている者として期待されていたのです。雨乞いをさせるために招聘させる、みたいな風潮がありました。この風潮は本来の仏教を損なうようなことだったのです。本当の仏教徒にとって、それに対抗する必要がありました。

それで、仏教僧たちは、それに対抗するために、この宇宙に満ちあふれている、きらめく仏陀たちの荘厳なる世界の話をするようになったのです。そして、仏教世界の格調高さ、荘厳さ、万民における利益、普遍性、それらの非常に濃い内容の『華厳経』が注目されるようになったのです。そのことを無量寿経も受け入れて、無量寿経の初めの方に、「菩薩ストーリー（物語）」が挿入されたのです。

注7　現在の救いと、死後の救いに関しては、浄土真宗の中でも、いろいろな立場での意見があります。最近、50年ほどは、死後の救いについて触れない法話が多くなっています。

「無量寿経に始まり、歴代の高僧方、そして、親鸞聖人は、このように死後の救いについて仰っておられます。」というようなことを私が言いますと、死後の救いのことを無視する法話をされる方は、黙ってしまうか、怒るか、そのどちらかになってしまいます。本当に弱ってしまいます。そういう方々には、「経典、そして、親鸞聖人の著作をしっかり読んで下さい」と言うしかありません。

現在の救いと、死後の救いに関して、この「本当の仏教の話　幹編」では、詳しくお話することができません。別の機会があれば、ありがたいです（詳しくはないですが、「枝葉編　第4章　第2節　3親鸞さんにとって、『救い』とはどんなものなのか」に解説してあります）。

もし真剣にお知りになりたい方は、親鸞さんの和語で書かれた著作、そして、親鸞さんのお手紙をゆっくり読んでもらえれば、分かると思います。それらは、救いについての質問に、親鸞さんが、丁寧に答えられた、本当の手の跡だからです。

注8　最も古い漢訳の無量寿経、『大阿弥陀経』（222年訳出）には、

「第二に願ずらく、某、作仏せ使めん時、我が国中をして婦人有ること無から令めん。女人ありて我が国中に来生せんと欲する者は、即ち男子と作らん。」（真宗聖教全書一『大阿弥陀経』5頁）、「其の国の中には悉く諸の菩薩・阿羅漢のみにして、婦女有ること無し。寿命も無央数劫なり。女人往生すれば、即ち化して男子と作る。」（12頁）

とあります。

『大阿弥陀経』の編纂時期以前には、【女性】のことを修行の邪魔をするものとして避けていたことが分かります。そういう男性修行僧が大勢を占めていたことも分かります。この当時は、女性に差別的であっ

たこともあまり意識すらされていなかったのだと思います。そういう意味で、無意識のうちに差別をしていた、どうしようもない時期であったことが分かります。

『平等覚経』（258年訳出）には、願文の中には、女性のことを取り上げているものは削除されています。『大阿弥陀経』第二願は、やはり問題があるものとして削除されたのでしょう。『平等覚経』には、女性のことをしっかり認めようとする配慮は少しは感じられます。しかし、この時はどうしてよいのか分からなかったのでしょう。

「其の国中には悉く諸の菩薩・阿羅漢のみにして、婦女有ること無し。寿命極寿に、寿も亦無央数劫なり。女人往生すれば、則ち化生して皆男子と作る。」（真宗聖教全書一『平等覚経』11頁）

という文章は、そのまま残っています。『大阿弥陀経』の文章をそのまま踏襲したというしかありません。

注9　「必至滅度の願」は、四十八願の中の第11番目の願です。「私が教え育てている人々を、涅槃に至るまで面倒を見よう」という意味です。

「たとい我、仏を得んに、国の中の人天、定聚に住し必ず滅度に至らずんば、正覚を取らじ。」（『真宗聖典』17頁）

第3節　無量寿経は、永遠に綴られていく

無量寿経は、永遠に存在する（注1）、という意味ではありません。

▼無量寿経という経典は、ある時に編纂されて、それで確定成立するというものではないのです。

無量寿経は、どんどん新しくなっていきます。これから先も、ずーっと編纂、著述され続けていくのです。

経典には、普通、著作者の名前はありません。経典には、編集者の名前はありません。これは阿含経典も含めて、すべての経典について、言えることです。

「経典は、釈尊が説かれた教えを阿難尊者が記憶して、それを大衆の前で述べられたものです。だから、著作者、編集者がないということは、当たり前のことです。」

そういう建前は、しばらく横に置いておいて下さい。経典が作られる、建前の話をしたいわけではありません。

☆▽実際はどのようにして経典は作られたのか、という話をしたいのです。《推測も含めて》

お釈迦さまが亡くなられてまもなくの経典の編纂（結集）は、お釈迦さまの語られた言葉の記憶と、それがどういう時に語られたのかというストーリーとの二つを、誰かが唱え、それでよければ、みんなで唱和する、そうやって、経典が出来上がっていったのではないかと思います。それ以降は、時代が下るにつれて、みんな（全仏教徒）ですることではなくなりました。そうではなく、一部の仏教徒が、同意（唱和）すれば、それで、経（スートラ）と名告ることができた、ということでしょう。

一部の仏教徒と言いましても、4、5人の修行僧で経典らしきものを作り上げ、その僧院内での合意で、即、経典になるというような簡単なものではありませんでした。その僧院と繋がりがある僧院へ、経典らしきものを暗誦できる者を派遣し、聞いてもらい、意見を聞き、みんなで同意できるものを作っていく、大変な作業が必要だったのです。しかも、そういう手続きをでき得る限り多くの僧院に対して行う必要がありました。

納得できるものが出来上がったら、それを合唱（合誦）する日時、場所を、考えられる限り多くの僧院に対して知らせ、集まってもらって、みんなで唱和できたら、やっと経典になったのだろうと思います。

そのように、紀元後4、5世紀のころまでは、曲がりなりにも（建前と言われようとも）、同意（合唱）という、全仏教徒への公性（おおやけせい）が担保（たんぽ）されていたのだと思われます（注2）。

▼無量寿経は、編集、挿入、リライト（書き換え、削除）を、その経典自身が許している、唯一の経典なのだと思います。

経典の中にそのような記述があるわけではありません。しかし、経典の歴史が、そのことを訴えているような気がするということです。400年（または500年）の長きにわたって、営々と作り続けてきたその歴史が、それを証明しているのです。

一旦、仏教徒たちの同意を得て、経典として成立した後でも、その経典を編集の対象にするということが行われているのです。このことは、本質的にはおかしなことではありません。なぜなら、経典は、多くの仏教徒たちの議論、そして全体の合意によって作られたからです。実質的には、そのことがしっかりなされるなら、繰り返して行われても何ら問題はないはずです。そして、それが、この無量寿経では、400年の間に、最低4回の全体編集（注3）がなされているのです。

注1　初期大乗仏教経典の中には、「この経典は破壊（はえ）されることなく、永く留まっていく」という内容の記述が、その経典の中にあるものがあります。

『法華経』では、

「衆生を度せんが為の故に、方便して涅槃を現ず。而も実には滅度せず、常に此に住して法を説く。」（如来寿量品第十六『法華経下』植木雅俊訳　岩波書店　238頁）

『無量寿経』では、

「当来の世に経道滅尽せんに、我、慈悲哀愍をもって、特にこの経を留めて、止住すること百歳せん。それ衆生有りてこの経に値う者は、意の所願に随いてみな得度すべし。」（『真宗聖典』87頁）

ちなみに、ブッダがいつからおられるのか、ということに関して言いますと、お釈迦さまは、２４００～２５００年前にブッダになられたのではなく、永遠の過去からブッダとなっておられたとする考えが法華経にあります。

「今の釈迦牟尼仏は、釈氏の宮を出でて伽耶城を去ること遠からず、道場に座して阿耨多羅三藐三菩提を得たまえりと謂えり。然るに善男子よ、我、実に成仏して已来、無量無辺百千万億那由他劫なり。」（如来寿量品第十六『法華経下』植木雅俊訳　岩波書店　224頁）

この考え方を、久遠実成と言います。

無量寿経でも、阿弥陀仏は永遠の過去に、成仏したとされています。

「法蔵菩薩、今すでに成仏して、現に西方にまします。」（『真宗聖典』28頁）

「成仏より已来、凡十劫を歴たまえり。」（『真宗聖典』29頁）

注2　この辺りのことは、私の推測によるものです。こういう動きがあったことを指し示す資料はありません。

注3　大阿弥陀経が編集成立する時（①）。

大阿弥陀経を元にして、平等覚経が出来上がる時（②）。

インド世界で無量寿経が出来上がる時（③）。

無量寿経が中国語に翻訳される時（④）。

この4回です。これらは、現在残された資料によって確かめられたことです。

第4節「本当の仏教の話」マップ

とうとう最後の節になってきました。

ここでは、私の作りました「マップ」を見ていただきます。２０１７年から全く個人的に仏教の話をしてきました。今までに、のべ20回余り、話をしたくなったら、聞いてもらえそうな人に案内を送り、来ていただく。そんなことをやってきました。

最初、話をしてみようと思った、その動機はこの「マップ」の中にあふれています。ご覧いただきましょう。

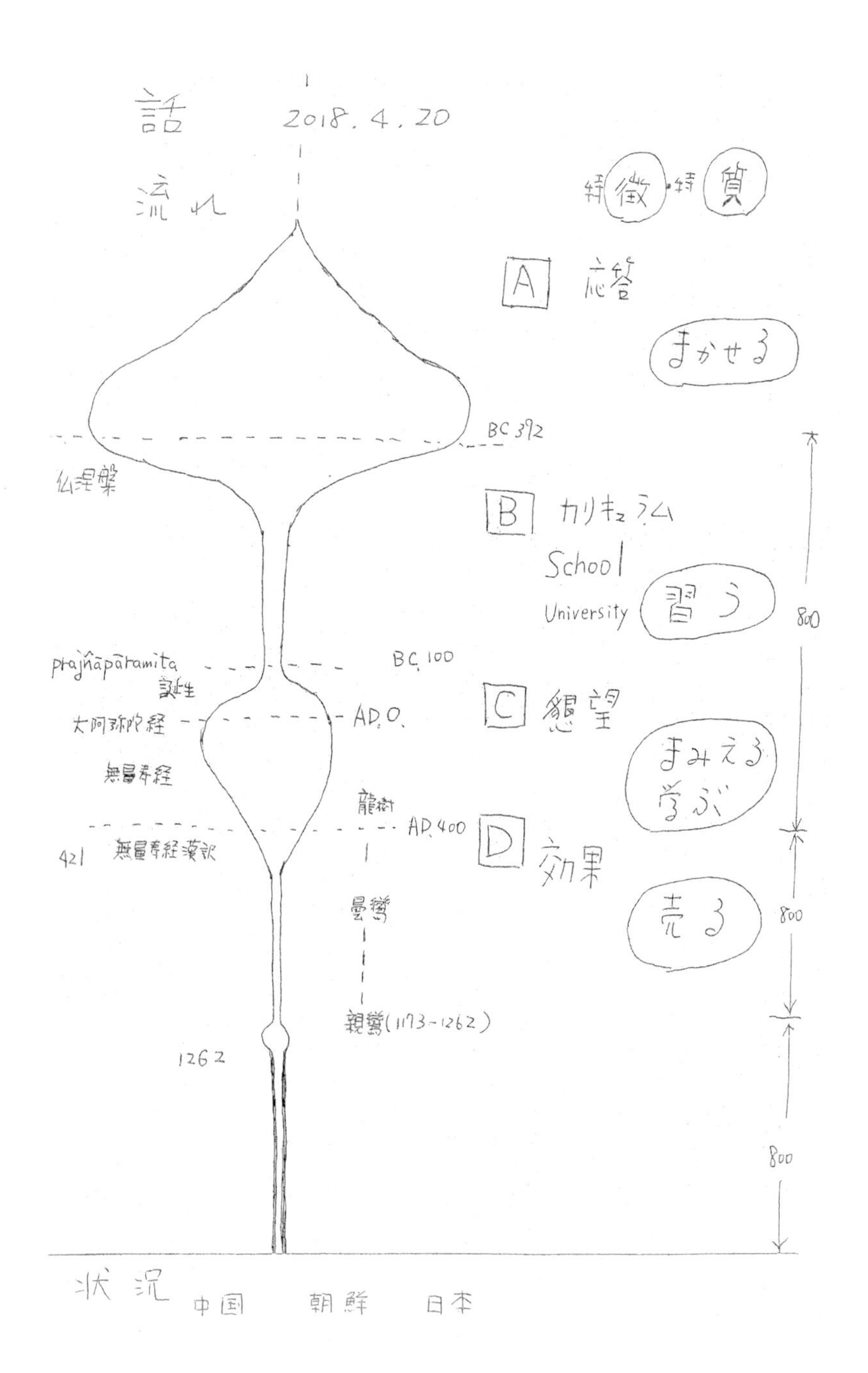
話
2018. 4. 20
流れ
特徴・特質
A 応答
まかせる
BC 392
仏涅槃
B カリキュラム
School
University
習う
800
prajñāpāramita
BC 100
誕生
C 願望
大阿弥陀経
AD 0
まみえる
学ぶ
無量寿経
龍樹
AD 400
D 効果
421
無量寿経漢訳
曇鸞
売る
800
親鸞(1173-1262)
1262
800
状況
中国
朝鮮
日本

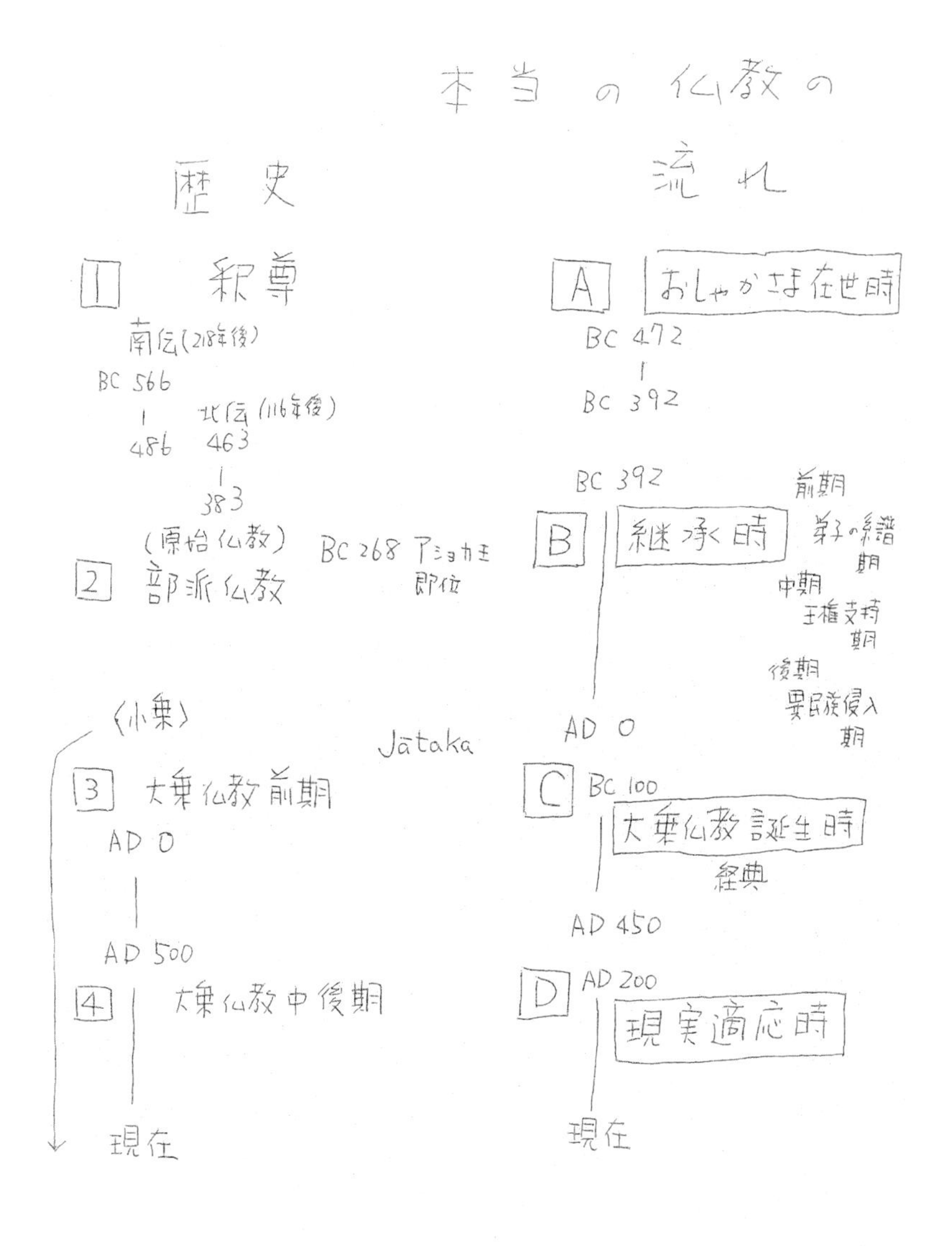

スリランカ　ミャンマー　タイ　ベトナム　チベット　現在の

1　マップを簡単に解説します

この「マップ」は、私にとって、とても大事なものです。あるふとした思いつきから、この「マップ」のように、捉え直すと、仏教の歴史がすんなりと腹に落ちてきました。最初の思いつきは、「流れ」です。仏教の歴史を、お釈迦さまから始まる「流れ」として捉えると、しっくりといくのです。

それ以来、このマップを眺めては直し、直しては眺めるということを度々繰り返しました。それを10回少し繰り返してできたのが、この「マップ」です。

皆さんの学習されたものとは相当違っていることでしょう。

☆【〝仏教の流れ〟マップの説明】

それでは、「マップ」の説明をします。

この「マップ」は縦軸が時間軸になっています。上が古く、下が新しい、1番下は現代です。

縦に4本の時代軸があります。1番左が「歴史」時間軸、左から2番目が「流れ」時間軸、左から3番目が「流れ」イメージ、1番右が「特徴・特質」時間軸となっています。

▽一番左の「歴史」時間軸は、一般的に仏教の歴史を語る時のものです。

私は、これに強烈な違和感を持っていたのです。何とも歴史にすらなっていないじゃないかと。

1の釈尊の所では、釈尊の生没年の意見すら表明せず語り出す仏教歴史家。

2の部派仏教の所では、部派の分裂を言うだけでお茶を濁す歴史家。その当時の仏教徒たちの様子について関心を持たない歴史家。

3の大乗仏教前期の所では、大乗仏教の興起の様子に触れず、大乗仏教経典出現の各事情にもほとんど触れない歴史家。

4の大乗仏教、中・後期の所では、仏教でないものの自らの体内への流入について、関心がほとんどない歴史家。

表に出ている、仏教らしきものを、ただ言葉に起こしただけのものだと、私は、この「歴史」時間軸からは、身を離そうとしました。

そこで、もう一度、歴史全体を見直して、全く新しい時間軸を作ってみました。それが、「流れ」時間軸です。

▽左から2番目の縦軸は、「流れ」の時間軸です。「流れ」とはお釈迦さまから始まる仏教の流れのことです。私独自の時代区分です。

これは、仏教とは何だろうという発想から、考えを進めたものです。仏教とは、考えるまでもなく、お釈迦さまの教えのことなんですよね、というところから始まりました。それが、いろいろな時代を過ぎて今の私たちの所まで流れてきている、ということです。そういう「流れ」として、仏教の全体像を見てみようとしました。

Aの「おしゃかさま在世時」は文字通り、お釈迦さまが生きておられた時代です。私は、お釈迦さまがいつどのくらい生きておられたのか、そんなところから探っていくのです。何もないと思っていた所でも、探っていけば何らかの知見は出てくるものなのです。

さらに、お釈迦さまの生の声が聞きたくなってくると、尋ねていけば、聞こえてくるのです。

Bの「継承時」は、歴史的に見て、何も分からないと思えるほどの暗黒の時代です。それでも、分かることの吟味から手を付けていきました。それから、お釈迦さまの教えがどのように語られ、聞かれたのか、そのことだけに、関心を持って思考を重ねていくと、師匠、その弟子の間のことが、次第に姿を表します。

Cの「大乗仏教経典誕生時」は、最も早く誕生したとされている、般若経のことを、まずどういうものなのかを考えてみました。その中で、般若経の中で最初期のものではないかもしれないが、すごく参考になるものがありました。それが、常啼菩薩の話です。この中には、般若経誕生の時の事情が入っているのでないかと考えるようになりました。そこが、突破できれば、あとは、丹念に般若経そのものを読むことしかありませんでした。その時に心掛けたのは、後に作られた注釈書の類いを読まなかったことです。

Dの「現実適応時」は、これを把握できるようになるまでは、2年ぐらいの時間が必要でした。Cまでは、時代区分として、分けることができると納得することができました。しかし、その後の時代をどのように時代区分をすべきなのか、いくら考えてやってみてもうまく説明ができないのです。

そこで、最後にやったことは、大乗仏教経典誕生時以降の、あらゆる場所、あらゆる時代の、仏教の姿を思い浮かべてみました。思い浮かべるだけで、1カ月近くかかりました。それが終わりかけになった時、全体の共通の様相が、頭の中に浮かんできたのです。それを、今度は逆に、あらゆる場所、あらゆる時代の、仏教の姿に当てはめることができるのかを確認しました。ここでも、時間はかかりましたが、最終的には確認できたのでした。

▽左から3番目の縦軸は、ロートのようなガラス管のような、へんてこな図形の様になってい

ます。これは、左の「流れ」をイメージ化したものです。他の軸と同じように上下方向は時間を表しています。

◯1番上の膨らみは、お釈迦さまが教えを説かれたことを表しています。その当時が、最も横方向に膨らみがあります。お釈迦さまがブッダになられて（成道）、次第に大きく膨らんでいきます。そして、お釈迦さまが年を取られて、少ししぼみかけます。そして、亡くなられて（入滅）、急速にしぼんでいきます。

◯1番上の縦の断線は、お釈迦さまの成道以前に、仏教の教えが本当に微かながらあった可能性を表しています。これは、お釈迦さま自身の「私が初めて覚った訳ではない」という言葉に拠っています。

◯大きな膨らみの下から、ある程度の幅のある筒状のものが下へしばらく続きます。それは、下へ行くほど少しずつ細くなっていきます。これは、お釈迦さまが亡くなられてからの、お弟子さんたちの活動を表しています。この時代には、後世に教えを伝えようとする、お弟子さんたちの情熱はしっかりあったのだと思います。教えを保持する能力の衰え、時間が過ぎていくことによって（お弟子さんたちの中での）教えの摩耗が次第に顕著になっていきます。この時期、教えの流れは、少しずつ細くなっていきます。

◯それが、紀元前１００年頃から、また再び太くなっていきます。ロート状の膨らみを持った形が出現していきます。これは、初期大乗仏教経典誕生の時代を表しています。紀元前100年頃、「プラジュニャー・パーラミター（般若波羅蜜）」の言葉をキーにした、「お釈迦さまの教え（仏教）を請い求める活動」が始まります。紀元25年頃から紀元125年頃までがピークとなります。

この時代は、初期大乗仏教経典のうちの最初期のものが完成されるか、初期大乗仏教経典のうちのその他のものが萌芽として現れ出すか、そういう時期になります。教えそのものが普遍性を獲得し、仏教が世界に広まる、いわゆる世界宗教になっていく、そういう時代になります。仏教の教えそのものからしたら、素晴らしい時代なのです。

しかし、外から見たら、そして、大多数の仏教徒からしたら、その実情は全く逆なのです。仏教にとって最も困難な時代とも言えるのです。

インドの西北部は、300年ほど以前から異民族の侵略に遭っていました。しかし、100年ほど前までは、それほどの規模ではなかったのです。しかし、それ以降、次第にその侵略の規模は大きくなり、この紀元25年頃から大きな民族がインドに計画的にやって来ました。それが、クシャン人たちです。後、インドにクシャン朝という大帝国を築き上げることになります。

侵略する側から見ると、自分たちに敵対すると見える勢力を、邪魔なものと見なします。そしてそれらを破壊しようとします。最初、仏教も彼らにはそのようなものと見なされました。

特にインドの西北部の仏教は一端壊滅的な状況に陥りました。しかし、仏教徒たちは辛抱強く、平和的、紳士的方法で、彼らの理解が得られるように努力を続け、最終的にはその支援が得られるようになりました。この苦難の100年間が、仏教を新たな地平に立たせることになったのです。

このことについて、私は次のような見解を持っています。この100年間で、仏教は【修道院的性格からの脱却】がなされたのではないか、ということです。つまり、世の中の動向と関係を絶った所で、自らの高みを目指すというあり方が破綻した、ということでないかと思います。

そのことの内的動機が、釈尊の教えを請い求める動きであり、それを実現させたのが、「知恵の究極」というキーワードであったのでした。

そして、外的要因が、異民族とのやむを得ない接触、遭遇であったのでした。

○このロート状の膨らみは少しずつ萎(しぼ)みながら紀元450年頃まで続いています。これには、少し解説を加えなければなりません。

実は、インド世界でこういう状況があるのは、せいぜい紀元300年頃までです。この前後から、インドでは仏教よりもインド宗教（ヒンズー教）の方が主流になっていくのです。

紀元250年頃から400年頃までは、インド世界と中国世界との中間地域、いわゆるシルクロードと呼ばれる地域でこういう動きが起こっていました。そして、紀元３００年頃から４５０年頃までは、中国世界でこういう動きが起こっていたのです。特に、紀元４００年の前後50年間は中国世界での仏教の最高の時代であったのです。この時代には、中国訳経界ナンバーワンの鳩摩羅什をはじめ、仏陀跋陀羅、宝雲など、素晴らしい人々がおられました。この時代の最後、紀元４５０年頃という時期は、初期の主立った大乗仏教経典が中国で中国語訳され終わった時期に当たります。

　そこで膨らみは完全になくなります。

◯この先は管がさらに細くなっています。（例えば密教のように）仏教が変質して少し栄えるように見える時があっても、その実態は、かろうじて、意識ある一部の人々の中でお釈迦さまの教えが細々と維持されているだけという状況になっています。管は細くなり、その管も厚さが薄くなってきています。破れやすくなっています。管が破れて、ほんの少し残った教えも拡散した時が、仏教が潰えた時なのです。たとえ、それらしいものが残っておったとしても、仏教は尽滅したのです。

◯その下の所に、小さな膨らみがあります。上の二つの膨らみと比べるとあるのかないのか分からないような膨らみです。これは日本での出来事です。鎌倉時代の前、中期に当たります。インド、中国にはこれに相当するようなものは見当たりません。インド、スリランカ、タイ、中国、チベット、モンゴル、現在仏教国といわれている国において、お釈迦さまの教えを受け継いでいる人たちは、本当に個人レベルでしかないので、線も書けない状況なのです。私が調査旅行で出会った素晴らしい人は、インド1人、スリランカ1人、中国2人、これだけです。タイ、チベット、モンゴルでは全く出会うことはなかったです。

さて、話は戻って、図上の小さな膨らみについて説明します。先ほども言いましたようにこれは日本での動きなのです。鎌倉時代の前、中期に当たります。第一に言えることは、インドなどで編纂された初期大乗仏教経典をまともに受け止めた人がいたということです。具体的には、無量寿経を受け止めた親鸞さん、妙法蓮華経を受け止めた日蓮さん、このお二人です。でも、このお二人はその受け止め方が相当違っていました。

親鸞さんは、無量寿経という経典には何が書かれてあるのかを厳密に読もうとしました。そのためには、無量寿経の異訳を、4本、手元に置いて、さらに後世の解釈書をすべて読み込んで、無量寿経に迫りました。だから、現代でもその解釈は揺るぎないものとなっています。

日蓮さんは、それとは異なる読み方をされました。まず、妙法蓮華経を読んで、その中で、妙法蓮華経に対する信頼こそが最も尊いことだとの確信を得られました。その上で自らが何をなすべきなのかを妙法蓮華経に尋ね、思索し、この世界でどんなことが果たされるのか。そして、自分はそのために何をすべきなのかを絶えず考え実行されたのではないかと思われます。

親鸞さんと日蓮さんは対極にあるお方のようです。私は、親鸞さんの受け止め方を支持しますが、日蓮さんの受け止め方も、とても興味深く、心地よいものと推察いたします。特に、日蓮さん晩年8カ年の歩み、こちらも心穏やかになります。

★【親鸞による宗教改革　妻帯】

この時、同時に、親鸞によって、仏教革命と言ってよいほどの変革がなされたのです。このことは、誰もあまり取り上げようとはしません。しかし、宗教改革というより、宗教革命と言った方がふさわしいことが行われたのです。

それは、「妻帯」のことです。

「仏教の僧侶は戒律を持たない俗人であってもよい」ということです。

「仏教のプロは、妻帯し、子どもを持っていてもできる。かえって、その方が自然な生き方なのだ」ということです。

このことについては、仏教内でも、賛否両論があります。

浄土真宗の開祖、親鸞聖人は、妻、子どもがあることを公にされ、その本山、本願寺は、代々血筋の者をもって引き継がれてきました。大体、以上の様に世間ではなっています。

ここでは、親鸞さんが何をされたのか、確認をしてみたいと思います。

まず、親鸞さんが、「私には妻があります。私には子どもがいます」と仰ったことはないということです。それなら、公にされたということは、うそではないか、と言われそうです。しかし、親鸞にとっての主著、『教行信証』の署名には、「善信集」とあるのです。これがどういう意味を持っているのか、考えてみます。『教行信証』は、仏教界に出した著作です。これが一般の人々に対して書かれたものではありません。漢文で書かれてあることと、その構成を見れば一目瞭然です。そこに書かれた署名が「善信」なのです。善信は坊名です。法名は「親鸞」です。つまり、僧侶としての公の名前は「親鸞」であって、「善信」ではないということです。これは、どういうことかと言えば、私は、正式の僧侶ではありませんと言っているのと同じことになるのです。

そして、親鸞の弟子たちの寺院なり、道場なりもその子どもに普通に継がせています。彼の遺骨を安置した五輪塔がその起源とされる「本願寺」の住持も彼の娘からの血筋で受け継がれていきます。

そして、日本では、僧侶の妻帯に異を唱える僧侶は皆無になってしまっているのです。ほとんどの寺院が世襲となっているのです。

○この日本の鎌倉時代の膨らみの下は、細さは変わりませんが、線が少し太くなっています。教えの広がりはそのまま細いですが、管そのものは少し丈夫になっています。世襲は、弊害も大きいですが、よい面もあるのだと思います。

▽一番右には、「徴・質」ということで、仏教の流れの4区分の、特徴・特質ということを一言ずつ載せてみました。

その右には、「姿」ということで、それぞれの時代の仏教徒の姿勢を一言にして載せてみました。

流れの4区分とは、左から2番目の「流れ」の所で書きました、仏教の歴史の私の4区分、A「おしゃかさま在世時」、B「継承時」、C「大乗仏教経典誕生時」、D「現実適応時」のことです。

簡単に説明します。

A「おしゃかさま在世時」の特徴・特質は、「応答」です。その時の仏教徒の姿は、「まかせる」です。

お釈迦さまに出会われた人が、お釈迦さまに言葉を掛けると、必ず的確な答えが返ってきます。的確な、というのは、その人のためになる、という意味です。そういう意味で、この時期の特徴を「応答」としました。このことは、仏教にとって最も本質的なことだと私は思います。

そして、そういうやりとりの中で、お釈迦さまのことを信頼できる人と受け止められた人は、自然にお釈迦さまに「まかせる」、となっていったのです。これは、何もかもを委ねるというのとは全く違います。完全な信頼を表す言葉として使っています。

B「継承時」の特徴・特質は、「カリキュラム」です。その前に小さい字で「school」、その後に小さい字で「university」が入れてあります。

その時の仏教徒の姿は、「習う」です。

お釈迦さまが亡くなられた後、弟子たちが最も気にかけたのが、その教えを保ち伝えていくことでした。次第に、どのように伝えていったらいいのか、という方向に行くのは、自然のことでした。「カリキュラム」が作られ始め、さらに、一番の関心事が「カリキュラム」そのものとなっていったのでした。

当然、そこでは、みんなカリキュラムに従って「習う」ということになります。

C「大乗仏教経典誕生時」の特徴・特質は、「懇望（ねんごろにのぞむ）」です。その時の仏教徒の姿は、「まみえる。学ぶ」です。

お釈迦さまの教えをカリキュラムに従って習っている内に、お釈迦さまの本当の教えをひたすら欲しいと願う思い、これに心の中は満たされて、それ以外のことは考えられなくなってしまいます。この思いは、強烈に湧き上がってきます。

そして、その時の姿は、「お釈迦さまに見えたい。お釈迦さまから学びたい」です。

D「現実適応時」の特徴・特質は、「効果」です。その時の仏教徒の姿は、「売る」です。私は長年考えてきてその結果、現在までの1600年間を一括りに考えた方がよいと思うようになりました。あくまで仏教にとってのことですが。

現在に至るまで、その間にずっとあったのは、「仏教の中の何かで、どうにかならんか」と考えてしまうあり方なのです。それが1600年間、ずっとあったのです。

そして、その姿を表す言葉として思いついたのが「売る」でした。この言葉は、とても幅広い意味を持った言葉として出しています。いい意味も、悪い意味も含めて、ということです。すぐ後で、もう一度お話しします。

2　マップに出てくる「売る」という言葉について考えてみます

▽再び、「大いなる流れの帰着と出発」

第6章の章名の中の「大いなる流れの帰着」という言葉は、お釈迦さまの教えが絶えることなく脈々と流れ、そして、その本流が、私の所まで流れ流れ、ようやく私の所まで流れ着いた（個々の人の所まで流れ流れ、ようやく個々の人の所まで流れ着いた)。

そのことを言います。

私の場合は、「無量寿経」という形で私に帰り着いた、となります。その「無量寿経」は、私にとって、懐かしく親しく安らげる場所なのです。

「出発」という言葉は、
私の所に帰り着いた、お釈迦さまの教えの中に、ゆったりとつかり、それを味わう中で、私の心と体が動き始めようとする(個々の人の所に帰り着いた。……個々の人の、心と体が動き始めようとする)。

そのことを言います。


第6章の章名「大いなる流れの帰着と出発」の中の「出発」という言葉は、「マップ」では、「売る」と表現してみました。私の言葉で言うところの「本当の、『売る①』」ということなのです。

もう一度、繰り返して言います。

大いなる流れの帰着を、今、感じて、そこから、何かを始めようとする気が起きてくるとします。そのことを、どこかへ出かける「出発」と捉えます。

その具体像を、よりはっきりさせるために、そのことを、「本当の、『売る①』」こととして、描いてみたいと思います。

▽「売る」という言葉

「売る」ということは、商品を売るということです。商品は、売れる商品でなければなりません。自分で作った商品か、どこかで手に入れた商品ということになります。その商品を、買ってくれる相手の所へ持って行きます。その商品のことを売り込み、買ってもらうことになります。

この「売る」ということに、2種類あると考えて下さい。「本当の『売る①』」と、「偽の『売る②』」の二つです。

「本当の『売る①』」とは、私がしてみたい「売る」ということです。皆さんにしてもらいたい「売る」ということです。

「偽の『売る②』」とは、そうでないものすべてです。

私は、この偽と名付けた「売る」ということを排除するつもりはありません。さらに、本当の「売る」だけにすべきだというつもりはありません。私たちは普通、起きてから寝るまでの時間のほぼ１００％の時間、「偽の『売る②』」という時間を過ごしているからなのです。高名な宗教家といわれている人々も、ほぼ全く同様です。

マップの中で、紀元後４００年頃以降、現在に至るまでの１６００年間を、私は仏教にとっての一括り（ひとくくり）の期間としました。１６００年間に、お釈迦さまの教えの新たなる把握は、なされてはいないと判断したからです。

この１６００年間になされた数々の取り組みは、お釈迦さまの教えとして自分の所へやって来たものを、（それが本物であろうと偽物であろうが）、どのように売ったらよいのか、という動きなのではないかと思うようになったからです。

インドの中でも、僧院、大僧院の中に籠（こ）もり、そこの中だけでしか通用しない言葉を使って、難しそうな議論をしているように見えますが、その実態は、ただの教えの流用でしかない、というようなことが行われていたのではないかと思われます。つまり、教えを利用して、世の風波を凌（しの）ぐというだけのことではないかと思います。大僧院の学場での学問ごっこも、はっきり

「偽の売る②」です。

そういうものが売れると思って、外へ出かけても売れるはずがありません。売れないからと言って、ヒンズー教の行者がやっていることを取り入れて、売っても、それはねえ、と思ってしまいます。加持祈祷という、仏教の教えでないものを売るんですから。「大偽の売る②」です。

これだけは私は絶対にしません。仏教徒なら、してほしくありません。そういうことをする人は、仏教徒とは言えないと思います。

紀元後5世紀前半には、ほとんどすべての仏教がテキスト化を終えました。パーリ語で書かれたアーガマ（阿含経）、サンスクリット語で書かれた経典、漢訳された各種経典、すべてがそろった瞬間と言えます。

この時代の、インドの中インド、西北インドにおいては、すべての仏教を俯瞰することが可能だったのでしょう。

しかし、この頃のインドでは、ヒンズー教の台頭が凄まじく、仏教は守勢一方になり始めた時代だったのです。仏教の修行僧たちは仏教専門学にのめり込んでいきました。ですから、これ以降のインドでは、ますます狭小な「売る②」しか出現しなかったのです。

中国では、全く事情が異なります。中国ではまだ本格的な仏教の華は咲ききっていなかったのです。しかも、主要な経典は漢訳が終わって出揃った瞬間だったのです。中国人は、その中にのめり込もうとしました。

大量の経典（情報）の中から何を選んだらよいのか。しかも、その量の多さは、仏教史上初めての量だったのです。そこで、中国人たちは、「選ぶ」ということをしました。

この傾向は、日本でも顕著に発揮されました。平安時代から鎌倉時代にかけての宗派の発生がそれです。浄土宗、臨済宗、日蓮宗、仏教宗派の百花繚乱の時代でした。

まさに「選ぶ」ということで、すべての宗派は一致しています。「選ぶ」ということを「売り」にしたのです。

この時代の最初の頃の「選ぶ」行程を大事にした宗派から、最後の頃の「選んだ」結果だけを主張する宗派まで、いろいろなタイプの「売る」が展開されました。

「売る」ということは、前からの流れを後生大事に守って、以前あった形態を踏襲するということではありません。

「売る」ことで、表面上は変わったように見えても、核心は変わらないということが、いくらでも有り得るのです。

私は、ここで、親鸞さんの妻帯のことを思い浮かべています。親鸞さんは、仏教の大変革をしました。親鸞さんは、妻（恵信尼）を娶り、お子さんも、男3人、女3人おられます。

つまり、親鸞は、

「自分は、梵行（戒律を保って婬欲を断つために行われる、比丘・比丘尼が行う清浄な行）を修することができません。修することをしません。戒律を守って生きる修行僧のような特別な生き方を私はしません。しない方がよいのです。現在ではかえって、しない方が、仏教的な（持戒の）生き方ができるのです。」

「私が戒律を守ろうとするその姿が、かえって私から戒律を遠ざけてしまうのです。」

と、このように考え抜かれて、そして、そこに落ち着かれたのでしょう。

時々、親鸞聖人は戒律を否定された、と言う人がいます。親鸞さんは戒律を否定されたことは一度もありません。もし戒律を否定されたら、もうそれは仏教では有り得ません。お釈迦さまの教えの否定ですから。

さらに親鸞は、驚くべきことを表明されるのです。

「私が行う仏道修行（行）には、効果が全くありません。」

これを、もし、世界中の仏教修行僧たちがお聞きになられると、何ということを言うのですかと、顔にシラーとした表情を浮かべられるのでしょう。彼らにとってこの発言は仏教の否定のように聞こえるのです。自分が励むことで何とかなると思っているからです。
でも、この発言の真意は、行の否定でないことは、発言を注意深く読んでもらえば分かると思います。

親鸞さんの妻帯のことに関しては、「枝葉編　第4章（繁る枝葉）親鸞さん　第1節　親鸞さんの、仏教の流れの中の位置、意味」をご覧下さい。

▽「売る」という流れ

【売る相手】　　誰か
【売れる商品】　　誰かに売れる商品
その誰かに、売れるかどうかのリサーチが必要です。
【売れる商品を手に入れる】
売れる商品を 作るか、または、買うことになります。作る、の中には、企画だけの場合も含めます（企画だけとは、制作を他に依頼する場合のことです）。
買う、の中には、もらうも、拾うも含めます。
【売れる商品を売る相手の所へ持って行く】

実際には、アナウンス、コマーシャルの場合もあります。アナウンスとは、買ってくれそうな相手に、商品のことをアピールし、「買って下さい」と言うことです。コマーシャルとは、不特定多数の人々に、商品のことをアピールし、「買って下さい」と言うことです。

【買ってもらうために、いろいろな事をする】

買い手に会う時は、笑顔を絶やさないようにする。普段通りの気持ちでいる。年寄りと思われないように、髪の毛を染める。独り者と思われないために、結婚をする。ひ弱に見られるのがいやなので、ボディービルをする。身なりを整える、などなどです。

【買ってもらう。売れる】

「売る」の流れは、ここで終わりではありません。まだ続きがあります。

【買った人が、その商品をどうするのかを見る。または、予測する】

買った人がどうなったのか、何を思っているのかに注視し、さらに、売った人がどうなったのか、何を思っているのかに注目します。その後のことは、自然に始まってきます。

【「売る」が、しっかりなされる時は、この「売る」は、無窮に連続します】

「売る」が、しっかりなされた時は、この「売る」は、売った人から買う人へ、買った人から他の人々へ、拡散します。売った人から、多くの人たちが買ってくれるようになります。そしてさらに、買った人が、今度は、売り手になって、多くの人たちに売ってくれるのです。

【「売る」が、あらゆるもの・人を巻き込んでいくことになります】

温もりがあって、緩やかで、静かに、ふんわりと、心地よい、もの・人を包み込む、風のように、ということです。この現象は、人類はまだ経験したことがありません。将来、起こるであろうということで、ここに記しました。

参考　「特留此経(どくるしきょう)　止住百歳(しじゅひゃくさい)（特に此の経を留めて、止住すること百歳せん）」（真聖87頁）

閑話休題

（※上巻の「後文」を下巻にも再録）


２０１８年の冬のことです。ある先輩の言葉を伝え聞きました。その言葉は、「この頃、タケイチくんはどうしてるかなあ」という言葉でした。

それから、なぜか分かりませんが、何かをしたい気持ちが、起こってきたのです。

私が今までお話してきたこと、今まで調べてきたことを、もう一度点検、再吟味してみようと思い立ちました。それから、いろいろな頼りになる本、今まで調べたことがまとめてあるノートを読み返しました。さらに、今まで訪れた遺跡の写真、博物館に陳列された考古学的資料、それらのことが書いてある解説本、さらには、気になっていた各種の論文、私が今まで撮ってきた写真、などなど見ながらぼんやりと考えていました。

１週間ほどぼんやりとしていました。

すると、ある思いがゆっくり湧き上がってきたのです。

今まで私が聞いてきた仏教、読んできた仏教、話してきた仏教、見てきた仏教、これって一体どこから来たのだろうか？　一体何ものなんだろうか？

そう考えていると、これって流れて来ているような。なんか分からないけど、どこかから流れて来ているような気がするような、ということをぼんやり。2、3日ぼんやりとしていました。でも時間が過ぎていくうちに次第に、はっきり、すっきりとしてきました。

それからです。どこから来ているのだろうか、と考えるようになったのは。


私たちの教団の中では、「誰々先生を師と仰ぐ」みたいなことを言われる方がありますが、私は、そのような師と仰げるような方にお会いしたことはありません。この50年間でお会いし、言葉を交わしたことがある人の中で、もう少し同じ時間を過ごせたらと思った方は、金子大栄氏です。京都の本山前にある高倉会館の玄関で、ぞうりの話をしました。私が19歳の時です。何かの思い（おもい）をもって話されるのではなく、その時の自らの想い（おもい）をゆっくりと辿って語られる方でした。

それからいろいろな人に出会いました。

自分にだけ感心のある人。どうということのない業績を誇る人。誰かがご自分の主張に反論しようものなら、有り得ないことでも何でも根拠にして反駁（はんばく）される人、そして、それでも食い下がろうとすると、怒る人。自分に対する批判的意見には、一切反応しない人。こちらの意見とは全く関係のない問いかけをして、意見を持っていった者をやり込めようとする人。その方は質問に答えず、最後には「また訪ねて来なさい」とごまかしていたのです。これらの方々は、みなさん大学者であり、教学者です。結構、名のある方ばかりです。

でも、変な表現ですが、この50年間、数少ないですが、いっぱいの人に機会を与えてもらいました。いろいろな事を教えてもらいました。本山のある仕事を依頼された時、私はそれにふさわしい人間ではありませんと固辞していたら、「竹市くんがやらなかったら誰ができるんや」と言ってくれた人。本山の事務室で夜中、明日のお内仏の法話の予習をしていたら、「ぼくにはこれがないんやな」と言ってくれた部長さん。「竹市くんは同志や」と言ってくれた大先輩。

私が法話をしていた時、話を聞いていた人が、「あんた見どころあるわ」とか、「ほかのぼんさんとは全くちがうなあ」とか言ってくれたお爺ちゃん、おばさん。

私の話は、しゃべりたいことをしゃべる、が基本です。こういう話に自然になっていきました。

でも、押しつけというのとは、正反対です。私のしゃべりたいことは、聞いている人の聞きたいことなのだから。そのために、私は、話を始める前に皆さんにお聞きします。「今日、どんな話をしたらいい？」と。

たくさんの方から温かい視線をいただきました。本当にみなさんに感謝しております。

話は元に戻りまして、私のところに教えを届けてくれたのは、親鸞さんです。これは、今の私の素直な実感です。

親鸞さんが残された言葉、伝承された事蹟（親鸞さん本人にまで遡ることができる事蹟）を以て、今の私があります。

親鸞さんによって捉えられた、教えの流れ、お釈迦さまが生きておられた時の、お釈迦さまとの時間、それが、今、蘇ってきたのです。

この本では、お釈迦さまの教えの流れがどのように流れているのか、ということをお話してきました。

その時に大事なことは、お釈迦さまの圧倒的な教えの総量を、自分の中で現実感をもってイメージ化できるかどうか、なのです。それが少しでもできるなら、私の話は興味深いものになることでしょう。

ほんの少しでもイメージ化できればいいのですが。

もしできなければ、その人の仏教は、世の中の何かからということで、自分で自分に縛りを懸けて身動きが取れなくなっているのかもしれません。

そうでなければ、無意識のうちに自分から自分に縛りを掛けているのかもしれません。

そういう人の仏教は、結果的に陳腐なものになっているのでしょう。

私はただ、「その人のさらなる安らぎ」を願うしかありません。

広く自由な大地で、教えを聞きたいものです。

このような、本というのも恥ずかしいものをみなさんにお目にかけるのは、申し訳ない気持ちでいっぱいです。私の文章を書く力のなさを痛感しております。文章を書くトレーニングを、全くしてこなかったことを悔やんでおります。

ただ書いてある中身については自信を持っています。これが、本当の仏教です、とお勧めできるものになっていると思っています。お釈迦さまに近づき、お釈迦さまの教えそのものを探求し、その流れを辿ろうとする人にとって、この本に書かれてあることは、良くも悪くも示唆に富んだものとなっていると思います。

一人でも多くの方に、読んで聞いていただきたいのです。

そして、ご意見をお寄せいただければ、ありがたいです。

特に、私の本の内容に批判的なご意見、内容の誤りのご指摘、もし、していただければ、私の幸せ、これに過ぎたるものはありません。

この本を読んでいただいて、もし、参考になることがこの本にあるとお考えでしたら、そのことをどこか片隅にでも、書き添えていただければたいへんありがたいです。

竹市　昭英

枝葉（えだは）編

サンチーの仏塔（ストゥーパ）

第1章　小さな枝葉　避けて通れない大きな枝

★【お釈迦さまの生没年の推定】

1　お釈迦さまの生没年の、さまざまな意見

お釈迦さまの生没年の説は、大きく分けて、二つあります。北伝説と、南伝説の二つです。「幹編　第1章　第3節　1　お釈迦さま当時の歴史　【お釈迦さまの生没年】」をご覧下さい。

そちらに、北伝説、南伝説が紹介してあります。

ここでは、それらの説をそのまま紹介することはしません。

それぞれの説の中で、私が参考にしたいと思うことだけを述べさせていただきます。または、それらの説の中で、間違っていると私が思うことがあれば、それも述べさせていただきます。

生没年を確定しようとすることは、本当に困難なことなのです。

（これ以降は、「枝葉編　第2章　蕾」の注として書いたものと同じ文章です。）

生没年の確定するのが困難なのは、多くの人の論考の根拠が、非常に脆弱（ぜいじゃく）であることが、その理由に挙げられます。

そのことを乗り越えるには、根拠として提出したそのものが、どれくらい論拠として耐えられるかの吟味がなされなければなりません。

それをせずに、各人が自説を叫んでいても、自分のところでは何も起きないのです。あらゆる人にとって、自分の説は、正しいか、正しくないかのどちらかなのですから。こんなことは、お釈迦さまが、スッタニパータの中で、繰り返し仰っておられることです。「自らの説のみが正しいものと叫び続ける。そのような論のどこが正しいということがあるのか（すべての論が正しくない）。」

そして、論拠として耐えられるか、というのは、お釈迦さまの存命期にどれだけ迫っているのか、ということです。「ある歴史的期間、金庫に入っていて厳重に鍵がかかっていたから、正しい」というような論拠は、全く、論義に値しないものです。

参考文献
「［付篇二］マウリヤ王朝ならびにゴータマ・ブッダの年代について」『中村元選集［決定版］第6巻　インド史Ⅱ』春秋社　1997年
「仏滅年の再検討」『アショカ王とその時代』山崎元一　春秋社　1982年　257〜282頁
「仏滅年の再検討」『三康文化研究所年報　平成十三年度（第三三号）』山崎元一　三康文化研究所　2002年

2『島史』に書かれている、5人の比丘による律の伝持

お釈迦さまから、代々5人の比丘に、律が伝持されたと、『ディーパ・ヴァンサ（島史）（D.V.）』に記述されていることは、お釈迦さまの生没年を考える上で非常に大事なことなのだと私は思います。そこに書いてあることを整理して述べさせていただきます。

スリランカの最古の歴史書『ディーパ・ヴァンサ（島史）（D．V．）』に、アショカ王の即位までの間に5人の高僧による律の伝持が行われたという記述があります。5人の高僧を、①、②、③、④、⑤で、以下に表してみます。

お釈迦さま　⓪
ウパーリ　①

ウパーリは、釈尊の直弟子です。出家する前は、理容師であったと伝えられています。律（釈尊が、出家僧の生活はこのようにしなさい、と命じたもの。出家僧の集団の運営に関する規則も含まれる）の専門家、律のことを正確に記憶していると、出家僧仲間全員から信頼されていたお方です。

ダーサカ　②
ソーナカ　③
シッカバ　④
（チャンダバッジ）　④′
ティッサ　⑤
マヒンダ　⑥

この順番に律の伝持が行われたことが、『ディーパ・ヴァンサ（島史）（D. V.）』の中には、1回ではなく、何回も何回も書かれています（書かれている場所 D. V. 4 31～46、D. V. 5 60～

75、D.V.5 76～88、D.V.5 89～98、D.V.5 99～107）。

これらは、「釈尊般涅槃の後218年に、アショカ王が即位した」（D.V.6 1）という記述の前にあります。このことと、繰り返し書かれてあることは、非常に重要な関連性があるものと、私は思っています。

右のダーサカ②は、ウパーリ①から律を伝えられました。ソーナカ③は、ダーサカ②から律を伝えられました。シッカバ④は、ソーナカ③から律を伝えられました。ティッサ⑤は、シッカバ④から律を伝えられました。

ティッサ⑤は、アショカ王の仏教の師とされている人です。

ダーサカ、ソーナカ、シッカバ、ティッサの4人は、サンチーを中心とする地域で、最も有力な僧団の、代々の指導者たちです。

マヒンダ⑥は、アショカ王の息子です。

参照文献

『南伝大蔵経』第六十巻　大蔵出版　1939年（オンデマンド版　大蔵出版　2004年）

3　お釈迦さまの生没年の、素人の勝手な推測

《以下は、幹編（上巻）に書いた、私の結論の部分と同じです。》

▽南伝説は、『島史』にある「釈尊般涅槃の後218年に、アショカ王が即位した」という記述を根拠にしています。

その箇所の前のところに、「何とかの時、誰々は何歳であった」というように、書いてある部分があります。何回もくどいように書かれています。それを注意深く読んでみました。

しっかり見てみると、先ほどの「218年」に合わせて刻んである年と、そうでない、どうにも腑に落ちない年の2種類があるようなのです。

そこで腑に落ちない方の年だけを、5人の律の伝承者に合わせてパズルのように当てはめていくと、損傷のない年代図が出来上がるのです。その結果は「仏滅後124年にアショカ王即位」ということになりました。

南伝の元資料を吟味していたら、北伝説に近い説になってしまった、という何とも奇妙なことが起こってしまったということです。

だから、素人の私の勝手な説は、「仏滅後124年にアショカ王即位」ということになります。

それで、佛滅年は、268＋124＝392、紀元前392年ということになります。ですから、私の説は、お釈迦さまの生没年は、BC472～392となります。ただし、この説はあらかじめ誤差があることが前提で算出したものです。誤差が1、2、3、4、5年、10年ぐらいまでは有り得るかもしれません。あればどんどん北伝説に近づいていくことになります。△
※268は、アショカ王即位の中村元説、「紀元前268年」によっています。

4 【お釈迦さまの生没年の「素人の勝手な推測」を導き出した手順】

ここでは、私の結論、「素人の勝手な推測」を導き出した手順を述べさせていただきます。（なお、以下の「 」内は、参照文献のそのままの引用です。スリランカの最古の歴史書『ディーパ・ヴァンサ（島史）（D．V．）』です。D．V．の後の数字は、ページ数ではありません。二つの数字は参照文献の本文に入れてある、章、節です。引用は、必ず、一つの節内のすべてを引用しました。よって、章が同じで、節が連続している場合、文章も連続しています。）

① お釈迦さま涅槃年（仏滅年）から、ウパーリがダーサカに戒を授けるまでの期間について（以降、ウパーリがダーサカに戒を授けたことを、㋑と呼ぶことがあります）

「時に世間の守護者［佛陀］の入涅槃後十六年、阿闍世の［治世］第二十四年、毘闍耶の［治世］第十六年、」（D. V. 4 27）

「賢者優波離の満六十歳の時、駄索迦は長老優波離の許に於て具足戒を受けたり。」（D. V. 4 28）

「世間の守護者の涅槃の後十六年は過ぎ、時に賢者優波離は満六十歳なりき。」（D. V. 5 76）

「［そは］阿闍世の［治世］第二十四年毘闍耶の［治世］第十六［年］なりき。［時に］駄索迦は長老優波離の許に於て具足戒を受けたり。」（D. V. 5 77）

これらの2カ所の記述によって、お釈迦さま涅槃年（仏滅年）から、ウパーリがダーサカに戒を授ける（イ）までの期間が、16年であることが分かります。

② ウパーリがダーサカに戒を授けてから、ダーサカがソーナカに戒を授けるまでの期間について

（以降、ダーサカがソーナカに戒を授けたことを、ロと呼ぶことがあります）

「かの駄索迦と名づくる賢者の四十五歳、那迦逐寫迦の［治世］十年バンドゥ［ヴーサ］王の［治世］二十年に、須那拘は長老駄索迦の許に於て具足戒を受けたり。」（D.V.4 41）

ダーサカが45歳の時にソーナカに具足戒を授けています。ダーサカが受戒した年齢を20歳と仮定すると、

ウパーリがダーサカに戒を授けて（イ）から、ダーサカがソーナカに戒を授ける（ロ）までの期間は、45－20＝25

25年となります。

※次の（D.V.5 78）（D.V.5 79）の「40歳」と、先の（D.V.4 41）の「45歳」とは矛盾しています。私は、（D.V.4 41）の方を正しいものとします。こういうことを判断する一般基準は、⑤のところに少し書いてあります。参考になさって下さい。

「駄索迦と呼ばるる賢者は、正に四十歳なりき。那迦逐寫の［治世］十年、波君荼迦の二十［年に］」（D.V.5 78）

「長老蘇那拘は駄索迦の許に於て具足戒を受けたり」（D.V.5 79）

③　ダーサカがソーナカに戒を授けてから、ソーナカがシッカバに戒を授けるまでの期間について

（以降、ソーナカがシッカバに戒を授けたことを、㋩と呼ぶことがあります）

「かの長老須那拘の満四十歳の時に、迦羅阿育は十年と半ヶ月［治世し］」（D. V. 4 44）「波君荼迦は十七年間掠奪者なりき。［この世代の］十一年と六ヶ月は経過せり。」（D. V. 4 45）

「その時衆中の主、須那拘は、悉迦婆と梅陀跋闍とに具足戒を授けたり。」（D. V. 4 46）

ソーナカがシッカバに具足戒を授けた時（㋩）の、ソーナカの年齢は、40歳です。ソーナカが受戒した時の年齢は、20歳であると仮定すると、

ダーサカがソーナカに戒を授けて（㋺）から、ソーナカがシッカバに戒を授ける（㋩）までの期間は、40－20＝20

20年ということになります。

④　ソーナカがシッカバに戒を授けてから、シッカバがティッサに戒を授けるまでの期間について
（以降、シッカバがティッサに戒を授けたことを、㊁と呼ぶことがあります）

※ここで、唐突に思われるかもしれませんが、「シッカバが具足戒を受けた時の年齢の算定」を試みます。

「かの長老須那拘の満四十歳の時に、迦羅阿育は十年と半ヶ月［治世し］」（D. V. 4 44）
「波君荼迦は十七年間掠奪者なりき。［この世代の］十一年と六ヶ月は経過せり。」（D. V. 4 45）
「その時衆中の主、須那拘は、悉迦婆と梅陀跋闍とに具足戒を授けたり。」（D. V. 4 46）
「梅陀掘多の二年、波君荼迦王の十八年に、悉伽婆は六十四歳なりき。［その時］目犍連子は長老悉伽婆の許に於て具足戒を受けたり。」（D. V. 5 69）

(1)「波君荼迦（パクンダカ）が、即位する前の十七年間、その中の十一年六ヶ月過ぎた時に、

須那拘（ソーナカ）は悉迦婆（シッカバ）に戒を授けた。」とあるので、ソーナカからシッカバが具足戒を受けてから、パクンダカ王が即位するまでの期間は、17－11・5＝5・5
5年と半年となります。

(2)「パクンダカ王の即位十八年目に、シッカバは目犍連子（ティッサ）に具足戒を授けた」とあるので、シッカバが具足戒を受けた年から、シッカバが目犍連子（ティッサ）に具足戒を授けた年までは、5・5＋17＝22・5
22年と半年となります。
※17は、即位1年目から即位18年目まで、17年間ということから、17としてあります。

(3)「シッカバが目犍連子（ティッサ）に具足戒を授けたのは、六十四歳」なので、64－22・5＝41・5
シッカバが、具足戒を受けた年は、41歳と半年ということになります。▲

右の(1)、(2)より、ソーナカがシッカバに戒を授けて㊇から、シッカバがティッサに戒を授ける㊁までの期間は、22年と半年ということになります。

⑤　シッカバがティッサに戒を授けてから、アショカ王即位までの期間について

「法阿育の［治世］六年には、目犍連子は六十六［歳］、聞茶私婆王の四十八［年に］、摩哂陀は目犍連子の許に於て具足戒を受けたり。」（D. V. 5 82）

そうするとアショカ王（阿育王）即位の時、ティッサ（目犍連子）は、61歳となります。

「法阿育の［治世］六年」を、数え（最初の年を1年とします）とします。

（66－5＝61）

ティッサ（目犍連子帝須）が、20歳の時に受戒した（※）とすると、61歳の時にアショカ王が即位したので、シッカバがティッサに戒を授けて㈡から、アショカ王即位までの期間は、
61－20＝41
41年ということになります。

※この部分は、私の仮定です。この部分で、誤差が生じるのです。ここを、仮に23歳とすると、3年、北伝説に近づいていく、ということです。

⑥　以上のことから、釈尊涅槃から、アショカ王即位までの期間は、
16＋25＋20＋22・5＋41＝１２４・５
「１２４年と半年」ということになります。

※この推定の②では、ダーサカの具足戒受戒の年齢を20歳と仮定しています。
③でも、ソーナカの受戒の年齢を20歳と仮定しています。
④では、シッカバの受戒の年齢は40歳と半年と算定しました。
⑤では、ティッサの受戒の年齢は20歳と仮定しています。
また、アショカ王の息子、マヒンダが、ティッサから受戒を受けた時の年齢は20歳です。
以上のことから、ダーサカ、ソーナカ、ティッサの受戒の年齢が、仮定の上の算定であることに留意して下さい。

この仮定は、マヒンダの受戒の年齢が20歳であるとなっていることがその大きな理由となっています。出家僧になる者のほとんどは、20歳前に寺院に入ります。20歳になった時に、具足戒を受ける、というのが一般的だと思われるからです。ただし、シッカバの例もあります。年齢が行ってから受戒する例もあるということです。

ただし、もし、この3人の受戒の年齢が、平均で3歳上であった場合、3×3＝9、つまり、9年間、縮まるということになります。

124・5－9＝115・5ということになります。

ですから、一応の算定としては、124・5年としますが、誤差として、マイナス10年ぐらいまでは有り得るとします。

⑦　⑥と、前の※のことにより、

釈尊の、没年は、268＋124・5＝392・5

一応、紀元前392年ということにします。

そして、誤差は10年ということにして、紀元前382年までは、有り得るということにします。

※「また目犍連子帝須は、弟子の摩哂陀を律の上首たらしめて、八十六［歳］にして涅槃せり。」（D. V. 5 94）

「目犍連子帝須は弟子の摩哂陀を律の上首たらしめて、八十［年］にして涅槃せり。」（D. V. 5 107）

こういうように、「86」と、「80」のように、年数が矛盾するところでは、どちらかを正しいものとします。その時私が取る一般的な方法は、二つです。記述の前のものを正しいものとする。もう一つはその数字が、略された可能性のある方を、間違いとする、ということです。
この二つは、あくまで、一般的なものとします。
だから、この場合、正しいのは「86歳」ということになります。

※「[目犍連子の]五十四歳に法阿育は潅頂し、阿育の潅頂後六年に[即ち]目犍連子といへる[長老]の六十[歳の時]、摩哂陀は目犍連子の許に於て出家せり。」(D.V.7 24)(D.V.5 82)において、私は、「法阿育の[治世]六年」を、数え(最初の年を1年とします)としました。

それを、ここでは、「6年後」という意味に取っています。つまり、即位から6年経った時という意味に理解しています。

どちらもありということでいいのかもしれません。このことは、年齢についても言えます。数えの年齢なのか、満年齢なのか、私は、年齢の方は、何となく、満年齢で扱っています。

こういうことから、誤差が有り得る推定なのだと思って下さい。

参照『南伝大蔵経』第六十巻 大蔵出版 1939年(オンデマンド版 大蔵出版 2004年)

第2章　蕾
最初期の阿弥陀仏、初期の阿弥陀仏

第1節　阿弥陀仏の最初の名前

〝光り（光(みちる)）と、いのちの、謳歌(おうか)・歌声〟

目映(まばゆ)い光り、暖かな光り、ささやかな光り、明るい光り、静かな光り。灯(とも)す灯(あか)り。
道ばたを歩く蟻のいのち、なぜか上の方におられそうな神さまのいのち、とっても、ちっぽけだけど一番大事な私のいのち。
光りが囁(ささや)き、光りが歌う。いのちが囁き、いのちが謳(うた)う。

〝光り？ それとも、寿命？〟

1　阿弥陀仏のインドでの本の名前はアミターバ（無量光）なのか、アミターユス（無量寿）なのか？

私の現在の結論、それに至った過程を、まず最初にここに書きます。

阿弥陀仏のインドでの名前は、二つあります。「アミターユス（無量寿）」と、「アミターバ（無量光）」の二つです。その二つともが、阿弥陀仏の元の名前なのです。

ここで、私が「阿弥陀仏」と言っているのは、インドでのその前駆、「アミターユス」、「アミターバ」、そして、その発音としての「アミダ」、そして、中国での訳語（音を写した語）「阿弥陀」、中国での訳語（意味を訳した語）「無量寿」、「無量光」、これらをすべて含めての総称として、私は「阿弥陀」という言葉を使います。そして、そのブッダ名を「阿弥陀仏」とします。

2　私の結論

☆《創作を交えて》【紀元前後300年間の修行僧の動きを見ながら、アミダ仏の誕生の状況を追いかけてみる】

▽ＢＣ１００年頃から、「ブッダ」に対する接近、アプローチを試みる出家僧たちが、グループを作るようになり始めました。最初の発想は、お釈迦さまの教えって、一体、どのようなものだったのだろう、というところから始まりました。

「お釈迦さまの教えとは何か？」という思いと同時に、心の底に静かに漂い始めてくるようになったものがありました。それは、最初は意識化されませんでしたが、次第に頭の中に絶えず浮かぶ、一つの確信となりました。ＢＣ50年頃でしょうか。それは、お釈迦さまは今も生きている、という確信です。それは、はっきり間違いであることは分かっていましたが、そのように思えてしまうのです。間違いであることは間違いないのだから、このことは、誰も主張はしませんでした。

そのような中で、ある1人の出家僧がそれでも、やっぱりお釈迦さまは生きておられる、と主張するということが起こりました。そのグループの中は大混乱に陥りました。

そして、そのグループの中で、徹底的に議論が行われました。しかも、ある長さを持った期間、行われました。その期間は、一世代のちょうど半分ぐらいの期間、だいたい10年弱ぐらいの間、始まった時の最長老が老いていくぐらいの期間、行われたのだろうと思います。その議論では、結論は決まっていたのです。お釈迦さまが生きていると主張してはいけないことは、全員が分かっていました。しかし、その主張をした出家僧のぐらつくことのない確信も、全員に共通のものでした。

僧院長を含め、皆の信頼を得ている長老、3、4人で、じっくりじっくり、どのようなことが有り得るのかを検討しました。長い時間をかけて、意見を出してもらえそうな僧には、訪ねていって、意見を聞きました。そうして、次第に一つの考えにみんなで行き着いたのでした。

それは、今、生きておられるブッダは存在しているということでした。それは、自分たちの保持している経典からしても、矛盾することは全くないことは、あらゆるグループに尋ねてみても、同意見でした。たった一つの、伝統だけを大事にするグループ、正当なる伝持を主張するグループを除いては、他には反対するグループはありませんでした。

今存在している、今生きておられるブッダは、当然、お釈迦さまのことではありません。お釈迦さまとは、別のブッダです。このことを確認するために長い時間がかかったのです。お釈迦さまとは別のブッダがおられる。

最初に、そのことの根拠としたのが、過去仏の存在です。お釈迦さまがおられるよりずっと昔に、この世界にはブッダたちがおられたという伝承です。これは、古くから言われてきたことですが、どうしても、お釈迦さまがそのように仰ったというその確認がとれなかったのです。それで、また、別の根拠を探しました。そして、とうとう見つけたのです。それは、お釈迦さまが、ブッダという言葉を単数ではなく、複数形で仰っていることに、注目したのです（補注【ブッダの複数形】)。

ここで、本当は、ものすごく強大な、強固な壁にぶち当たっていたのです。そのことに、誰も気がついていませんでした。ブッダという言葉の複数形があることは、本当は、みんなが知っていたのです。知っていたのに、そのことの意味を考えたことがなかったのです。

それには、訳がありました。実は、出家僧の全員が、教わっていたことがあるのです。「ブッダの複数形があるのは、お釈迦さまより過去に、多くのブッダたちがおられたということを、表しているのですよ」と、教わっていたのです。それが出てくる経典を読む時に、いつも先生からそのように言われていたのです。これは、ブッダの複数形が出てくる度に、かならず、先生が、「昔ね、こういう名前のブッダがおられたのですよ」ということを、さも、あったかのように、いろいろな話が創作されていった、そういうことがあったのだと思われます。

だから、ブッダの複数形があっても、そのことの本当の意味に気づくことは有り得なかったのです。先ほど、大きな、強固な壁と言いましたのは、そういうことがあったからなのです。

しかし、今回の動機は、その壁を、たやすくぶち破るほどのものでした。お釈迦さまとは別のブッダがおられる。このことの確信が最初にあってのことだったので、何回か読み進んできて、ブッダの複数形のある箇所に来た時に、はたと、気づくことができたのだと思います。

そうなってからは、考えを進めていくことは容易(たやす)いものになっていきました。

お釈迦さまが「ブッダたち」と仰ったのです。この意味を、過去仏、未来仏を含めて、複数と取ることも可能です。しかし、もう一つの解釈が有り得ます。もう一つの解釈は、現在、この宇宙には複数のブッダがおられる、という意味にも取ることができるのです。そのように解釈することができます。

ここで、重要なことは、そのどちらかを示唆するニュアンスを、お釈迦さまはどこにも残してはおられないことなのです。これを確認するのは、結構、時間がかかったのだと思われます。でも、確認できました。お釈迦さまが過去仏のことを積極的に主張するということは、最古層の経典の中には、存在しないのです。△

そこで、その、今生きておられるブッダのことを、「今生きておられるブッダ」と呼ぶことにしたのです。

このブッダは、どのような方なのかと、考えを進めていくと、このブッダは、「私の寿命を果てしなく長くしよう」というようにしておられるブッダであるということに行き着きました。出家僧たち自身の願いが、多分に含まれるものであることは、本人たちも承知していました。

こういうブッダがいてほしい、このようなブッダがおられることを請い願っています。それが高じてきて、最後には、こういうブッダがおられるはずだ、となっていくのです。

そのようなブッダを、「果てしなき寿命を持つ者」という意味で、「アミターユス」と呼ぶようになったのだと思います。

私の結論は、アミターユスが先であったということになります。ただし、最初、アミターユスは、固有名詞ではありませんでした。そういうブッダを、そのように呼んだということです。この、アミターユスがアミターバと呼ばれる次第は、後で、またお話しします。この、両者は、「真実なるアミターユス」であり、「栄光のアミターバ」であるのです。この言葉の意味も、また後で、お話しします。

3　探求（ここでは、「新しい動き」をその起点まで遡ろうとします）

☆スッタニパータの中の①【ブッダ（buddha）の複数形】

②【「如来」（tathāgata）の語義】

如来（tathāgata）

③【如来（tathāgata）とブッダ（buddha）】

kusala

ここでの探求は、仏教の流れの中での重大な転機となった、初期大乗仏教経典の誕生までの新しい動き、水面下の苦闘の、最初の起点に照明をあてようとするものです。さらに、それを尋ね探して、明らかにしようとしたものです。

私が、まず行いたいことは、端的に言えば、「ブッダの複数形」の確認です。その箇所を、スッタニパータの中で捉えてみました。

お釈迦さまに迫ることのできる唯一の経典、スッタニパータの中では、お釈迦さま、その人を表すのに、いろいろな言葉があります。

この「ブッダ　buddha」という言葉以外に、「如来　tathāgata」、この二つの言葉は、後に仏教の教えを語る時に、厳格な意味を持つ言葉となっていきます。そして、その逆に、後には、全く使われなくなった言葉、「巧者　kusala」にも、関心を持ってみました。お釈迦さま当時の、お釈迦さまを表す言葉遣いについて、スッタニパータ中にある、三つの言葉の用例を引用しながら、明らかにしていきたいと思います。

ダンマパダにも、ブッダの複数形、タターガタの複数形がありますが(注1)、ここでは、触れていません。私の個人的な印象ですが、ダンマパダの相当箇所が、スッタニパータの相当箇所に比べて、相当後期に感じられるからです。ダンマパダ独自の編集の跡が感じ取れます(注2)。お釈迦さまに迫れるとは思えないからです。

① ブッダ（buddha）の複数形

（なお、以下「　」内は、中村元訳『ブッダのことば』〈岩波書店　1984年〉によります。）

ブッダ（buddha）の複数形が、確認できるのは、スッタニパータでは、

第1章81偈「詩を唱えて得たものを、目ざめた人々（諸のブッダ）は斥ける。」

第1章85偈「目ざめた人々は誰を〈道による勝者〉と呼ばれるのですか。」

第1章86偈「そのような人を〈道による勝者〉であると目ざめた人々は説く。」

第2章386偈「諸々の〈目ざめた人々〉」

第3章480偈「目ざめた人々（諸仏）」「さとった人々（諸仏）」「目覚めた者たち（＝諸仏）」

第3章523偈「諸々の目ざめた人（ブッダ）」

の6カ所です。

第3章480偈「正しく見る人々（目ざめた人々、諸仏）（複数形）」

第5章1082偈「煩悩の激流を乗り越えた人々（複数形）」

第5章1083偈「煩悩の激流を乗り越えた人々（複数形）」

これらは、ブッダの複数形ではありません。しかし、「正しく見る人々」、「煩悩の激流を乗り越えた人々」とは、意味的には正しく、仏教におけるブッダのことなので、ここに取り上げました。

81偈から、523偈の「ブッダたち」が、仏教以前からの、そして、お釈迦さま当時の、「宗教的完成者」の意であると取ることもできることからすると、1082偈、1083偈の方が、私の意にかなっているとも言えます。なお、私は、81偈から、523偈にかけての「ブッダたち」も、仏教におけるブッダのことなのだと思います。

前書『ブッダのことば』第1章、85偈の中村元先生の注釈（270頁）には、「ここで、目ざめた人々（buddhā）が複数形であることに注意せよ。次の詩でも buddhā と複数になっている。つまり、ここの教えをシャーキャ・ムニ（釈尊）が説いているのではない。『わたしが説くのだ！』とは言わない。そういう傲り高ぶった気持ちをかれはもっていなかった。ブッダたち（ジャイナ教やそのほかの当時の諸々の聖者たちを含めて）が説くのである。当時の聖者たちの説いていること、真理を、釈尊はただ伝えただけにすぎないのである。かれには〈仏教〉という意識がなかったのである。」とあります。

私も、ブッダ（buddha）の複数形が、スッタニパータにあることに、もっともっと注目してほしいのです。ダンマパダにあることにも注目してほしいのです（注2）。このことが、仏教の流れの中の大きな動きを生み出す転機になったと思うからです。

中村先生の仰っておられることに、少しだけ言葉を補いたいと思います。

お釈迦さまには、「ブッダたち（ジャイナ教やその他の当時の諸々の聖者たちを含めて）」が、現在おられるかもしれない、過去にはおられたに違いない、という意識があったのかもしれません。そして、お釈迦さまは、当時の聖者の中に、お釈迦さまと同じく彼の岸へ渡った人がおられるかもしれないということを思っておられたかもしれません。

それでこのように「buddhā（ブッダたち）」と言われたのかもしれません。

しかし、私が確認していただきたいことは、次のようなことです。

お釈迦さまは、一人として、具体的な人のことを、「ブッダ」、「タターガタ」と仰ったことは全くないということです。そして、お釈迦さまが、会われた人のことを、「ブッダ」、「タターガタ」と仰ったことも、一度もないということです。

ですから、お釈迦さまのお弟子さん方からの視点で言いますと、「ブッダというお方は、お釈迦さま、お一人なのだ」とお弟子さん方全員が思っているということです。

しかし、お釈迦さまの方から言いますと、全く違います。

☆▽《推測》ここからは、私の推測を交えてお話しします。
お釈迦さまは、過去にも、現在も、複数のブッダがおられるということは、当然有り得るということで、「ブッダたち（諸仏）」と仰られたのです。お釈迦さまは、「有り得るブッダ」のことを、「ブッダたち（諸仏）」と仰ったのです。

お釈迦さまが亡くなってから、300年近くが過ぎて、大きな動きが始まりました。お釈迦さまは300年ほど前に亡くなっておられるのは分かっているのに、それでも、「今生きておられるブッダ」感が高じてきて、確信と言えるほどになっていた修行僧たちのグループが出現してきたのです。彼らは、その確信が、その当時の仏教の教えとして語られていたものと相反するものであったので、「今生きておられるブッダ」感が、はたして、お釈迦さまの仏教であるのか、ないのか、苦闘を重ねて、お釈迦さまの所まで辿っていって、訪ねて行ったのです。そして、発見したのが、ブッダ（buddha）の複数形なのです。

前にも言いましたが、この発見は、知らなかったものを見つけたというのではありません。知ってはいましたが、そのことの意味の確認に膨大な時間がかかったということです。そして、大多数の修行僧の同意が整ってきました。これは、積極的な不同意がなかったということです。

そして、この発見をすることによって、さらなる新しい動きが可能になっていくのです。

それは、お釈迦さまの当初の思いとは違うかもしれません。それでも、お釈迦さまの本来の思いと、相反するものでないということは言えると思います。

「ブッダたち（諸仏）」、「たくさんのブッダたち」という言葉が多く語られるようになる初期大乗仏教経典の誕生に、直接結びついていく動きになるのです。△

参考『ブッダの教え　スッタニパータ』宮坂宥勝　法蔵館　２００２年　458、459頁

【「如来」（tathāgata）の語義】

如来の語義について、お話しします。宮坂先生は、次のように述べておられます。

「『その通りにかの岸に行ける者』を意味するので、漢訳の『如去』が、初期仏教の語義。『如来』は『そのとおりに来た者』で、このような還相的な解釈は大乗仏教が興起してからのものであろうから、厳密にいえば、初期仏教に関する限り、如来の訳語は実は適切でない。」（宮坂296頁）

私も、全く同意見です。

如来の原語、タターガタ（tathāgata）は、二つの単語から成る合成語です。これが、いかなる単語から成る合成語なのかで、解釈が二つに分かれます。tathāgata を、tathā と gata の合成語だとすると、意味は「そのように、行った者」という意味になります。tathāgata を、tathā と āgata の合成語だとすると、意味は「そのように、来た者」という意味になります（注3）。

お釈迦さま当時、そして、その後のしばらく間は、ブッダ、如来が、どこかからやって来られた、というニュアンスの表現は全くありません（注4）。その反対に、彼岸、彼の岸に行かれた、彼の岸に到達した、という表現は古いものにも結構あります。そのことから、特にお釈迦さま当時の「如来」の意味は、基本的に、「その通りに、行ける者」という意味が妥当だと思われます。

☆【「如来」の語義】について、後々の仏教で伝統的に言われてきたことがあります。私の宗派の中では、必ずこの「如来」という言葉が出てくると、「真如より来生せる者」と、自動的に頭の中にその解釈が出てくる具合です。このことに誰も疑問を持つことはありませんでした。しかし、私は、この解釈に、30年以上前から、違和感を覚えていました。この辺りのことは、「枝葉編　第4章　第2節　1　親鸞さんは、『如来』という言葉をどのように受け止めたのか」で、詳しくお話しします。

ここからは、お釈迦さまがこの言葉を、使われた意図について、私の個人的な意見を述べさせていただきたいと思います。

この「如来」の意味は、基本的には、「そのように行った者」という意味です。そして、お釈迦さまがこの語を使われた時、お釈迦さまだけが使われた言葉というものでは、ありません。その当時、ジャイナ教をはじめ、他のいろいろな宗教の所でも、普通に使われた言葉です。だから、その意味は、「それぞれの宗教の所での、高みへ行った者」ということになります。仏教でいうと、「彼岸に至った者」、「目覚めに至った者」、「覚りに至った者」、「悟りに至った者」という意味を持っていたと考えるのが、妥当な考えだと思います。

お釈迦さまは、この「如来」という言葉を、ブッダという言葉よりも、より重い意味を持った言葉として使われているような気がします。お釈迦さまに、どういう思いがあったのかを推測してみたいと思います。

この言葉は、二つの言葉の合成語ですので、お釈迦さま当時の一般的な解釈「tathā と gata」として、意味を尋ねていきたいと思います。

まず、tathā というのは、「何とかが何とかであるように、そのように」という副詞なので、「何とかが何とかであるように」という部分を、どのように捉えるかによって、いろいろな意味が発生します。しかし、その前部分を匂わせる箇所が、全くないことから、この言葉を聞いている者には、その場でその時、自明のことであると考えるのが、最も妥当な解釈であろうと思います。つまり、その言葉「そのように tathā」を聞いた人には、そのことがはっきり分かっていたと考えるのです。お釈迦さまが、「tathāgata（如来）」と言われた時に、それを聞いていた人たちは、もともと、聞き及びのある言葉であるんだけど、世の中が普通使うような意味で仰っておられるのでないことは、みんなが分かっていたと思います。そして、お釈迦さまが「tathā そのように」と仰った時、その言葉を聞いていた人たちには、何とはなくそのニュアンスが分かっていたのだと思います。みんなには、自明のことであったのだと思います。

目の前には、お釈迦さまがおられるのです。そして、その言葉「tathā と gata」は、第一義的には、目の前のお釈迦さまその人を指すのは、分かりきったことなのです。だから、「そのように」とは、「目の前のお釈迦さまのあり方のように、そのように」と考えるのが最も妥当な解釈であろうと思います。

次に、「行った者 gata」の意味をどのように捉えたらよいのか、考えてみます。gata が、動詞「行く」から派生した言葉なので、どこへ行ったのか、ということを考えれば、それは、「彼の岸」へ行った（スッタニパータの中で何回も出てくるので）、というのが、妥当な解釈です。そうすると宮坂先生の解釈、「彼の岸に渡った者」となります。その通りだと思います。

しかし、お釈迦さまが、この言葉を言われた時、お弟子さんたちが、どのように受け取られたのか、ということを考える時、また、少し違った見方もできるのでないかと思います。

私は、「行った者 gata」は、誰のことと、お弟子さん方は受け取ったのかということを考えてみたいのです。それは、お釈迦さま本人のことと受け取っておられたのだと思います。当たり前と言えば当たり前のことです。

お釈迦さまも、それでよしとしておられたのだと思います。どこへ行かれたのかはそれほど重要なことではなかったような気がしています。もし、そのことが重要なことであるのであるならば、必ず、如来という言葉を使われる時に、何らかの、補う言葉を差し挟まれたと思います。

そうであるならば、「行った者 gata」は、どういう意味なのかというと、「である人」ぐらいの意味でなかったかと思います。ただし、軽い意味で、「である人」では、決してありません。「決定された人」、「完成された人」というニュアンスがものすごく強い言葉です。中村先生の訳語で、「全き人」、「修行完成者」という言葉が出てくるのも、うなずけます。

私は、お釈迦さまの使われた、この如来という言葉を、次のように理解したいと思います。

「目の前のお釈迦さまのあり方のように、そのように」、「である人」。

「目の前のお釈迦さまのように、そのように、である人」。

「ありのままである人」。

「今ある、そのままである人」。

「目の前のお釈迦さまが、いつでも、今も、これからも、絶えず、そのままであるように、そのように、そのように、そのまま、そのまま、である人」。

「そのように、である人」。

もっと偉大に、もっと深く、もっと静かに、というように、もっと何とかということが全くない人。

お釈迦さまが仰った「如来」という言葉を、私はこのように理解したいと思います。


参考『ブッダの教え　スッタニパータ』宮坂宥勝　法藏館　2002年　445～450頁

② 如来（tathāgata）
（以下、「」、「」、「」。は、「中村先生訳」、「荒牧先生（本庄、榎本）訳」、「宮坂先生訳」の順になっています。）

スッタニパータ
第1章82偈、散文「全き人（如来）」（『ブッダのことば』スッタニパータ）（中村元　岩波書店

1984年　25頁）

第2章236偈「このように完成した〈目ざめた人〉（ブッダ）」（tathāgataṃ buddhaṃ）、「あるがままの仏」、「如来、目覚めた者」。

第2章237偈「このように完成した〈教え〉」（tathāgataṃ dhammaṃ）、「あるがままの真理」、「如来、教法」。

第2章238偈「このように完成した〈つどい〉」（tathāgataṃ saṃghaṃ）、「あるがままの教団」、「如来、教団」。

この3偈は、非常に特異な表現になっています。こういう表現は、スッタニパータ、ダンマパダの他の箇所にはありません。tathāgataが、仏、法、僧に対する形容詞句になっているのです。中村先生と荒牧先生は、形容詞句として訳しておられます。宮坂先生は、同格、または並列と取っておられます。

私は、この部分を、

「今、現前としておられる、栄えある、目覚めたお方」

「今、現前としてある、栄えある、教え」

「今、現前として存在する、栄えある、仏教者の集まり」

と訳したいと思います。

「tathāgata 如来」が他の語を修飾することのできる言葉と受け取られていたということです。ただの名詞ではないと受け取られていたのです。

第2章252偈「全き人（如来）」、「如来」、「如来」。

第2章347偈「全き人（如来）」、「如来」、「如来」。

第2章351偈「諸々の全き人（如来）たち」、「如来」、「如来たち」。

第3章467偈～478偈「〈全き人〉（如来）」、「如来は祭餅を受けるにふさわしい」、「如来」。

467偈～478偈の12偈の中には、「如来」という語が、全部で13カ所、使われています。非常に特異な場所です。

お釈迦さまが、バラモン（祭式を行う者）に対して、相手の懐に入って、やさしく、本当のことをお話された。非常に面白い話です。

この話は（第3章　第4節）、バラモンが祭式（供犠）を行って、その時の供え物のおさがりを誰に上げたらよいのか探している時に、お釈迦さまに偶然出会って、話しかけたことから始まります。

お釈迦さまは、言われます。こういう人にこそ、供え物を捧げるべきであると。それは、「自らを制し、諸々の欲望を捨てて、貪欲を離れ、執著することのない」人に、供え物を捧げるべきであると言われます。そして、バラモンが、功徳を求めて祭式（供犠）を行うのであるならば、という条件を付けられます。

お釈迦さまは、バラモンのしていることを、よしとしているわけではありません。しかし、その行為を咎めたり、否定したりはしておられないのです。バラモン本人が功徳を求めてしているのであれば、それは、構わないよ、ということです。そして、供え物の捧げる相手は、仏教の教え、私の教えを忠実に実行している、または、実行した者にならば、捧げても、その行為は、そのバラモンの功徳になるということです。でも、お釈迦さまは、バラモンに話しかけられた言葉に、ご自分の意図を明確に打ち出すことはしておられません。しかし、うそ、ごまかしも一切ありません。相手、バラモンの問いに答えているだけです。

そして、ここから、「如来」が、13カ所連続して出てくる所になるのです。「諸々の欲望を捨て、欲にうち勝ってふるまい、生死のはてを知り、平安に帰し、清涼なること湖水のような如来（tathāgata）は、供え物を受けるにふさわしい。」（467偈）というのと同じような表現が、12回繰り返されているのです。

つまり、ここでは、「如来」という言葉は、バラモンにとって、すぐ分かる言葉であり、バラモンにとって、敬うべき方を表す言葉であり、全く抵抗のない言葉であることが分かります。12回、これこれの「如来」は、供え物を受け取るのにふさわしい、という文章が続き、そして、バラモンが、お釈迦さまに、「あなたのような方こそ、私のお供えを受け取るにふさわしい方です。どうぞ、召し上がって下さい」とお願いをしました。

その後、お釈迦さまが仰った言葉が次のようでした。

「詩を唱えて得たものを私は食してはならない。……詩を唱えて得たものをブッダたちは（buddhā）斥けたまう。」（480偈）

そして、最後に、バラモンはお釈迦さまに対して、次のように、言っておられます。

「ブッダ（buddha）であるあなたさまは、お供えを受け取るにふさわしい。……」（486偈）

480偈の所で、お釈迦さまは、仏教の主張を、はっきりと仰います。バラモンがやっている、ヴェーダの呪句を唱えて、御礼をもらうことはしてはならないということを、はっきり仰っています。

現在のお坊さんは、世界中どの国のお坊さんも、お経を唱えて御礼をもらっているので、このお釈迦さまの言葉は、非常に痛いです。

そして、ここで、言葉が変わっています。それまでは「如来」であったものが、ここでは「ブッダ」になっています。

ここで、言える事が、二つあります。一つ目は、お釈迦さまが、このような言葉の使い方をされることがあったということです。この部分は、私は、単独の経典として、お弟子さんの記憶の中での伝承があったと思われて仕方がないのです。この部分は、漢訳のものに、対応するものがあることも、淡いものですが、一つの根拠として挙げておきます（注5）。一番の大きな根拠は、このような出来事は、お釈迦さまがおられた時にしか有り得ないということです。この部分の素材は、お釈迦さま当時まで遡れると私は思います。

「如来」という言葉が、バラモンにも受け入れられる言葉であったということと、お釈迦さまご自身も、「如来」の一員であることを前提として話されているということです。そして、最後にご自分の主張をはっきり言われる所では、「ブッダたち」と仰っています。自分は「ブッダ」であり、しかも、「ブッダたち（複数）」の一員であるということを表明しておられるような気がします。

二つ目は、次のようです。この単独の経典（私の推測です）であったものが、スッタニパータの第3章に取り入れられた、そういう事情に関することです。

「ブッダ」という言葉が、仏教教団にとって、お釈迦さまを表す公式な言葉になったということとリンクするような気がします。

アショカ王が王であった時、時代で言うと、紀元前3世紀後半、仏教は、教団というものをはっきり意識し始め、教団化が進みました。その時、「ブッダ」という言葉が、お釈迦さまを表す公式なものであるということが、仏教徒全体の共通認識となったのだと思います。だから、その時、この単独経典が、スッタニパータ第3章に入れられたのではないかと思います。そういう訳で、この場所に、この経典が存在するのだと私は推測いたします。

このことは、486偈ではっきりします。この偈の表現は、お釈迦さまが、自分のことを「ブッダ」であると言っておられるのと、同じになる意味合いを持っています。

そのことも重要なことなのですが、それよりも、バラモンに、お釈迦さまのことを「ブッダ」であると言わせていることの方がより重要なことだと思います。教団としての意識が出来上がっていく時、外からどのように自分たちのことが認識されているのかということに、最も気を使うと思うからです。この時期が、対外的に言って、仏教が誕生したと言える時期なのだと思います。もちろん、お釈迦さまがおられて、仏教が出来上がったのですが、外から見て、あの人たちは、仏教の修行僧だと言われるようになった時期ということです。その時をもって、仏教の誕生とも言えるのだと思います。

第3章557偈「かれは〈全き人（tathāgata）〉につづいて出現した人です」、「如来の跡継ぎであるサーリプッタ」、「如来から生まれたサーリプッタ」。

ここでは、お釈迦さまはご自分のことを「如来」と仰っています。

第5章1031偈　「〈全き人〉（如来）」、「如来」、「如来」。
第5章1114偈　「〈全き人〉（如来）」、「如来」、「如来」。

参考　「修行完成者」『ブッダ最後の旅』中村元　岩波書店　1984年　265頁

参照文献

『ブッダのことば』中村元　岩波書店　1984年
『原始仏典第七巻ブッダの詩Ⅰ　スッタニパータ』荒牧典俊　本庄良文　榎本文雄訳　講談社　1986年
『ブッダの教え　スッタニパータ』宮坂宥勝　法藏館　2002年

【如来（tathāgata）とブッダ（buddha）】について

この二つの言葉が、スッタニパータ第4章にはほとんどありません。「ブッダ」が1カ所（957偈）あるだけです。

スッタニパータ第4章は、スッタニパータの中で、最も古い時代のものとされています。その中身は、お釈迦さまの在世当時まで遡れるといわれています。その中に、お釈迦さま、またはお釈迦さまと同等のものを表す言葉として、「如来」はなく、「ブッダ」は1カ所のみしかありません。これを、どのように理解したらよいのでしょうか。

こういうことが起こるのは、スッタニパータ第4章が最古層であるから、すなわちそこにはお釈迦さまの言葉遣いがそのまま残っていると考えるのが、最も合理的なものの考え方であると思われます。つまり、お釈迦さまは、ご自分のこと、または、ご自分と同等の者のことを、「如来」とか、「ブッダ」とは言われなかったのだと思います。しかし、そうだとすると、たった1カ所の「ブッダ」が大きな意味を持ってきます。お釈迦さまは、ご自分のことを、「ブッダ」であるという意識を持っておられたのではないかと思います。

お釈迦さまの実際の言葉遣いについて、考えを進めてみます。まず、お釈迦さまは、ご自分のことを言い表すのに最も適切な言葉は、「ブッダ」であると思っていたのではないかと思います。そして、その「ブッダ」、「目覚めた人」ということの、その内実を表すのには、「如来」という言葉が適切であると思っておられたのではないかと思われます。

ただ、その言葉を多用してしまうと、世の中の人々が理解している「如来」という言葉の意味範囲でのみ理解されてしまいます。それでは、お釈迦さまが「如来」という言葉で表そうとされた意味とはかけ離れてしまいます。それを避けたかったのではないだろうかと思われます。

だから、その言葉を避けて、宗教の世界の専門用語は避けられたのではなかろうかと思われます。

それに、代わる言葉として、よく使われたのが、③に挙げておきました「kusala」という言葉をはじめとする普通に使われた言葉です。他に、宗教用語としては、「muni（聖者）」、「mahesi（仙人）」が使われています。「kusala」は、「巧みな、熟練した」という意味で、普通に使われる言葉です。他の二つの言葉も一般の人も知っている言葉です。

もう一つ、お釈迦さまが、気をつけておられたことがあると思います。

お釈迦さまの活動の、最初の頃は、お釈迦さまが話しかける、その相手は、当然仏教徒ではないです。その当時の普通の人たちに話しかけられたのです。当たり前のことです。

しかも、お釈迦さまのことを評価して、その弟子として活動をされる人の多くは、やはり、いわゆる宗教家の人たちです。その人たちに、自分の教えが、従来のものといかに違っているのかを的確に、相手に分かるように話さなければなりません。そのためには、こちらの話している内容をいかに誤解させないかということに、最も神経を注がれたのであろうと思います。そのために、相手がこの言葉はこういう意味であるというようにこだわるような言葉はわざと使わないようにされたのだと思います。

もう1カ所、面白い箇所があります。それは、スッタニパータ第2章の最初の所です。

その内容が出来上がったのは、次節４【ブッダを表す言葉の変遷】と、【最初期仏教教団の歴史】の㊁期（アショカ王の即位前後40年間）であると推定します。編集された時期は、アショカ王の即位後15年ぐらいから30年ぐらいまでの期間だと思います（注６）。次節【ブッダを表す言葉の変遷】と、【最初期仏教教団の歴史】の㊍期に当たります。

ここは、全体としては、仏、法、僧の三宝に帰依する話になっています。

最初の、仏に関する偈は、２２４偈です。

この偈には、

「尊いものは、『如来』です」

という文章が、まずあります。

その後、

「この『如来』という宝は、『ブッダ』の中にあります」

となっています。

「如来」という言葉を導入に使い、その後で、その「如来」は、「ブッダの中にあります」となっているのです。その導入の１カ所にのみ「如来」があるのです。その後、「サキャムニ」、「スガタ」、「ゴータマ」、「立派な人」、「深い智慧ある人」「究極の境地を見た人」と続き、この後の２カ所に、「ブッダ」があり、

「このように完成したブッダに礼拝しよう」で終わります。

ここで言えることは、まず（この箇所の編纂の時に）、お釈迦さまを表す公式の言葉は「ブッダ」であるということです。そして、この頃から、「ブッダ」というのは、お釈迦さまだけを表す言葉ということになっていきます。

「如来」という言葉は、固有名詞ではなく、解釈可能な言葉、そこからいろいろな意味を取ることができる言葉であるということです。ここの場面では、「如来」という言葉は、最初、素晴らしい人、誰もが大好きな人というニュアンスがあります。そして、最後には、とても哲学的な「そのようである」という形容詞とも解釈ができる言葉になっています。ただ、「如来」という言葉は、すごく次元の高い、ある種の高みを表現している言葉であるということが、この当時の修行僧たちの共通認識であったということです。

現在の私も、「ブッダ」という言葉は大好きです。それと同じく、「如来」という言葉も大好きです。「目覚めた人」ブッダ、「そのようである人」如来、両方とも、仏教を語る上で、欠かせない言葉です。

それから、お釈迦さまを表す用語に、「bhagavant（師、先生）」というものがあります。

お釈迦さまが仰った、ということを表すのに、「bhagavant（師、先生）が、言われた」という表現が、スッタニパータのあらゆる時代の箇所に存在します。もともと、あったのかもしれませんし、スッタニパータが最終的に今の形に編集された時に、表現が揃えられたのかもしれません。

私は、何となく、スッタニパータのあらゆる時代から、そういう表現は存在していたように思います。

この言葉は、現代インドでもよく使われる言葉です。まあ、今は、インドのたくさんの神さまのことを表す言葉（尊称）となっています。

③　kusala（「巧みな」）

（以下、「」、「」、「」。は、それぞれ、「中村先生訳」、「荒牧先生（本庄、榎本）訳」、「宮坂先生訳」の順になっています。）

第2章321偈　「巧みな」、「熟練」、「練達」。

第3章523偈　「巧み」、「真に巧みな人」、「練達の者」。

第3章525偈　「巧みな人」、「真に巧みな人」、「練達の人」。

第3章536偈　「有能」、「巧み」、「練達の者」。

第3章591偈　「立派な人」、「巧み」、「練達の人」。
第4章782偈　複数形「真理に達した人々」、「大老師たる人々」、「もろもろの練達の者」。
第4章783偈　複数形「真理に達した人々」、「大老師たる人々」、「もろもろの練達の者」。
第4章798偈　複数形「真理に達した人々」、「大老師たる人々」、「練達の者たち」。
第4章825偈　「真理に達した者」、「大論師」、「練達の者」。
第4章830偈　複数形「諸々の熟達せる人々」、「大老師たち」、「練達の者たち」。
第4章878偈　「(真理への) 熟達者」、「権威者」、「練達の者」。
第4章879偈　「真理に達した人」、「権威者」、「練達の者」。
第4章881偈　「真理に達した人」、「権威者」、「練達」。
第4章887偈　「(正反対に言うと) 無能な奴」、「権威者」、「練達の者」。
第4章888偈　「真理に達した人」、「権威者」、「練達の者」。
第4章898偈　「真理に達したもの」、「大老師」、「練達の者」。
第4章903偈　「真理に達した者」、「大論師」、「練達の者」。
第4章909偈　複数形「真理に達した人々」、「大老師たち」、「練達の者たち」。
第5章1078偈　複数形「真理に達した人たち」、「りっぱな老師たち」、「練達の者たち」。

kusalaは、「巧みな、熟練した」という意味で、普通に使われる言葉です。宗教界の専門用語ではありません。

第4章で多用されていることに注目して下さい。スッタニパータ第4章は、最も古いとされている章、お釈迦さま当時まで遡ることのできる章なのです。そこに、多用されていることに注目して下さい。

お釈迦さまが仰った言葉です。

ご自分の主張を、私「ブッダ」、または私「如来」が言っているから間違いないことなのです、と言っても、誰もそのことを真摯に聞ける人はいないことをご存じだったのです。

なぜなら、それらの言葉は、宗教界の中では、誰もが知っていて、それぞれの人の中で強固にその意味が固定されてしまっている言葉だったからです。

だから、誰もが知っている、普通に使われる言葉、「ちゃんとした人」、「立派な人たち」、「熟練した人」ということを表す言葉「kusala」を使われたのだと思います。

「ちゃんとした人たち」とか、「熟練した人たち」は、このように仰っているのです、という具合に言われたのだと思います。自分の主張を固く、強く決めを打ちながら、表現するということは、やってこられなかったのです。

そういう、お釈迦さまの姿勢、目の前の人のことを見つめる眼差しが、とても温かく感じられます。そこが、私には、とても心地よいのです。

参照文献

『ブッダのことば』中村元　岩波書店　1984年
『原始仏典第七巻　ブッダの詩Ⅰ　スッタニパータ』荒牧典俊　本庄良文　榎本文雄訳　講談社　1986年
『ブッダの教え　スッタニパータ』宮坂宥勝　法蔵館　2002年

注1　ダンマパダにおいて、ブッダの複数形があるのは、182偈、183偈、184偈、185偈、194偈、195偈、255偈。
複数形と同じような意味を持つものは、181偈。
如来の複数形があるのは、254偈、276偈です。

注2　スッタニパータは、第4章が最も古くて、それに付随して第5章があります。この2章は、単独の経典として存在していました。その後、しばらくしてから、相当古くから伝承されていたものが、アショカ王の即位時期の前後に、第1章、第2章、第3章として加わり、現在のスッタニパータになったと推測されます。

スッタニパータは、そのように考えることが可能です。それに比較して、ダンマパダは、章によってその成立の前後を推測することは、ほとんど不可能なように思われます。ダンマパダにも、前の方が古くて、後ろの方が新しいという一般的傾向は、あることはあると思いますが、これは、ダンマパダでは、あまり役に立ちません。ダンマパダの起こりは、お釈迦さまから聞いた言葉を非常に短い偈文にして記憶したものであったからなのです。だから、ある中核になる1偈、または、中核になる数偈がいろんな所に存在しています。それは、お釈迦さま当時から存在していたものだと思われます。

しかし、その後、アショカ王即位の前までは、その中核になる部分を言いやすいように対句にしてみたり、ほんの少し分量を増やしてみたり、それだけが行われたのでなかろうかと思われます。

それを、アショカ王即位後、仏教教団が、形成されていくに従って、教団に必要なものを補って作られたと考えます。ここでは、相当、お釈迦さまの教えとは距離のあるものまで入ってしまっていると思われます。

注3　tathāは、副詞〈そのように〉。gataは、動詞gam〈行く〉の過去分詞〈行った者〉。āgataは、gataの前に否定辞āが付いたもので、〈来た者〉の意味になります。

注4　スッタニパータ第4章957偈に面白い表現があります。

「buddhaṃ āgataṃ」「やって来られた目覚めた者」（宮坂224頁）。

第955偈にもāgataがあります。この場合、兜率天（とそってん）からやって来られたという意味ですが、お弟子さんから見ると、お釈迦さまは「やって来られた方」と思えるということが分かります。この当時、如来（tathāgata）という言葉に、「やって来られた」というニュアンスが少しあったとしても、不思議でないことが分かります。

注5 『尊婆須蜜菩薩所集論』『大正新脩大蔵経』二十八巻 797頁下～798頁上（荒牧訳の注によります）。

注6 このあたりの年代の記述は、私が推定したものです。根拠として使用しているのは、私の「お釈迦さまの生没年の推定」と、スッタニパータ、ダンマパダにある、教団の動向を予想させる記述です。特に、スッタニパータには、年代も含めていろいろな情報がとてもたくさんあります。ダンマパダは、教団に何が起こったのかについて、それを示唆する記述がたくさんあります。しかし、ダンマパダでは、いつそれが起こったのかを判定するのは非常に困難です。

★4【ブッダを表す言葉の変遷】と、【最初期仏教教団の歴史】250年を5期に分ける

ここでは、お釈迦さま在世時を2期に分けました。

お釈迦さま涅槃と、アショカ王即位前の、中間の期間を1期としました。

その後、マウリヤ王朝の中のアショカ王在位時の前後を少し含めた期間を2期に分けました。

都合、お釈迦さまが生きておられた時からの約250年間を、5期に分けてみました。

ここで、表記してあります年号のうち、お釈迦さまに関するものは、私の推測年によっています。年号は誤差10年と思って下さい。

スッタニパータの中にある「ブッダ」を表す表記の違いに注目して、その間の歴史を探ろうとしています。

スッタニパータに関するものは、その内容の事象が歴史的にあった、その時期の所に取り上げています。スッタニパータのその部分が編集された時期、その部分がスッタニパータに組込まれた時期については触れていないかもしれません。

㋑期　お釈迦さまとその仲間（お釈迦さまの活動期）

（BC447頃〜BC412頃　※私の推測年によります）

お釈迦さまの年齢で言うと、35歳から60歳頃までに当たります。

弟子たち独自の活動は、まだ、ほとんどなかった時代です。つまり、教団という意識、その主催者であるお釈迦さまという意識の全くなかった時代です。

お釈迦さまの肉声があるともいわれている、スッタニパータ第4章には、「ブッダ」という言葉も、「如来」という言葉も、最終節以外では、全く出てきません。お釈迦さまは、そういう言葉はほとんど使われなかったのだと思われます。お釈迦さまは、宗教用語、仏教用語ではない、普通の言葉を使って、粘り強く教えを説かれていたのだと思われるのです。

最初、仏教徒はお釈迦さま以外には誰もいませんでした。つまり、仏教用語というものは存在していなかったのですから。詳しくは前節を参照して下さい。

スッタニパータ第4章には、真剣な質問者の姿と、それに答えるお釈迦さまの姿が多く出てきます。その当時のお弟子さんたちにとっての最大の関心事は、その当時の宗教界で議論されていることへのお釈迦さまの答えを、お釈迦さまの教えとして残すことなのでした。だから、お弟子さんたちは、お釈迦さまの答えの部分を、聞いたそのままの言葉として、記憶の中で残そうとされたのだと思います。だから、この部分は、貴重な伝承として、中身に手を触れないようにして、各自の記憶の中で大事に保存されてきたものだと思われるのです。

この部分の編集はほんの少しずつ、㋺期、㋩期にされていただろうと思います。そして、これらに、第5章が付け加わって、【先行スッタニパータ】（第4章、第5章だけでできた仮称スッタニパータのこと）が出来上がります。先行スッタニパータの成立は、㋩期の中頃であろうと思います。つまり、ゆるーい時代にゆるく編纂されたものであると思います。

㋺期　自然な教団・自然な教育（お釈迦さま在世の時、弟子たちの自立的活動期）

（BC411頃〜BC392頃　※私の推測年によります）
お釈迦さまの年齢でいうと、60歳頃から80歳で亡くなるまでです。

スッタニパータ第4章最終節「サーリプッタ」。ここには、「buddhaṃ āgataṃ」（前節、注4参照）という表現があります。「やって来られたブッダ」という言葉は、サーリプッタ（お釈迦さまの一番弟子、舎利弗（しゃりほつ）のこと）が、お釈迦さまに対して仰られた言葉になっています。舎利弗はお釈迦さまのことを、「ブッダ」であると思っていたし、そのようにお釈迦さまに対して言っていたのです。この当時のお弟子さん方の共通認識がここに現れていると思います。

スッタニパータ第5章は、南インドのバラモンのお弟子さんたちが、お釈迦さまの噂を聞きつけ、はるばる中インドまでやって来て、お釈迦さまから教えを請う話になっています。
第5章の最初と最後の付加部分以外（第2節から第17節まで）には、お釈迦さまに対する表記として、「ブッダ」という言葉は、出てきません。「如来」という言葉は、1カ所（1114偈）だけに出てきます。第4章と同じく、特別な用語は使われてはいません。その当時、普通に使われる言葉が使われているだけです。この部分の中身、中心的内容は、この㋺期に成立したと私は考えます。

お釈迦さまが存命中に、いろんな人々が、お釈迦さまのもとを訪ね、いろいろな質問をして、それに対して、お釈迦さまは丁寧に答えられた。こういうことがよくあったであろうことは、スッタニパータ第5章の中を見れば、明らかであろうと思います。

しかも、バラモンたちから、です。この第5章で質問する人は、南からやってきた、16人のバラモンたちなのです。仏教徒たちではありません。お釈迦さまのお弟子さんたちでもありません。南の、その当時の辺境からはるばるやって来た、バラモンたちなのです。このことは、とても興味深いと思います。

この部分を読んでみると、お釈迦さまが、いかに、バラモンたちのやっていることへの、知識がたくさんあったのかに驚かされます。バラモンの根本経典(ヴェーダ)に関する知識(1019偈)、供犠(神々に犠牲を捧げること)に関する知識、それらは、優れたバラモンの指導者よりも豊富だし、深いのではないかと思われます。そして、お釈迦さまが優れておられるのは、その知識の豊富さ、深さだけではありません。

なぜそういうことをそのようにしなくてはいけないかについての、しっかりした洞察が、あらゆる局面について既になされておられるということです。つまり、供犠をするということは、どういうことなのか。お釈迦さまは、指摘されます。

「信徒から、供犠をするように請われて、供犠を決まり通りにすることは、バラモンのなすべき供犠ではありません。もし、そうであるなら、それは、ただ単に、この世のこれまで通りの安楽が続くようにと供犠をしているだけのことであり、そこで、本当に願っていることは、何ら解決することはないのです。」（第4節取意）

　この、第5章の中身の部分（第2節から第17節）のお釈迦さまを表す表記の中で、一つ興味を引くことがあります。それは、「タターガタ tathāgata（如来）」が、後半（第15節）に1カ所（1114偈）だけあることです。そこの所の中村元先生の訳文を出しておきます。
「全き人（如来）《tathāgata》は、かれの存在するありさまを知っている。すなわち、かれは解脱していて、そこをよりどころにしていると知る。」

　この意味を私なりに考え取ってみました。
「タターガタ（如来）《そのようである人》は、現在ここにあるということ、そのこと（そうである自分）を知っている。しかも、そのこと（そうである自分）は解放されている。そのこと（そうである自分）は、現在ここにあるということをよりどころにしているということを知っている。」

　訳の訳みたいなことをしてみても、まだ、分かりにくいです。かえって分かりにくくしているかもしれません。私が、間違っている、見当違いのことを言っている可能性も相当あります。

この偈は、前の偈「物質的なかたちの思いを離れ、身体をすっかり捨て去り、内にも外にも『なにものも存在しない』と観ずる人の智を、わたくしはおたずねするのです。」（中村訳　１１１３偈）の答えに当たります。

つまり、完全な悟りを得て、自らの身体もあらゆるものが存在しないという叡知を得た人は、何を知るのか、という質問なのです。何も知ることはないとすると、そんなものは、虚無に帰す、死んだら終わりの論になってしまうのでないか、ということが、その質問の奥にあると思います。そこで、お釈迦さまは、こう答えられます。「如来は、現在ここにありつつあること、そのことそのものを知っているのである」と。

このことを言うために、ここで、わざわざ、「如来 tathāgata」という言葉を出されて、お釈迦さまは説明されたのです。

この部分は、次の㊇期に成立したものとも思いましたが、やはり、これだけのことが言えるのは、お釈迦さまだけだと思い、この部分の成立も、お釈迦さまの存命期、㊀期であると思われます。

この部分が、ここにあるのには、理由があります。それは、この如来という言葉の重みを感じさせる前段が、この１１１４偈より前の所にあるのです。それは、１０５２偈、１０５７偈、１０７５偈、１１０２偈の４カ所です。第5章の中に、均等に存在しています。そこに全く同じ文があるのです。

「あなたはこの理法（dharma）をあるがままに（tathā）知っておられるのです。」（中村訳）

この文は、お釈迦さまのことを、「あなたは、こういう、素晴らしいお方です」と、念を押しながら、讃えながら、問うていく所にあります。つまり、お釈迦さまのことを、このような人であるという、しっかりした認識が、そこにはあったのだということです。その上で、先ほどの、「如来 tathāgata」という言葉が出てくる偈（1114偈）になるのです。このことを、考え合わせると、この「如来」という言葉の意味、ニュアンスは、「あるがままに tathā」を含んでいると考えるのが妥当であると思います。

このことは、この章の「第1節　3探求　【『如来』の語義】」のところに、私の解釈があります。参考になさって下さい。

第5章の第1節と、最後の第18節とは、後に付加されたものです。その付加は、西南インドのサンチー付近でなされたと考えます。それは、第1節のところにある、バラモンたちが北上するルートに出てくる地名が、サンチー付近で特に詳しいからです。

この第5章第1節に出てくる、南インドから、中央インドへ行くルートを見ると、とても面白いことが分かります。ここには、出発地が、「ゴーダヴァリー河の岸辺（南インド）」、そして、「ヴェーディサ（西南インド）」、サンチーを通って、ハイウェイ（注1）を北東へ行き、「コーサンビー（中インド）」、アラハバードで、ガンジス河を北へ渡り、「サーヴァッティー（中インド北方）」、舎衛城（コーサラ国の首都）へ向かう、ということになっています。

最初の出発地点は、ゴーダヴァリー河の岸辺ということになっています。私たち日本人は、川の名前を聞くと、その川が海に注ぐ辺りのことを想像しますが、インド人にとって、この辺りのことは、北の方はなじみがあって、南の方は辺境と考えます。ですから、これは、ベンガル湾の近くの河口付近のことではなく、中流域から上流域にかけてのことだと思います。私の地域区分でいうと、一応、南インドですが、南インドというよりは、西南インドの南部辺りと捉えた方が妥当であると思います。

ここから、バラモンたちは出発したのです。お釈迦さま在世当時、サンチー辺りは完全なインド文化圏であったのですが、その南、ゴーダヴァリー河上流地域はやっとインド文化の影響下になったばかり、中流域は、まだまだ辺境地域という感じでした。そこにいたバラモンたちが、自分たちのしていることの再確認をするために、大挙して、お釈迦さまのもとを訪れるのです。

ダンマパダの最初の方にあるように、お釈迦さまは、優れた修行者のことを、バラモンと呼んでおられます。

お釈迦さまがバラモンと呼ぶ、そのバラモンとはどういう人たちであったのかについて考えてみます。

それは、誰から見ても尊敬に値する、と見られる人々のことであったのでないかと思います。そのバラモンとは、教えを新たに広める、開教者のことであったのではないかと思います。お釈迦さまをはじめとする、仏教修行者たちも、同じように開教者でした。

開教者は、信頼されなくてはなりません。清貧で、修行に熱心で、論理に明るく、その宗教的素養は、ごまかしのないものでなくてはなりません。


「ゴーダヴァリー河の所から、真面目なバラモンたちが、お釈迦さまのもとを訪れて、不審に思うことを質問しにやって来た」という伝承が、スッタニパータ第5章第1節に記録されていることをうれしく思います。その部分も含めて、第5章の中身、第5章の中心部分のほとんどが、お釈迦さま在世当時に成立したと考えます。

ただし、第5章の中心部分に、第1節と第18節が付加されて、現在の第5章になったのは、㋩期の後半50年ぐらいの間にされたものと私は考えます。

第1節には、「ブッダ（目覚めた人）buddha」、または、「サムブッダ（完全に目覚めた人）sambuddha」という表現が、全部で、10カ所あります。そして、最後に1カ所、「如来tathāgata」が出てきます。このことは、㈧期に属することだと思われます。

ここに、その辺りの状況を少し描いてみたいと思います。


お釈迦さま存命中は、お釈迦さまのことを必ずこのように表現すべきだという意識は、お弟子さん方にはありませんでした。その必要が、なかったからです。お釈迦さまが、ご自分のような人のことを、決まった言葉で表されたわけではありませんでした。その当時のありふれた言葉、その当時の宗教界で使われる言葉を使って、自らのことを表現されていました。しかし、お釈迦さまが亡くなられてから、最初の世代、その次の世代までは、実際にお釈迦さまがおられた時の言葉遣いの状況が、お弟子さんたちの中には鮮明に記憶の中に残っていたのでした。それを、そのまま伝えていました。伝える方も、聞く方も、何の疑問もなく自然に納得していたのです。

しかし、2世代、それ以上、時代が過ぎていくと、状況が変わっていきます。お釈迦さまの教えの話を聞いている時に、お釈迦さまは、いったい、何だったんだ、という思い、お釈迦さまのことを何とお呼びしたらよいのかという思いが、強くなっていったのです。そこで始まったのが、お釈迦さまのことをどのように呼ぶのが最もふさわしいのかの探求でした。お釈迦さまが亡くなって、だいたい50年後の出来事だと思います。そこでの結論は、公式には「ブッダ」とお呼びするのが最もふさわしいということでした。そして、お釈迦さまご本人も使われた「如来」、ブッダという言葉では表せない重大な意味を感じさせる言葉「如来」も、お釈迦さまのことを表現するのには、必ず使わなければならない言葉とされたのだと思います。この当時の「如来」の語義は、「そのようである人」であったと私は思います（この箇所は㋩期のことです。㋩期の後半の出来事です）。

㋩期　お釈迦さま滅後、弟子たちによる継承期（約100年間弱）

（BC391頃〜BC294頃　※私の推測年によります）

徐々に、お釈迦さま教団という意識が出てき始めた時代です。

この㋩期は、ここでしております時代区分のうちで、最も資料がない時代です。本当に霧に包まれた時代です。しかも、お釈迦さまの生没年の確定ができずに、未だに100年間の違いを乗り越える（注2）ことさえできない人たちは、この仏教の流れの中で、非常に重要な期間であるこの100年間（ある人たちは200年間）のことをどのように考えているのでしょうか。

仏教の歴史そのものなんてどうでもよいと思っているのではないかと思ってしまいます。ただ、関心のあるのは、学者としての社会的地位のことだけなのではないのかと思ってしまいます。または、宗教的権威のことだけを考えているのでないかと思ってしまいます。彼らの中で、この時代のことをしっかり叙述されておられる方に出会ったことがありません。私の勉強不足でしょうか。しかし、私にとって、この期間のことを考えると、なぜか温かさを感じられるのです。温かい靄（もや）のようなものを感じてしまうのです。とても居心地のよい柔らかい、100年間です。私の勝手な想像による、勝手な感想です。

スッタニパータ第1章180偈、192偈には、仏と法との二つに対する信仰がはっきり描かれています。そこにあるのは、三宝、つまり、「仏、法、僧」の三つではなく、「仏、法」の二つだけなのです。「僧」、サンガに対する信仰が存在しないのです。

スッタニパータ第1章の、教えの中身の題材は、㋺期まで遡れそうな気がします。お釈迦さまが実際に説かれたものであると思います。

しかし、第1章がスートラ（経）として確立した、文章として成立したのは、㋩期の前半に持っていきたいです。その理由として、

「われらは、村から村へ、山から山へ、めぐり歩（あゆ）もう、覚った人（sambuddha）をも、真理

(dharma)のすぐれた所以をも、礼拝しつつ。」(中村元訳　180偈)

「わたくしは、村から村へ、町から町へめぐり歩こう、覚った人(sambuddha)を、また真理(dharma)のすぐれた所以を、礼拝しつつ。」(中村元訳　192偈)

の二つの偈に、サンガ(僧)(仏教者の集まり、特に、仏教修行者の集まり)に対する言及のないことが、挙げられます。

サンガ(僧)に対するしっかりした意識化は、仏(ブッダ)、法(教え)に対する意識化とは、次元の違ったものであると思います。お釈迦さま在世当時に、まず、仏(この場合は、お釈迦さまのこと)に対する意識化がなされ、それからしばらく経って、法(この場合は、お釈迦さまの教えのこと)に対する意識化がなされたのであると思います。

この二つは、㋑期に出来上がり、㋺期に完全に定着したと考えます。そして、この二つが並列して唱えられるようになったのは、㋺期、お釈迦さまの存命期の後半であると考えます。そのことがテキスト(記憶上のテキスト)に反映されるようになったのは、㋩期の前半であると思います。

㋩期の前半、お釈迦さまが亡くなられて以降の何十年間には、サンガ(僧)(この場合、仏教修行者の集まり)という意識は、当然あるにはありましたが、サンガを敬うとか、サンガに帰依するということを強調するということはなかったような気がします。

こういうことを言いますと、「お釈迦さまが最初に説法された時には、既に、帰依三宝ということがあったのではないのか」という反論が当然出てきます。しかし、その記述のあるテキスト、またはその内容が、果たしてお釈迦さまの初転法輪の時まで本当に遡れるものなのかを確認する必要があります。遡れるようなものではないような気がします。

お釈迦さまが亡くなられてからのお弟子さんたちは、その面影を、記憶の中で何度も何度も確かめました。そうして、それ以前からあった、「ブッダ」への敬い、帰依という意識は、確固たるものになっていきました。同じように、お釈迦さまの説かれた教え、法、「ダルマ」に対する敬い、帰依も、確固たるものになっていきました。

サンガに対する思いは少し事情が違います。サンガという言葉は、当然お釈迦さま当時から使われ、お釈迦さまも、「サンガというものは大切なものですよ」ということは、常々仰っていたのだと思います。しかし、三宝に帰依するというように、お釈迦さま当人、お釈迦さまの仰った教えそのものと同じ価値のあるものとする、という考え方は、なかなか、お弟子さんの中では真に定着はできなかったのだと思います。

お釈迦さまが亡くなってからの100年間、この時代は、仏教にとって貴重な100年間でした。お釈迦さまの教えというものが、いったいどういうものであったのか、静かに考えることのできた時代でした。誰かから、そのことを請求されたわけでもなく、社会的状況が、そのことを要請したわけでもありませんでした。

そして、その期間、１００年間は、「師匠から弟子に」の繋がりが、大体5回繰り返すくらいの期間に当たります。

そして、１００年後であっても、１００年前の伝えられる記憶は、はっきり確かなものとしてあったのです。これは、一生懸命記憶を伝持してきたということを言っているわけではありません。

読者の皆さんも、考えてみて下さい。皆さんは、１００年前の記憶を聞いたことがあるのではないですか。皆さんのおじいさん、おばあさんがそのまた、おじいさん、おばあさんから聞いた話をおしゃべりしてくれたことを聞かれたことはありませんか。それを、聞いたことがあるのではありませんか。１００年というのは、大体そういう長さの期間なのです。１００年間に、私がこだわるのはそういう意味があるからなのです。お釈迦さまの記憶が、残っていた時代、そんな１００年間なのです。だから、気持ちとして、余裕を持って、少しずつ確かな歩みをすることができたのだと思います。

また、この時代は、インド世界にとって、衝撃的な出来事がありました。それは、西方のギリシャ世界との本格的接触です。それまでも、インド世界は、西方の諸国（シリア、ペルシャ）

との持続的な接触はありましたが、互いにぶつかり合うように（対等の関係で）接触したのは初めてのことでした（ここで、対等と言いましたのは、友好的に対等という意味ではありません）。

アレクサンドロス大王のインド侵略のことです。

紀元前326年に、インダス川を東に渡った辺り、インダス川の支流の一つ、ヒュダスペス河をはさんで対峙した戦いが、行われました。戦いそのものは、ギリシャ側の勝利でしたが、アレクサンドロス大王は、それからまもなく帰還の途につきます。ここでは、ギリシャの力と、インドの力は、対等であったと言うしかありません。これが、インド社会に、強烈なインパクトを与えるのです。その時も、仏教徒たちは、冷静に、淡々と、それを最も確かに受け止めるのでした。そこでは、「対等の議論」ができたのでした（注3）。

仏教は、相手がどんな宗教であろうが、どんな思想であろうが、どんな哲学であろうが、対等の議論をすることができるのです。相手にすり寄ることもしないし、相手を拒絶することもしないのです。アレクサンドロス大王との対話は、そのことを証明しています。

お釈迦さまが亡くなってからの100年間は、淡々としっかり、お釈迦さまの教えが伝わり、根づいていたことが分かります。

スッタニパータ第1章180偈、192偈を取り上げましたが、この辺りでは、ブッダを表す言葉は、「師（bhagavant）」、「ゴータマさん（gotama）」がほとんどです。

スッタニパータ第1章214偈「水浴場における柱のように泰然とそびえ立ち」からすると、この偈のあたりは、アレクサンドロス大王のインド侵攻（BC327）以降としたいと思います。㈧期の後半ということになります。

「水浴場における柱」という表現は、ギリシャの影響が大きいと思われるからです。特に「柱」を強調する表現は、ギリシャの神殿の柱から来ていると思います。

この辺りでは、ブッダを表すのに、「muni（聖者）」という言葉が多用されています。

この㈧期が、仏教の流れが進んでいく仕組みが出来上がった時、本格的に仏教が流れ始めた時であると思います。逆説的に言えば、お釈迦さまの教えでないものを無理には流さないぞという強いエネルギーを含ませた時代だったのだと思います。

お釈迦さまから流れてくる本当の仏教の流れ、それが、自覚され、その流すべきものの、確認がしっかりなされた時代だったと思います。しかも、それは性急になされたものではありませんでした。ゆったりした時間の中でなされたことが、本当の仏教の流れが自覚され流すべきものの確認をすることができた、大きな要因だったと思います。

この100年間を、どんなものであったか、考えることができたことは、私にとって、素晴らしい収穫であったと思います。

ここの内容が、しっかりした足取りで書き換えられていくとしたら、仏教は、現代に花開くことになると思います。

これまでと同様に、この時期そのものが誰からも忘れ去られていくとしたら、仏教は今まで通り、現代、社会に適応するだけの意味しか持たないのでしょう。

㊁期　教団の分派変革期（よく言えば、教団内で、多様性が出てきた時期と言えます）

（BC293頃〜BC253頃　※私の推測によります）

アショカ王即位の前に25年、後に15年の40年間です。

この時期から仏教は強烈に流れを変えていきます。

私は、この時期から始まる分派というものを、「仏教の流れ」にとって、どうでもいいものとみなします。ただ、仏教の流れの本流から、距離を取り出す人々が、歴史上に登場してきたというだけのことです。

スッタニパータ第2章の第1節は、非常に面白い節です。いろいろなことが指摘できる箇所です。前節【如来（tathāgata）とブッダ（buddha）】にも取り上げました。ここでは、「仏、法、僧」の三宝の内容と、最後の3偈（236、237、238偈）に、それらに礼拝することが説かれています。はっきり、第1章（192偈には、「仏、法」のみが説かれ、「僧」が説かれてはいない）との違いが見られます。

このことから、第1章の成立より後、㋥期の前半にこの箇所は成立したということにします。「僧」、すなわち、サンガに関しては、㋩期の所に少し書いておきました。この「サンガ」という言葉、そして、サンガを敬うということは、お釈迦さまが仰ったことであろうと思います。しかし、その当時、お弟子さんたちはその重要性についてほとんど意識しておられなかったのだと思います。お弟子さんたちが、サンガというものを強烈に意識するようになるのは、お釈迦さまが亡くなってからだと思います。お釈迦さまが亡くなってからしばらくはほんの纔（わず）かの人たちが気にしていただけでした。少しずつその重要性に気づき始めたのは、㋩期の後半、しっかり教団全体の課題にまでなったのは、㋥期の前半、そして、それが、急速に教団全体の仕組みにまでなったのは、㋥期の後半、アショカ王の即位直後、まだアショカ王による仏教に対する支援が本格的にはなっていなかった時に、サンガに対する評価が定まり、サンガを敬うべきであるという教義にまでなったのだと思います。

その時に、この第2章第1節は成立したと言ってよいのであろうと思います。この部分がすべてこの時期に出来上がったという意味ではありません。この中の素材はお釈迦さま在世当時まで遡れるものもあります。その後の各時代のいろいろなものがこの中には残っています。だいたい、今のような形になったのが、㊁期の後半であるということです。実質的に成立したのは、㊁期の後半です。アショカ王即位後の15年余りの間ということになります。スッタニパータのほとんどの部分は、この㊁期の後半に成立したということです。

もちろん、現在の形になるのには、あと50年ほどかかったのかもしれません。最終的に現在のスッタニパータになった時も、編集は行われています。スッタニパータが最終的に出来上がった時期は、㋭期であると思います。

そして、その時が、このスッタニパータの確定成立の時ということです。

この第2章第1節の中の、サンガに関する偈の最初のもの（227偈）を、ここに挙げておきます。

「善人のほめたたえる八輩（はっぱい）(注4)の人はこれらの四双（しそう）の人である。かれらは幸せな人（ブッダ）（善逝（ぜんぜい） sugata）の弟子であり、施与を受けるべきである。かれらに施したならば、大いなる果報をもたらす。この勝れた宝は〈つどい〉(サンガ saṃgha)のうちにある。この真理(satya)によって幸せであれ。」(中村元訳 227偈)

この偈は、次の㋭期の所でも、取り上げます。「八輩」、「四双」という言葉は、この㊁期よりも後、㋭期に入れられた言葉でないかと思うからです。

㊁期にできたのは、次のようでなかったかと思います。

「善人のほめたたえる比丘は、よき人(ブッダ)の本当の弟子であり、みんなによって食べ物などの援助がなされて当然の人です。援助をする人々には、大いなる果報があります。比丘たちの集まり(サンガ)があるから、このような素晴らしきこと(宝)があるのです。」

少し意味を取って訳してみました。

ここでは、サンガというのは、あらゆる人々からほめたたえられる比丘たちの集まりであるということ。そして、サンガに属している比丘に食物などの援助をすべきこと。こういう宝であるサンガを敬うべきであるということ。このようなことが、偈としてあったのでなかったのかと思います。

つまり、自分たちの属している比丘の集団に対して、援助すべきことを主張しているのです。そして、そのことの根拠として、使われた言葉が、「サンガ」ということでなかったのかと思われます。アショカ王即位の前後というのは、修行僧の多数が、こういう考えになっていたのだと思われるのです。

㋭期　各個の教団意識の亢進期（アショカ王即位後15年から約50年間）
（ＢＣ２５２頃～ＢＣ２０２頃　※私の推測によります）

この時代、強力な統治国家が起こり、強権でいろいろな社会の変革が起こったり、国家が次第に機能しなくなって、混乱が起こったりする、こういう期間は、近代・現代でも、世界各地で起こってきました。私たちにはおなじみのことです。

私たちの理解しやすい時代です。だから、この辺り以降の、部派の変遷に関する論述は結構多いです。私は、仏教の全体の流れからすると、それほど、重要なことではないような気がします。

資料の少ない中で、その少ない資料の底に沈んでいる出来事（事実）を引っかけてつり上げる努力が必要な時代です。しかし、非常に困難なことです。

㋥期で取り上げた、サンガに関する偈の最初のもの（２２７偈）を、ここに再び、挙げておきます。

「善人のほめたたえる八輩（注4）の人はこれらの四双の人である。かれらは幸せな人（ブッダ）（善逝 sugata）の弟子であり、施与を受けるべきである。かれらに施したならば、大いなる果報をもたらす。この勝れた宝は〈つどい〉（サンガ saṃgha）のうちにある。この真理（satya）によって幸せであれ。」（中村元訳、227偈）

ここに、出されている、「八輩」、「四双」というのは、仏教の修行僧のうちの、修行の進んだ比丘を、八つの階位に分類するものです。預流向、預流果、一来向、一来果、不還向、不還果、阿羅漢向、阿羅漢果の八つです。

これらの言葉は、「私は仏教の教えをしっかり実践できているぞ」、「私はもう1回だけしか、修行する身にはならないぞ」、「私はこれが、最後の修行の身だぞ」、「私は、お釈迦さまが言われた阿羅漢、供養にふさわしい人になったぞ」というように、修行者自らが、自分を立派な修行者だと主張するようなものです。これは、どう考えても、お釈迦さまの考え方とは、相当の距離があるものだと思います。これらは、国家権力、一般大衆に対して、自分たちのことをアピールすることが、次第に、受け入れられなくなる時代、さらなるアピールとして考え出されたものであると思います。

227偈の最後の所に、「この真理（satya）によって幸せであれ。」（注5）という文がありますす。この文は、第2章第1節の、全17偈の中の12偈にあります。終わりの3偈は「幸せであれ」とだけあります。

この文が古くからあったものであるという可能性はゼロとは申しませんが、私は、この文は、㋭期に挿入されたものであるような気がするのです。どうしようもなく、押しつけがましさを感じてしまうのです。真実だから、仏、法、僧の三法を崇めよ、みたいな感じがどうしても感じられてしまうのです。「真理（satya）だから」こうしなさい、「真理（satya）だから」こう考えなさい、みたいな表現は、これより以前にはありません。この押しつけがましい表現は、頂点まで行った支援が、次第に先細りになってくる時の、嘆きの一句のような気がします。

《戒め》

ここの所は、年代を区切って、年表形式に、まとめてみました。こういう所では、知らない間に、間違いを犯すことがあります。

あらかじめ、私が、この時代はこういう時代であると思っていて、知らないうちにそういうように、資料を読んだりしているのかもしれません。

型を決めにいってはいけません。しないようにしてきました。これを戒めにしてきました。それでも、知らないうちにしているのかもしれません。今までも、もしそうなっていることに気がついたならば、それまでの作業は白紙にして、最初から、資料の読み込みから、やり直してきました。

参考

お釈迦さまの生没年

ＢＣ４７２～ＢＣ３９２（私の推測年）

ＢＣ４６３～ＢＣ３８３（中村元説）

ＢＣ５６６～ＢＣ４８６（南伝説）

アレクサンドロス大王のインド侵攻

ＢＣ３２７

ヒュダスペス河畔の戦い

ＢＣ３２６

アショカ王即位、退位

ＢＣ２６８～２３２

注1　「ハイウェイ」は、中央インドのアラハバードの南辺りから西南インドのサンチー付近までの、古代からある通商路のことです。詳しくは、「幹編　第1章　第1節　③西南インド」に説明してあります。

注2　生没年を確定しようとしたのは、あらゆる人の説のその根拠が非常に脆弱であることが、その理由に挙げられます。

そのことを乗り越えるには、根拠として提出したそのものが、どれくらい論拠として耐えられるかの吟味がなされなければなりません。

それをせずに、各人の説の叫びを上げていては、何にも自分のところでは起きないのです。あらゆる人にとって、自分の説は、正しいか、正しくないかのどちらかなのですから。こんなことは、お釈迦さまが、スッタニパータの中で、くり返し仰っておられることです。「自らの説のみが正しいものと叫び続ける。そのような論のどこが正しいということがあるのか（すべての論が正しくない）」

そして、論拠として耐えられるか、というのは、お釈迦さまの存命期にどれだけ迫っているのか、ということです。

「ある歴史的期間、金庫に入っていて厳重に鍵がかかっていたから、正しい」というような論は、全く提出する必要のない論拠です。

注3　この辺りのことは、「幹編　第1章　第3節　2　お釈迦さま以降の歴史」に詳しく取り上げています。

注4　この当時の伝統を重んじる部派では、聖者の位を預流、一来、不還、阿羅漢、の四つに分けた（四双）。これらのそれぞれを、それに向かって行く位（向）と、それに到達した位（果）とに分けると

八つになる（八輩）。

注5　中村元先生の注に「古代インドにおいては、真理、真実であることばは、必ずそのとおり実現されると考えていた。このことばが真実であるならば、必ずそのとおり実現されるはずだ、というのである。」とあります。（『ブッダのことば』中村元　300頁）

5　「阿弥陀仏」が誕生する前の、一番最初の動き

ここでは、阿弥陀仏が誕生する契機になった一連の出来事の、そのもう一つ前の出来事、一番最初の動きを取り上げてみます。

《推測》　それは、BC2世紀のことです。初期大乗仏教経典が、まだ姿形もなかった時のことです。その頃、真面目な出家僧たちは、ある疑問というか、ぬぐえないわだかまりを持って、修行生活をしていました。それは、一言で言えば、「お釈迦さまの教えって、一体、何だったのだろうか」という疑問でした。

その当時の、教えを表す言葉の学習が、次第に空しく感じられるようになったのです。たぶん何世代にもわたってのことだと思います。そして、彼らは、やっと、やっとの思いで、ある

一つの言葉に辿り着くのです。それは、「プラジュニャー・パーラミター（般若波羅蜜）」という言葉でした。

「プラジュニャー（知恵）（注1）」という言葉の持つ意味は、分からないことをそのままにせず、分からないことにこちらからアプローチして、知ろうとすることです。

「パーラミター（波羅蜜）（注2）」という言葉について、梶山雄一先生は、

「パーラミター(paramita)は、『最高の』を意味する形容詞 parama から派生する語 parami- に、状態をあらわす接尾辞 ta が加わった抽象名詞で、『極致、完成』を意味する。」

（『大乗仏典3　八千頌般若経Ⅱ』梶山雄一　中央公論社　1975年　402頁）

と仰っておられます。

この言葉は、自分が修行者であるという自覚を最初に求めます。そして、私もお釈迦さまのように覚りを得て、仏陀になりたいという強い気持ちを、さらに求めます。この決意、気持ちが定まれば定まるほど、そうなっていく手がかりがどこにもないことに気づくのです。

最初期の般若経の中にある常啼菩薩の話（注3）は、その有り様を正確に描写しています。どこにプラジュニャー・パーラミターがあるのか、どこでプラジュニャー・パーラミターが説かれているのか、誰がプラジュニャー・パーラミターを説いているのか、と言って、泣き叫ぶ、絶望の姿です。

自分の命を懸けるほどの真剣な思い、これほど率直な求道の姿勢、他には全くないものです。これが、仏教の流れの中の大きな動きを生み出していくことになるのです。

注1　お釈迦さまも「プラジュニャー（知恵）」という言葉は使っておられました。「パーラミター（完成）」という言葉は使っておられなかったです。「パーラミ（奥義に精通していること）」という言葉を使っておられたかははっきりしませんが、スッタニパータの古い部分にあります。ただし、この語は、元は、バラモン教において、ヴェーダの奥義に達していることを表す言葉でした。（スッタニパータ第五章1018、1020）（『ブッダのことば』中村元　414頁）

注2「パーラミター（波羅蜜）」の意味は、古来から、「到彼岸」と解釈されることが多いです。「彼岸、覚りの世界に到ること」の意とします。そして、覚りの世界に向かう修行もそれに含めます。しかし、先に書きましたように、元の意味は、違っています。「到彼岸」という解釈でも間違いとは言いませんが、それでは、「プラジュニャー・パーラミター」の原意は損なわれていると思います。

「パーラミター（波羅蜜）」とは、極致であること、極致であろうとすること、極致そのものであること、という意味で捉えたいと思います。極致であることをどこまでも求めていくこと、そして、どこまでも極致であろうとすること、そして、極致であろうとすることが成し遂げられるということ、ということです。

注3　常啼菩薩の話は、この本の上巻「幹編　第4章」に詳しく紹介してあります。

☆ 6 「アミターユス」から、そして「アミターバ」へ

つまり、お釈迦さまの教えそのものにアプローチしようとした出家僧たちは、プラジュニャー・パーラミターという言葉を合い言葉にして、さらなる探求の道に分け入ったのです。それは、想像を絶する苦難の道でした。

それがBC1世紀頃からの般若経の誕生の動きに繋がっていくのです。その中で熱狂的に取り組んでいた出家僧たちが、最初期の般若経（八千頌般若経の系統の般若経類）を生み出していくのです。いわゆる、これでもか、これでもか、という感じの動きになっていったのです。この辺りのことは、上巻「幹編　第3章」を見て下さい。

この般若経が誕生していく動きの中から、先ほどの【私の結論】の中の動きが起こっていくのです。

ここから、【私の結論】の続きの話をします。

長い議論の中から、こういうブッダがおられるはずだ、という確信が芽生えてきました。そ

こに、こういうブッダがいてほしい、という思いが無意識のうちに合わさっていきました。

それが、「今生きておられるブッダ」、「長生きブッダ」なのです。そして、「果てしなき寿命を持つ者」というように呼ばれるブッダが、出家僧たちの心の中に現れるようになってきたのです。それを、「アミターユス」と呼ぶようになったのだと思います。

ただし、最初、アミターユスは、固有名詞ではありませんでした。そういうブッダを、そのように呼んだということです。

その後、そのように、自分のところで決着した出家僧たちは、そのことを、一般の人々のところで、話をしようとしました。今生きているブッダのことを話したかったのです。今生きているブッダなので、最初、彼らは「長生きブッダ」の話をストレートにしていましたが、どうも聴衆の反応はいまいちだったのです。話を聞いている方は、自分たちがこの先幸せになれるように、この先悪いことが起きないように、そんなことを気にして話を聞いているのです。

そういう人たちを前にして、話のトーンが次第に高くなっていくのは仕方のないことです。目の前にいる人が、すごいと言ってくれる、そんな話に次第になっていくのです。みんなから、どんなブッダなのかと聞かれたら、それは「光り輝くブッダ」なのだと、答えてしまったのです。

それからは、そのブッダのことを、光り輝くブッダ、さらに、その光りはどんなブッダにも負けないくらいすごい、どのインドの神よりもすごい、どの他国の神よりもすごい、という意味で、はかり知れない光りを持っている者という意味で、「アミターバ」と名付けたのだと思います。だから、アミターバは、感覚的に固有名詞です。

だから、この究極のブッダ・イメージである「長生きブッダ」は、本名はもともとないのです。ただあるのは、ブッダの究極のイメージだけなのです。

そうこうしているうちに、人々は名前をつけるのです。最初の名前は、何となくそう呼ぶようになった名前でした。「ずっと今も生きておられるブッダ、アミターユス」、そんなふうに呼ぶようになりました。

次の名前は、はっきり人の口に上る名前でした。「光り輝くブッダ、アミターバ」です。

それが、

「真実なるアミターユス」

であり、

「栄光のアミターバ」

であるのです。

私はこの二つの名をそのように理解したいと思います。

参考文献

『原始浄土思想の研究』藤田宏達　岩波書店　1970年
『浄土三部経の研究』藤田宏達　岩波書店　2007年
「阿弥陀仏浄土の原風景」『仏教大学総合研究所紀要』一七号　辛島静志　2010年　12、13頁
「大乗仏教とガンダーラ　般若経・阿弥陀・観音」『創価大学国際仏教学高等研究所・年報』XVII　辛島静志　2014年
『シリーズ大乗仏教5　仏と浄土　大乗仏典II』下田正弘　春秋社　2013年　14頁

第2節　阿弥陀経、これほど興味の尽きない経典はない

1　阿弥陀経の成立について

『阿弥陀経』『阿彌陀經』
鳩摩羅什（補注　鳩摩羅什）が、402年、長安にて翻訳。
サンスクリット本は、平安時代初期に日本に請来されたものだけが存在しています。

漢訳の異訳は、玄奘訳『称讃浄土仏摂受経』（650〜655年頃漢訳）のみがあります。

阿弥陀経は、短い経典で、漢文のものを読むのに、10分はかかりません。阿弥陀経のお話を、そのままの流れの話であれば、午前と午後に話をして、丸2日間あれば、お話が終わります。ちなみに、無量寿経の方は、そのままの流れの話であっても、20日間はかかります。阿弥陀経は、無量寿経の約10分の1の長さです。

まず、阿弥陀経のいろいろな話をする前に、その説明をしやすくするために、阿弥陀経の構成の説明をしておきます。なお、この構成の内容は、伝統的な科文（かもん）というのとは違います。漢訳阿弥陀経、サンスクリット本、両者を含めて考えてあります。

① 阿弥陀経の構成

（前半）

極楽へ生まれるべきである

(後半)

D　あらゆる方角の世界におられるブッダたちが、この経典を信じるべきであると、勧めておられる。(六方段)(130頁)

E　あらゆるブッダたちに護られているこの経典阿弥陀仏の国に生まれたい者は、生まれることができます。

　信じるべきです。(132頁)

F　あらゆるブッダたちが、「自分たちより、お釈迦さまはすごい」とおっしゃっている。

　信じることが難しい教え(法)(133頁)

G　後文(134頁)

( )内の数字は東本願寺出版部発行『真宗聖典』のページです。

阿弥陀経は、非常にすっきりとした内容です。阿弥陀経と無量寿経との関係、このことが最も大事なことです。

ています。

② 阿弥陀経の制作の動機

阿弥陀経をざっと読んだ時の感想、阿弥陀経をさっと見た時の感想、これが、私の最も大事にしたい点です。それだけで私は、阿弥陀経の成立について、いろいろなことが分かると思っています。

まず、前半部分は、熱意を持って書かれたものではないという感じがします。熱意と言いますのは、書き手、話し手の熱意という意味です。ここには、そうでなく、聞いている人のあふれるばかりの熱い期待感は、重く重く感じ取れます。

前半部分は、ある内容を持ったものの要約、そんな感じがします。その要約をした動機は、そこにはっきり現れています。それは、「極楽」、阿弥陀仏の国土に対する関心の高さです。その頃の仏教徒たちの、理想世界に対する関心、期待の高さです。その当時の阿弥陀経が出来上がるその場所で、どのようなことが有り得たのか、その状景が浮かんできます。

出家僧でない一般の人々が、無量寿経の話が行われる場所に集まってきて、その話を聞きながら、私もそんな素晴らしい所へ生まれたいなあ、と思う。そんな状景が浮かんできます。そして、そこの話を簡潔にもっとしてほしい。そういう感じがあふれ出ています。そういう時に、この阿弥陀経前半部分が生まれたのだと思います。

ただ、ここで、しっかり言っておかなければならないことがあります。それは、経典になるということの意味です。経典になる、経典を名告（なの）るということには、もう一つ大きな出来事が必要であると私は考えます。

それは、その場所で、その仏教の地区で、反対する者がいないことだと思います。どういうことなのかと言うと、例えば、これを経典として名告るべきだと考えた出家僧が、その地区で尊敬を集めておられる大先学の元を訪ねて、その経典を読誦して、その感想を求め、その大先学の出家僧が、否（いな）を言われなかったなら、それを、自分たちの中では、経典として扱う。こうしたことが、行われていたように、私には思われて仕方がありません。このようなことが行われたという資料は、どこにも存在していませんが、それ以上に、私の想像を否定する資料、根拠もありません。

そして、経典と名告（なの）るようになるには、その仏教社会の中での暗黙の了解が、大前提としてあったと思います。特に、ここで話をしています無量寿経、阿弥陀経は、そのことを、完全にクリアして、経典と名告ったのだと思います。私は、あらゆる初期大乗仏教経典がこの手続きを経て、経典を名告るようになったとは、思っていません。また、他の経典には、そういう手続きが踏めないいろいろの事情があったのだと思います。

③　先行する無量寿経

阿弥陀経を読んでいると、阿弥陀経には、先行する経典が存在しているような気がしてきます。阿弥陀経は、阿弥陀仏のことを説いた一番最初の経典とは思えないのです。阿弥陀経を生み出した経典が存在していると思えてくるのです。しかも、先行する経典は、阿弥陀経と比較にならないくらい大部なものであると思われます。

阿弥陀経に対して先行する経典は、無量寿経しかありません。ここでの話は、インド世界での阿弥陀経の成立の話なので、当然インド語〈サンスクリット語かも〉の阿弥陀経、無量寿経の話です。

先行する無量寿経は、現在のサンスクリット語無量寿経とほぼ同程度の分量の経典と考えてよいと思います。なぜなら、サンスクリット語経典は、量的には、ほとんど増広がされていないからです。

この阿弥陀経が生み出される時から、１００年間ほどの期間に、願文の増広〈二十四願が四十八願に、願文の数が増える〉、願文の順番の整理〈話しやすいように順番を変える〉、重大な願文の例外規定の追加〈これこれのものは、救済から除外するという箇所〉などは行われたと考えられます。

④ 制作の意図

さて、阿弥陀経は、なぜ、作られたのでしょうか。

普通、阿弥陀経も、無量寿経も、制作されたのは、例外なく、西北インドということになっています。そして、成立は1世紀から3、4世紀ぐらいにかけてと、人によってばらばらという状況です。何とも、訳の分からない、歯切れの悪いことになっています。以前の、西方何とか起源説みたいな、どうでもよい説だけは、否定するようになりました。まあ、そのような状況です。

阿弥陀経を見てみましょう。阿弥陀経には、非常に面白い、興味を引く、特徴的な箇所があります。それは、古来から「六方段（ろっぽうだん）」と呼ばれる1段です。

まず、はっきり言っておかなければならないことがあります。それは、阿弥陀経は、前半部分だけをもって、阿弥陀経と言ってはならないということです。阿弥陀経は、後半部分があってこそ、阿弥陀経になるのだということを強調しておきたいと思います。前半部分は、無量寿経の要約、阿弥陀仏の国土に対する期待で、要約がなされた、そのことは確かです。しかし、それだけで経典として名告るほどのものでないことは、その要約を作った人たちの中でも、認識されていたと思われます。

阿弥陀経の成立の基盤、きっかけは、その後半部分にあるのだと、私は思っています。特に、六方段の部分こそ、最大の動機だと思います。

この六方段のことを、軽く考える人たちが多くおられますが、ここには、初期大乗仏教経典の一つの大きな特徴があるのだと思います。それは、「あらゆるブッダたち（一切諸仏）」というものの捉え方を敷衍する、大いなる意図がそこにはあるのです。「現在も、多くのブッダたちが生きておられる」という主張です。


六方段の六方とは、東、南、西、北の四方に、上、下の二方を加えて、六方と言います。あらゆる方角を指す言葉です。

六方段とは、あらゆる方角のブッダたちが阿弥陀ブッダの国土の優れていることを讃えていること。そして、あらゆるブッダたちが、護り念じているこの経典を信ずるべきであると勧めていること。この二つのことを、東、南、西、北、上、下の方角のブッダたちの具体的な名前を挙げて、それぞれ、なされていることを言っている段落です。

今、西方の部分を挙げてみます。

「舎利弗、西方の世界に、無量寿仏、無量相仏、無量幢仏、大光仏、大明仏、宝相仏、浄光仏、かくのごときらの恒河沙数の諸仏ましまして、おのおのその国にして、広長の舌相を出して、遍く三千大千世界に覆いて、誠実の言を説きたまう。汝等衆生、当にこの不可思議の功徳を称讃する一切諸仏に護念せらるる経を信ずべし（と）。」

こういうものが、6回繰り返されているのです。ブッダの名前は、当然それぞれの方角で異なっています。

この六方段のことを、単に阿弥陀仏、または阿弥陀仏の国土のことを優れたるものとして強調するために、阿弥陀経の後半部分に置いただけのものである。だから、経典の中での重大性は低いということがよくいわれてきました。

そして、そのことを擁護する根拠として、各方角で列記されているブッダの名前は、『仏名経』（注1）からの安易な借用でないかということを言われる方もおられます。

この間の事情については、私の意見を、この後（「2 【仏名経と阿弥陀経】の関係」参照）に、詳しく申し上げます。

結論を申し上げると、阿弥陀経の後半部分は、仏名経類の影響で作られたとする説は、全く有り得ない説だと思います。阿弥陀経から見て、仏名経とは接点すら持っていなかったと思われるのです。

ただ、紀元4世紀頃、中国西域にて、仏名を唱える、仏名を聞く、法会が行われるようになり、そのために仏名経が作られ始める時、阿弥陀経は、権威ある経典として、そこに既に存在していました。だから、仏名経を作る時に、阿弥陀経の六方段のブッダの名前の列記を利用しただけのことです。というより、阿弥陀経の影響力のせいで、仏名を唱える、仏名を聞く、法会が行われるようになったのかもしれません。

阿弥陀経の「一切諸仏に護念せらるる経(一切諸仏所護念経)」という概念は、画期的なものであると思います。

なお、漢訳の

「『汝等衆生、当にこの不可思議の功徳を称讃する一切諸仏に護念せらるる経を信ずべし』と。」

(A)

の箇所は、サンスクリット語テキストでは、

「『そなたたちは、この〈不可思議な功徳の称讃〉〈一切の仏たちのすっかりまもるところ(摂受)〉と名づける法門を信じなさい。』と。」(B)

となっています。

この部分が、六方段の本質を表しています。あらゆるブッダたちから護られる経典。ある一つの経典が、あらゆるブッダたちから護られるということがあるのだ。ある一つの経典が、例外なくすべての仏教世界で承認される。そういうことがあるのだ。

そして、そこには、ブッダたちの具体的行動が描かれています。ブッダたちは、ご自分の国土において、「広く長い舌が、大宇宙を覆い、誠実の言葉を説かれる。」と表現されています。その時、発せられた言葉が、先ほど出しました、A、Bなのです。


注1『仏名経』（北魏 菩提流支訳 520〜525頃）の中で、ブッダの名前が列記されていて、阿弥陀経とはとんど対応しているのは、巻六〈『大正新脩大蔵経』十四巻 143頁中段〉です。ある程度対応しているのは、巻十一〈同上174頁中段〉です。

2 【仏名経と阿弥陀経】の関係

（この段は、『阿弥陀経講究』（藤田宏達 東本願寺 2001年 71〜79頁）所収の説に触発されて書いたものです。藤田先生には、今まで知らなかったことを教えていただき、感謝申し上げます。）

私は、仏名経類の影響で、阿弥陀経後半部分が作られたという説には、全く同意できません。

まず、確認していただきたいことは、仏名経という経典の本質です。その中身は、「南無なになに仏」と仏名を唱えることで、あらゆる罪が消滅し、亡くなった者たちへの追善もでき、究極の悟りすら得られるという、もう仏教ではないといってよい、お手軽仏教なのです。ぜひ、皆さんも、仏名経の実物（『大正新脩大蔵経』十四巻）をご覧になって下さい。見ていただくだけで分かります。読む必要もない程度のものです。お手軽救済と言ってよいほどのものです。阿弥陀経の真剣救済とは全く違うものです。そこには、仏名を長い時間かけて唱えれば唱えるほど、その法会が効果のあるものとなるということが、特に全体の4分の1あたりから、色濃く漂ってきます。だから、同じ名前の数限りなく多くのブッダがおられるという話をしたりするのです。そうすれば、違う名前を用意する必要はなくなり、同じ名前をくり返し唱えていれば、それで、その法会は維持されるということになります。でも、そんなことばかりしていては、さぼっていると思われてしまうので、菩薩の名前、辟支仏の名前にしてみたり、過去、未来のブッダの名前にしてみたり、全く節操がありません。

阿弥陀経のブッダ名の列記は、六つの方角にそれぞれ5から10、合計38のブッダ名が挙げられています。そして、それだけです。他には、全くありません。仏名経の列記は、阿弥陀経とは全く違います。３００から５００、多い所では千以上の列記がなされています。

仏名経の中で、阿弥陀経と同じ名前の列記がされているといわれている箇所が2カ所あります。

仏名経の一つ目の所では、５００近くの名前の羅列の中の40弱の部分です。

二つ目の所では、列記の大きな海の中のほんの一部なのです。しかも、ここには、方角の記述が全くありません。方角の記述がなく、ただ、名前の列記だけがあるのです。その中の、ほんの一部分に過ぎないのです。

これだけ見るだけで、どちらからどちらへ、影響があったかは、一目瞭然です。仏名経が作られた時に、阿弥陀経のブッダ名の列記が、適当にいい加減に使用されただけのことです。

阿弥陀経のブッダ名の列記と同じように列記がなされている、そういう仏名経の箇所を見ていて、一つ目の箇所ですが、気がついたことがあります。この箇所には、方角が記されています。

ただし、非常に大事なことが、見落とされています。

それは、阿弥陀経の「北方」が、仏名経では「上方」になっているということ、阿弥陀経の「上方」が、仏名経では「東方」となっていることです。つまり、仏名経には「北方」がないということです。

理解のできないことを、テキストの混乱などと言っていてはいけません。この理由をしっかり考えてみなくてはいけません。

北方だけが、なぜないのでしょうか。これをどのように考えますか。ある事情がそこにはあるような気がします。

この箇所を読んでいて、面白いことに気がつきました。

私は、20年ほど前に行った石窟寺院の中の状景を思い出しました。そこは、タクラマカン砂漠の北、クチャの町の北西の渓谷にある【キジル石窟】です。そこの西谷区にある【第17窟】の内部の状景です。第17窟は、入り口の方角がほぼ南です。そこには、多くのブッダたちがいます。東の壁にも、南の壁にも、西の壁にも、上方にも、多くのブッダがおられるのです。ただし、北には、多くのブッダたちはおられません。そこは、石窟に入って向かう正面、中心柱に当たるのです。そこには、大きなブッダ塑像があります。お釈迦さまがおられるのです。

そこは、中心柱（ちゅうしんちゅう）式の石窟なのです。大きくて立派な石窟です。石窟の中に入ると縦長の長方形の部屋のように感じます。その奥には中心柱があります。

中心柱とは、こういうものを言います。石窟の正面奥に、大きなブッダ像を刻むか、またはブッダ塑像を安置します。その両側に側道を掘り進み、ブッダ像部分は巨大な柱状に残し、柱の裏側で、側道を繋ぐのです。そうすることで、ブッダ像の周囲を完全に回ることができるようになっている、そういう形式の石窟を、中心柱形式の石窟と言います。

もし、このキジル石窟第17窟で、「仏名読誦法会（ぶつみょうどくじゅほうえ）」（私の勝手な命名です。仏名経に挙げられているような、ブッダの名前の列記のメモを見て、その名前を長時間、読誦し続ける法会のことです）が、行われていたとしたら、面白いことが起こります。

この窟は、北の正面には大きなブッダ像があるのです。どうなるかと言いますと、北の方角に向かって、阿弥陀経にある北のブッダたちの名前を唱えるのは、少し気が引けるのではないでしょうか。そこで、上方、天頂のブッダたちの方に向かい、仏名を唱え、最後に阿弥陀経の上方の仏名は、最初の東の壁に向かって唱えたのではないでしょうか。

この辺りの私の話は、ファンタジーのようなものですが、完全な歴史の空白よりは、事実を掴（つか）まえているような気がします。

これからの話は、またまた、私の空想のお話です。

☆《創作》【クチャのお話】

「AD300年頃、クチャの国王は長年の繁栄に感謝し、これからの国の行く末、一族の繁栄を祈って、国一番の寺院で法会を行うことにしました。依頼を受けた僧侶は、若い時には、国からの援助を得て、北インドのカシミールに遊学したこともありました。北西インドのガンダーラ地方に旅行したこともありました。そして、インドの仏教事情にも通じていました。彼は、ブッダに対する思いこそが大事なことであると、ブッダの名前を唱えることを中心にした儀式をすることにしました。彼は、『あらゆるブッダたちに対する信仰』を持っていたのです。これこそが、仏教の一番大事にしなければいけないことなのだという信念がありました。

その時、その僧侶の元には阿弥陀経がありました。無量寿経も既に伝わっていました。法華経も新しく伝わっていました。新しい動きが最も感じられた時代だったのです。阿弥陀経は、実は自らがインドの地で慣れ親しんでいた経典でした。クチャの地には、50年ほど前に伝来していたものでした。

そこで、彼は、法会を、阿弥陀経の六方段のブッダの名前の列記に触発されて、ブッダの名前を読み上げるものにしようとしたのです。

最初は、ブッダの名前も、いろいろな経典から拾い集めて、100ほど名前を読誦するものでしたが、次第に、その数が増えていきました。これは、僧侶の代(だい)が代わっても続けられ、その間に作られたメモは膨大なものになっていきました。

それらのメモは、中国にも伝わりました。それらは、いい加減な僧侶でも使える、とても有用性の高いものでした。それ以上に、それらを使った法会は、一般の庶民の支持も得やすいものでした。全く仏教的素養がなくても理解できるものだったからです。

それらのメモを元に、最初、小規模の『仏名経』がたくさん作られました。次第にそれらが集合して、大きな『仏名経』になっていったのです。」

私の、空想の話は以上です。

3 阿弥陀経の前半部分と後半部分、無量寿経との関係について

阿弥陀経の前半部分と、後半部分では、内容が大きく異なっているということがいわれています（注1）。それは、前半部分が、阿弥陀仏の国土のことが主要な内容となっていて、阿弥陀仏が話題の主体になっているのに対し、後半部分では、阿弥陀仏ではなく諸仏（たくさんのブッダたち）が主体になって論述がなされている、そのことに注目しているのです。

その論拠の箇所は、六方段の「諸仏が称賛している（阿弥陀仏の）功徳荘厳」、すなわち、「諸仏が護念しているこの経」です。

この読み方は、普通の阿弥陀経の訓読とは異なる読み方をしています。ここに書いた読み方

の方が、阿弥陀経の正しい読み方なのです。サンスクリットや、他の版本を見て、総合的に判断した読み方です。私も全く同じ読み方をします。

しかし、私は、前半部分と、後半部分が、相反する内容とは思っていません。その逆で、この前半部分と後半部分が合わさって初めて、阿弥陀経が誕生したのだと、理解しています。

前半部分の私の理解は、次の通りです。阿弥陀仏そのものが主人公になっているという理解とは、似ているようで少し違います。

阿弥陀経の前半部分は、無量寿経の中にある阿弥陀仏国土の大量の記述の、そのダイジェストであると思っています。だらだらと長いお話ではなく、阿弥陀さまのおられる世界はこういう国ですよ、とストレートに話をする。そういうことが初めに載せてある。その後は、どうしても付随的に載せなくてはならないことが載せてある。そういうことではないかと思います。

【阿弥陀経の制作の動機】

阿弥陀経の制作の最初の動機は、普通の人たちが一番聞きたいこと、阿弥陀仏の世界はどういう世界なのか、ということを簡潔に語ることでなかったかと思います。だから、阿弥陀経の仏国土の描き方はすっきりとしています。無量寿経の仏国土の叙述の中から、一般の人たちが聞きたいことを、分かりやすすく、すっきりとまとめてあるのです。

ただ、阿弥陀経の制作の目的は、それだけではないのです。もう一つ大きな目的があったのです。それが、後半部分なのです。

阿弥陀経の後半部分には、無量寿経が制作されていく過程で、次第に、無量寿経そのものの中核の議論になってきた、ある重要な内容があります。AD1、2世紀、約150年から200年の間に、制作、編纂の議論の中で、提起され議論を積み重ねてきた主題（テーマ）があるのです（この後も100年間は、インド世界で、無量寿経の編纂活動は続きます）。

それは、こういうことです。

無量寿経の中には、阿弥陀仏の国土の話、どうしたらそこへ生まれることができるのかの話、阿弥陀仏の誕生物語、などなどが描かれていますが、それだけではないのです。それらの話の発展したものとして、新たに生み出された話があります。

それは、阿弥陀仏国土に生まれた人たちは、あらゆるブッダたちの世界へ出かけて行って、そこで、ブッダに供養をすることができる、ということです。

あらゆるブッダたち（諸仏）の世界に行って供養をする。

このことは、阿弥陀仏の世界だけが尊いのではなく、阿弥陀仏以外のブッダたちも同じく尊いのだということです。しかも、阿弥陀仏の教えを聞くだけで満足できない者たちは、その場所を離れ、他のブッダの所へ行って、そのブッダの教えを聞く、そういうことができる所なのだ、だから、阿弥陀仏の仏国土は素晴らしいのだ、ということです。

長い議論の結果、このことが阿弥陀仏の仏国土の最も重要な特徴なのだということになったのです。

その無量寿経での成果を完全に理解して、阿弥陀経の後半部は、作ろうとされたのだと思います。無量寿経の編纂の過程での長い議論の末、諸仏供養が阿弥陀仏の仏国土の最も大事なことだということが結論として得られた、ちょうどその時に当たっていると思います。これが、阿弥陀経の制作の最大の動機であると思います。

だから、阿弥陀経では、仏たち（諸仏）が語り出すのです。大きく2カ所で、ブッダたち（諸仏）が、語り始めるのです。

六つの方角（六つの方角であらゆる方角を表しています）のブッダたちが、「そなたたちは、この〈不可思議な功徳の称讃〉〈一切の仏たち（一切諸仏）のすっかりまもるところ〉と名づけられる法門（経）を信じなさい。（注2）」と、言葉の限界を超えて、あらゆる世界の隈々にまで聞こえる声で、語っているのです。6回繰り返しています。

もう1カ所は、阿弥陀経の最後の場面です。お釈迦さまが、「私がブッダたち（諸仏）を讃えているように、ブッダたち（諸仏）も私のことを讃えているのです」と仰られる、その後に、ブッダたち（諸仏）の言葉が続きます。

「釈迦族の聖者・世尊であり、釈迦族の大王は、非常になしがたいことをなされました。現実の世界（娑婆国土）において、この上ない正しい覚りを得て、時代の濁り・生きている者の濁り・見解の濁り・寿命の濁り・煩悩の濁り（五濁悪世）の中で、一切の衆生が信じ難い法を説かれたのです。（注3）」

これも、ブッダたち（諸仏）が、語られた言葉です。

【往覲偈（おうごんげ）】

この、ブッダたち（諸仏）が主人公になる部分は、実は、無量寿経にもあるのです。

「無量寿仏の威神（いじん）極まりなし。十方世界の無量無辺不可思議の諸仏、彼を称歎せざることなし。東方恒沙（ごうじゃ）の仏国の無量無数のもろもろの菩薩衆、みなことごとく無量寿仏の所に往詣（おうげい）して、恭敬（くぎょう）し供養してもろもろの菩薩声聞大衆に及ぼさん。経法を聴受し道化（どうけ）を宣布（せんぷ）す。南西北方・

四維・上下、またまたかくのごとし。」（『真宗聖典』46頁）

この箇所は、往覲偈（東方偈）（『真宗聖典』47～51頁）の直前の部分です。

往覲偈とは、他方国土の菩薩たちが、阿弥陀仏国土へ往って、阿弥陀仏に覲え、阿弥陀仏を供養する、そこから始まります。そして、阿弥陀仏が、観音菩薩の勧めに従い、やって来た菩薩たちの願いを知り、必ずブッダになれることを保証する。そして、阿弥陀仏の本願力によって、阿弥陀仏の国に生まれたいと願う者は、必ず、生まれることができ、退くことがない境地に到達する。などなど、中身の本当に濃い、30の偈文になっています。

先に挙げました阿弥陀経の箇所を、前後含めてそのまま出しておきます。

「舎利弗、我がいま阿弥陀仏の不可思議の功徳を讃歎するがごとく、東方に、また、阿閦鞞仏・須弥相仏・大須弥仏・須弥光仏・妙音仏、かくのごときらの恒河沙数の諸仏ましまして、おのおのその国にして、広長の舌相を出だして、遍く三千大千世界に覆いて誠実の言を説きたまう。汝等衆生、当にこの不可思議の口説くを称讃する一切諸仏に護念せらるる経を信ずべし。」（『真宗聖典』130頁）

そして、この後に、あと残された五つの方角のブッダたちの言葉が続くのです。全部で6回、方角と仏名だけが異なって、あとは同じ文章の繰り返しになっています。この部分は、六方段の中核部分をなしています。

【諸仏国へ行って諸仏を供養する】

阿弥陀仏の仏国土にいる菩薩たちが、他のブッダの所へ出かけて、そのブッダに供養をして、教えを聞いて、戻って来るという話が無量寿経にあります。この話は、私は、無量寿経の最も重要な核心部分だと思っています。

阿弥陀仏に対する全幅の信頼が自分の中に確認されて初めて言える事なのです。この話は、阿弥陀仏に対する不信感があるから他のブッダの所へ教えを聞きに行くというのとは全く違います。その対極にあることです。阿弥陀仏に対する全幅の信頼があるからこそ、明るく気軽に「今日は、どこどこのブッダの所へ行ってこよう」と言って出かけられるのです。これは、仏教を生きる者の最も幸せな境地なのです。最も自由で軽やかで明るく、柔らかで温かい生き様なのです。

無量寿経には、

「(第二十三願)たとい我、仏を得んに、国の中の菩薩、仏の神力を承けて、諸仏を供養し、一食の頃に遍く無数無量那由他の諸仏の国に至ること能わずんば、正覚を取らじ。
（第二十四願）たとい我、仏を得んに、国の中の菩薩、諸仏の前にありて、その徳本を現じ、もろもろの欲求せんところの供養の具、もし意のごとくならずんば、正覚を取らじ。」（『真宗聖典』19頁）とあります。

阿弥陀経には、

「かの国の菩薩は、仏の威神を承けて、一食の頃に十方無量の世界に往詣して、諸仏世尊を恭敬し供養せん。心の所念に随いて、華香・伎楽・繒蓋・幢幡・無数無量の供養の具、自然に化生して念に応じてすなわち至らん。……微妙の音をもって仏徳を歌歎す。経法を聴受して歓喜すること無量なり。仏を供養すること已りて未だ食せざる前に忽然として軽挙してその本国に還る。」（『真宗聖典』52頁）とあります。

この部分のサンスクリット語本は、次のようになっています。

「かの仏国土に生まれた菩薩たちは、すべて、一朝食前の間に、他のもろもろの世界に行って、仏の威力によって、欲するかぎり、十万・百万・千万の多数の仏たちに仕える。かれらが、『このような花・灯明……音楽をもって供養したい』という心を起こすならば、かれらにその心が起きると同時に、まさしくそのような一切の種類の供養物が掌の中に現れる。かれらは、それらの花ないし音楽をもって、これらの仏・世尊たちに対して供養をなし、無量・無数の多くの善根を積みあげる。

……

かしこで、広大な喜びと歓喜を生じ、広大な心の歓悦を得る者たちは、無量・無数の多くの善根を植え、十万・百万・千万の多くの仏に仕えたのち、一朝食の間に、再び極楽世界に帰って来る。」（梵文和訳　藤田宏達　121、122頁）

また、無量寿経には、こういうことも書かれています。阿弥陀仏の仏国土の住人は、行きたい時に、阿弥陀仏と別の、ブッダたち（諸仏）のもとに、瞬間移動して、そこで、ブッダたちに供養をして（挨拶をして、お話をして）、また、阿弥陀仏の仏国土に戻ってくる、ということが、描かれています。

また、阿弥陀経には、

「その国の衆生、常に清旦（しょうたん）をもって、おのおの衣祴（えこく）をもって、もろもろの妙華を盛（い）れて、他方の十万億の仏を供養したてまつる。すなわち食時（じきじ）をもって、本国に還（かえ）り到りて、飯食（ぼんじき）し経行（きょうぎょう）す。」（『真宗聖典』127頁）と、あります。


これらの諸仏供養の話は、無量寿経、阿弥陀経にとって、非常に重要な、重みのある話なのです。

注1　『阿弥陀経講究』藤田宏達　東本願寺　2001年　68〜71頁
注2　参照文献『梵文和訳無量寿経・阿弥陀経』藤田宏達　法蔵館　1975年　165頁
　　対応箇所　『真宗聖典』130〜132頁
注3　参照文献『梵文和訳無量寿経・阿弥陀経』藤田宏達　法蔵館　1975年　170頁
　　対応箇所　『真宗聖典』133頁

参照文献
『真宗聖典』東本願寺出版部　1978年
『梵文和訳無量寿経・阿弥陀経』藤田宏達　法蔵館　1975年

4　西方世界におられる「無量寿仏」が、阿弥陀仏のことを讃えておられる箇所をどのように解釈するのか

☆【六方段の中の「無量寿仏」とは何者なのか】
それは、阿弥陀経の六方段の西方世界のところのことです。

「舎利弗、西方の世界に、無量寿仏、無量相仏、無量幢仏、大光仏、大明仏、宝相仏、浄光仏、かくのごときらの恒河沙数の諸仏ましまして、おのおのその国にして、広長の舌相を出して、遍く三千大千世界に覆いて、誠実の言を説きたまう。汝等衆生、当にこの不可思議の功徳を称讃する一切諸仏に護念せらるる経を信ずべし（と）。」（『真宗聖典』130頁）

この箇所は古来からどのように解釈すればよいのか、議論されてきた箇所です（注1）。

まず、事実関係からお話しします。

阿弥陀経の中で、「阿弥陀」と訳されているのは、本文中で、11カ所あります。そのうち、サンスクリット語のamitāyus（アミターユス）からの翻訳の箇所が9カ所、サンスクリット語amitābha（アミターバ）からの翻訳の箇所が2カ所あります。

サンスクリット語のamitayus（アミターユス）の意味は、限りなき寿命、漢語で「無量寿」です。

サンスクリット語のamitabha（アミターバ）の意味は、限りなき光り、漢語で「無量光」です。

このアミターユスとアミターバという二つの語を、鳩摩羅什は「阿弥陀」と訳したのです。これは、正しい訳です。

この「阿弥陀」という訳語は、後漢の支婁迦讖が訳出した『般舟三昧経』（179年頃）で使われている古い音写語であって、鳩摩羅什がそれを採用したからです（無量寿経の異訳、支謙訳『大阿弥陀経』（222年頃訳）の訳語も「阿弥陀」です）。

それでは、このアミターユスとアミターバの音写がなぜ、アミダになったのかというと、私が推測しますに、一番可能性の高い説を紹介します。

「『般舟三昧経』の原本が、カロシュティー文字で書かれたガンダーラ語であったとしたら、『アーユス』と『アーバ』の部分が、同じ発音で読むことができるので、アミダと音写したと考えることができます（注2）。」（参考　次項「5　仏教の経典で使われた言語について」）

阿弥陀経の六方段の西方世界の最初に名前の挙がっている「無量寿仏」が、阿弥陀仏の功徳の不可思議なることを称讃していることをどのように捉えるのか、ということです。

無量寿仏とは、先に言いましたように、阿弥陀仏の二つある意味の一つを訳したもので、阿弥陀仏そのもののことです。

そうすると、ここの西方世界のところでは、阿弥陀仏が、阿弥陀仏を称讃するということになるのです。このことを不自然であるという議論が古くからあるのです。自分が自分を誉めることはおかしいと（注3）。

また、このことを、「阿弥陀経の編纂者は、仏名経の説を転用した時に、西方諸仏の中に、元の経説のままに、阿弥陀仏を残したことによる。（要旨）（注4）」とする説もあります。

つまり、その説によると、阿弥陀経の作者たちは、阿弥陀経を制作する時、他の経典、仏名経を取り込むことによって、阿弥陀経ができたのだそうです。しかし、その時、取り込んだ経典の中に書かれていた、本当は外さなければならなかった、西方の阿弥陀仏をそのまま放置し、それによって、このような「矛盾」が起きてしまったとするのです。

この説には、私は、完全に不同意です。まず、最初に、阿弥陀経制作時の、仏名経の取り込みは有り得ないことです。それは、経典の制作年代に関わることです。私の結論だけ申し上げます。阿弥陀経の制作年代は、私の推定では、ＡＤ２００年頃、仏名経の制作年代は、ＡＤ３００年以降であるので、阿弥陀経が、仏名経を取り込むことは有り得ないと考えます。その最大の根拠は、漢訳された年代の違いです（注5）。もっと大きな根拠は、経典の質の違いです。

ここから、私の意見を述べさせていただきます。「阿弥陀仏が、阿弥陀仏を讃えるということ」をどう思うのかということです。先に紹介した、江戸時代の学者も現代の先学も、「このことは認められない、こういうことはおかしい、有り得ない」ということを仰っています。このことを認めないために、自説を立てる、ということになっています。

私は、昔のことを思い出しました。40年以上前に、この箇所を読んだ時のことです。その時、と思いました。どういうことなのかと言うと、自分で自分のことを誉めることって、そういうことができる人は、愚かな人間でなく、賢い人間で、そういうことが無理なく、自然にできる、できるでなく、している。そういう人がいたら、それは、すごいことだと思いました。それまで、そんなことが有り得るとは、全く思わなかったことが、突然出現してきた感じです。私の中のブッダ観の大変革です。

まず、阿弥陀経は、どういうように言っているかを確認してみます。

サンスクリット語阿弥陀経は、2カ所以外は、すべて、「アミターユス（無量寿）」です。ここの箇所も「アミターユス（無量寿）」です。全く区別はしていません。

次に、漢訳阿弥陀経は、鳩摩羅什はどのように訳したのかというと、この、西方世界の「アミターユス（無量寿）」のことを、「無量寿」と訳しました。その他の「アミターユス（無量寿）」は、すべて「阿弥陀」と訳しました。つまり、この西方世界の「アミターユス（無量寿）」と他の9カ所の「アミターユス（無量寿）」との区別をしていることになります。鳩摩羅什も、この箇所に違和感を覚えたということになります。その違和感を彼なりに表現するために、この箇所だけ「無量寿」と訳したのだと思います。私は、この訳の仕方に、最高の賛辞を送りたいと思います。仏典を訳する時には、その原典を自分なりに完全に理解して、その理解に忠実に訳すべきだと私は思います。それを鳩摩羅什は、ここでもやっておられる、そういうことだと思います。

私の意見の根拠になるかどうかは分かりませんが、経典に書かれている、ある部分を紹介したいと思います。それは、この阿弥陀経の最後の箇所にある部分です。

「舎利弗、我がいま諸仏の不可思議の功徳を称讃するごとく、かの諸仏等も、また、我が不可思議の功徳を称説して、この言を作さく、『釈迦牟尼仏、能く甚難希有の事を為して、能く娑婆国土の五濁悪世、劫濁・見濁・煩悩濁・衆生濁・命濁の中にして、阿耨多羅三藐三菩提を得て、もろもろの衆生のために、この一切世間に信じ難き法を説きたまう』と。舎利弗、当に知るべし。我、五濁悪世にして、この難事を行じて、阿耨多羅三藐三菩提を得て、一切世間のために、この難信の法を説く。これをはなはだ難しとす。」（『真宗聖典』133頁）（注6）

ここで、お釈迦さまは、とても面白いことを仰っています。私たちは、この直前の六方段のことを、あらゆる世界のブッダたちが、阿弥陀仏のことを称讃している段であると思っています。それを、お釈迦さまは、「私が、あらゆるブッダたちを称讃している（我がいま諸仏の不可思議の功徳を称讃する）」と仰っているのです。

お釈迦さまは、「私があらゆるブッダたちを讃えているように、かのブッダたちが私のことを讃えているのです。」とも仰います。

「そういうことが、大前提にあるから、あらゆるブッダたちが、阿弥陀仏のことを讃えているという話を、私は、皆さんにしているのです。」ということなのです。

一仏と諸仏との関係を、阿弥陀経は的確に表現しています。1人のブッダと、あらゆるブッダたちとの関係を的確に表しているのです。1人のブッダは、あらゆるブッダたちのことを称讃しているし、あらゆるブッダたちは、1人のブッダのことを称讃しているということです。このような、究極のブッダ観を披瀝している経典は他にはありません。

阿弥陀経のこの直後の所では、他方国土のブッダたちが、まず、お釈迦さまのことを誉めておられます。

「釈迦牟尼仏よ、あなたは、甚だ難しく、ほとんど有り得ないことをなさっています。すなわち、この世界は、五つの濁り、時代が濁っていること、濁った主張ばかりになること、心の中が汚れていること、寿命が短くなること、汚れた暮らしになることによって満ちあふれています。この世界のただ中で、あなたは、無上なる正しき覚りを得て、あらゆる生きとし生けるもののために、あまりに優れていて信じることがなかなかできない教えを説いておられます。」

このように、ブッダたちは、お釈迦さまのことを最大級のほめ言葉で、称讃しておられます。この後の所に注目していただきたいのです。これらの賛辞の後、お釈迦さまが仰っています。

「シャーリプトラよ、このことをしっかり知るべきなのです。私は、五つの濁りの満ちている最悪のこの世界で、有り得ないような難しい行いをして、無上なる正しき覚りを得ました。そして、私は、あらゆる生きとし生けるもののために、あまりに優れていて信じることがなかなかできない教えを説いています。このことは、他のブッダでは、できないことなのです。」

お釈迦さまは、自分のことを正確に自分で評価して、ブッダたちの自分に対する賛辞を完全に認めておられるのです。そして、ブッダたちの自分に対する賛辞をそのまま、自分が思うこととして、ブッダたちのその言葉を、そのままご自分で繰り返して、ご自分のことを仰っているのです。

このことをどのように、みなさんは理解されるのでしょうか。私は、「ブッダ」は、自分のことを正しく評価することができる方だと思っています。そして、ご自分に対する評価を、普通に、あらゆる人々に仰るのだと思います。「ブッダ」は、自分を励ます必要をご自分で全く感じておられないので、自分を励ますための賛辞ではありませんが、賛辞と捉えられても、全く構わないと思っておられるのだと思います。

阿弥陀経の西方世界の「アミターユス（無量寿）ブッダ」も、阿弥陀仏と全く同じブッダであると思います。それを、違うものにしてしまうのは、「ブッダ」に対する、その人のアプローチが少ないからだと思います。

「ブッダ」は、ご自分のことを正しく認めておられます。正しく評価しておられます。そのことをそのまま披瀝されるのは当たり前のことです。それが、私たちの至らぬ「ブッダ」観によって、私たちに誤解されることになっても、自分の思っておられることを表現されるのだと思います。

注1 『阿弥陀経講究』 藤田宏達 東本願寺 2001年 77、157頁

注2 『阿弥陀経講究』 藤田宏達 東本願寺 2001年 117頁

注3 江戸時代の香月院深励は、同名異体説を取り、名前は同じだが異なる仏だとした。『阿弥陀経講義』香月院深励 仏教体系本 353～355頁

注4 『阿弥陀経講究』 藤田宏達 東本願寺 2001年 77頁

注5 阿弥陀経の漢訳は、鳩摩羅什によって、402年になされた。仏名経の漢訳は、北魏の菩提流支によって、520～525年頃になされた。

注6 『真宗聖典』 東本願寺 出版部 1978年 133頁

補注 鳩摩羅什（350〜409）。タクラマカン砂漠の北にあるオアシス都市、クチャの出身です。母はクチャ国王の妹。幼少よりカシミール、西域の諸都市に留学し、仏教を幅広く修学しました。前秦の符堅が呂光に命じて、クチャを討った際（382）、鳩摩羅什を還俗させて、涼州（武威）に連れてきました。後、後秦の姚興に迎えられて（401）、長安に入り、国師として優遇されます。大品般若経、金剛般若経、法華経、維摩経、阿弥陀経、首楞厳經、大智度論、中論、百論など、300巻近くを翻訳しました。原本の意味を理解し、それを中国語に訳する能力、中国語としても流麗であり、訳された文章はほれぼれとするものです。中国の仏教経典の翻訳家としては、随一、最高峰です。

5 仏教の経典に使われた言語について

お釈迦さまが使われた言葉が何なのかを、特定することができないのは、仕方のないことです。なぜなら、その古い言語がほとんど残っていないからです。

かすかに、仏教、ジャイナ教のテキストの古層に当たる部分に古形と見られるものがあった時に、それを、お釈迦さまの話された言葉とすることがあります。それを、場所の名前を取って、

「古マガダ語」と言います。お釈迦さまが活動されたのは、その中心がマガダ国であったので、マガダ語、ただしその後いわれるマガダ語（マガダ方言）と区別するために、古マガダ語ということにしておきます。年代（ここに示しています年代は、私の推定した釈尊生没年に基づいています）を一応、お釈迦さまの晩年ということで、BC4世紀初頭としておきます。

仏教の古い経典で使用されている言語は、「パーリ語」と呼ばれています。この言葉は、西南インドのウッジャイン付近の言語であるといわれています。アショカ王の時代（BC3世紀）、西南インドの中心、サンチーが、仏教教団の中で最も勢力のある上座部仏教の根拠地でした。上座部が、その地で300年間以上は、勢力が維持され持続されたのです。だから、その地での活動がしやすくするために、教えを語る言語、さらに経典で使用する言語を、その土地の言葉に代えていったのだと思われます。その地で普通に使われている言語を、次第に次第に、最も使用頻度の高いものとしていくことは、自然の流れであったろうと思われます。だから、上座部は、自らが保持する経典を、現在も「パーリ語」で保持しているのです。

今ここで、「古マガダ語」とか「パーリ語」とか言っていますが、異なる言語では全くありません。言語としては、全く同じと見てよいものです。日本語でいうと、方言といってよいレベルの違いです。

ただし、「パーリ語」は、自らの語形を頑固に保持してきた、特殊なものであると言えます。

パーリ語を頑固に護るのは、自分たちの護ってきた経典の正当性、つまり、最も古くから護られた経典であるということを明かす、最も確かな根拠となるものであるからなのです。

ここで、インドの言葉の中で最も権威あるものとして存在している「サンスクリット語」のことを、解説しなくてはいけません。まず、インドにある古い言語として確認されるのは、ヴェーダを音として記述している言語、「ヴェーダ語」です。この当時は、文字にされている言語はインドにはありませんでした。このヴェーダ語は、現在も音として、記憶から記憶へと伝わっているとされているものなのです。インドの人の、この自分たちのアイデンティティーを護る情念は、世界中のどの民族をも圧倒して強固なものがあります。

「サンスクリット語」は、BC4世紀に、文法が規定され、体系が固定化された、最初から権威ある言語としてつくられたものです。祖語であるヴェーダ語を元にして、さらにその当時話されていた、各言語（方言のようなもの）のすべての標準言語となるように作られたものです。このような言語は、世界中、どこにも存在していません。そして現在に至るまで、その文語としての、そして、標準言語としての価値を、インドの中でずっと保持しているのです。

サンスクリット語が作られた当時、話されていた言葉は当然、話し言葉、口語です。口語は当然、地方によって共通の特徴を持ちます。日本語で言えば、方言のようなものです。それが、古マガダ語、パーリ語がそれに相当します。

最初仏教で使われた原語も、ジャイナ教で使われた原語も、マウリヤ王朝で使われた言葉もみんな、口語です。ただ、使われた場所によって、そして、使われた時代によって少しずつ違っていたということです。

そして、仏教が西北インドのガンダーラ（パキスタン北西部）で約３００年間、ある程度の勢力を維持していた時があったので、その時代にガンダーラで作られた、編纂された経典には、「ガンダーラ語」の特徴が残っているということがあるのです。ガンダーラ語もしっかり、これがガンダーラ語と確定された言語というものではありません。その当時、その場所で使われた、ある特徴を持った言葉ということです。ただ、この地方では、文字の問題がそれに少し絡んできます。カロシュティー文字です。一旦、文字になった言葉を発音すると、少し音が変化するということがこの文字には起こりうるということが分かっています。

かの非常に特殊な「パーリ語」のことは除外すると、紀元前後からＡＤ３世紀頃まで、仏教界で最も普通に使われていた言語は、「仏教混交語」といわれる言葉です。いわゆる、ハイブリッドです。これは、サンスクリット語の規定、文法の決まり事が少し崩れたように見える言語です。それで、混交語というのです。しかし、そのように感ずるのは、本当は逆です。自分たちの普段使っている言葉を少しきちんとしなくてはという感じで、サンスクリット語のことを意識して記述された言語なのだと思います。

今、言語のことを、いろいろ区別して言いましたが、今ここに取り上げた言語もすべてインド語です。大枠では、単語も文法もほとんど一致しています。

そして、AD3世紀頃から少しずつ、仏教界で使用する言語のサンスクリット化が始まります。AD4世紀頃からは本格化します。

しかし、すべての典籍が完全なサンスクリット語に置き直されたのではありませんでした。そのまま、仏教混交語のままのテキストが残ったもの、ものすごく少ないですが、ガンダーラ語のテキストが残ったものもあります。サンスクリット語になったものの、仏教混交語の残滓を色濃くとどめているものもあります。


この辺りのことで、非常に微妙で、気をつけなければならないことがあります。それは、それらのテキストが北へ向かい、東へ進んで、中国へ入る時期と、インド世界で、またはその中間地域で、それらの言語が代わっていった時期とが重なっていることです。ですから、中国世界でそれらの経典が漢訳された時の元になるテキストが、何語であったのかについての、しっかりした把握が非常に重要になるのです。

それともう一つ、忘れてはならないことがあります。仏教経典が漢訳される時の最初期（伝説的ではありますが、AD1世紀を含めることにします。一般的には、AD2世紀、AD3世紀初頭までの間）には、訳される元のものであるそのテキストが、しっかり文字に書かれてあったものかどうかが分からない、ということです。このことは、初期の漢訳経典を読む時に絶えず、気にしておかなければならないことだと思います。

学者の方の中でも、漢訳された元のものは、サンスクリット語を元にしたテキストがあって、それが翻訳されたのだと無意識にそういうものだと思っておられる方があります。そのようなことを前提にすると、漢訳の時の事情がものすごく混乱してしまうのです。そういった印象を持つ著作、論文を見ることがあります。

それでは、「テキストが、しっかりした文字に書かれてあったものかどうかが分からない」とはどういうことなのでしょうか。

それは、初期の大乗仏教経典が出来上がる、その経緯に関わってきます。どのようにして出来上がっていったのでしょうか。

まず、出家僧たちが、経典の創作、編纂を行って、そのもののそのグループの中での共有化が行われ、その後、他のグループにこれを経典とすることについての同意（実際は、同意ではなく、反対されないことで、同意されたとみなすのだと思います）を求めて、それが認められれば、経典ということになります。

この時点では、まだテキスト化されていないことが有り得るのです。その時期のものが、出家僧の移動と共に、中国世界に移動するということが有り得るのです。

それともう一つ、しっかりした、テキストになっていないものが、中国世界に入り、それが漢訳されることもあったと考えられます。その時は、当然、そのしっかりしていないテキストを暗誦できる出家僧が中国世界に移動していないと、漢訳が行われるはずがありません。

私が思うに、AD3世紀までは特にそうした状況があったように思います。それ以降、AD5世紀初頭までは、このくらいになると非常に頻度は少ないと思われますが、そういう状況も有り得たと思っています。

この5世紀中頃以降は、こういう兆候は全く感じることはなくなっていきます。これ以降は、スポンサー（王朝）がついて、商人がもたらした経典（商品）の翻訳が行われることが、ほとんどになっていくのです。翻訳の質はどんどん悪くなっていきます。

参照文献

『浄土三部経 下』中村元 早島鏡正 紀野一義 岩波文庫 1964年

『梵文和訳無量寿経・阿弥陀経』藤田宏達 法蔵館 1975年

『阿弥陀経講究』藤田宏達 東本願寺 2001年

『梵文無量寿経・梵文阿弥陀経』藤田宏達　法蔵館　２０１１年
『シリーズ大乗仏教5　仏と浄土　大乗仏典Ⅱ』春秋社　２０１３年

参考文献

『関西大学東西学術研究所紀要　第五一輯「中国仏教の確立と仏名経」』山口正晃　２０１８年

第3章　華

漢訳無量寿経（大無量寿経）

この「本当の仏教の話　枝葉編　第3章　華　漢訳無量寿経」は、漢訳無量寿経の、その中身のことだけお話しします。そして、その中身が少しでも分かるように、構成の図表化もしてみました。

ここでいう漢訳無量寿経とは、紀元４２１年に、中国人の宝雲と、インド人のブッダバドラが、今の南京の郊外で中国語に翻訳したもののことです。

第1節　漢訳無量寿経というものとは

1　漢訳無量寿経の大まかな構成とその内容

☆無量寿経《全体の区切り・章名》を新しく私が付けてみました。

無量寿経全体の内容を概観できるように、全体を区切り、内容を表すために、章名を付けました。

まず、一番最初に、全体をAからQまで、17に区切って、簡単な章名を付けました。その章の中をまた区切ってあるところもあります。ここの区切り、章名は、伝統的な区切り章名である科文（かもん）とは全く別物です。

（　）内の数字は東本願寺出版部発行の『真宗聖典』のページです。《　》は本願寺出版社発行の『浄土真宗聖典註釈版第二版』のページです。

【漢訳無量寿経の構成表】

〈上巻〉

Lの、(2)第一の悪から(6)第五の悪までの所の、「報い」、「輪廻」、「悪・善」は同じような言い回しになっています。私は、「報い」の部分を「準定型1」、「輪廻」の部分を「定型2」、「悪・善」の部分を「定型3」と呼びたいと思います。第一の悪から第五の悪まで、同じような内容が繰り返されているということです。いわゆる五悪段と呼ばれている所には、こういう構造があるということには留意すべきです。無量寿経の他の箇所にはこのようなものはありません。(『大阿弥陀経』として)漢訳される前、または漢訳される時の特殊な事情によるべきものと考えます。詳しくは、「枝葉編　第3章　第2節　1　三毒・五悪段」をご覧下さい。

2　他の漢訳、Skt. テキストとの比較

以下は、先の【漢訳無量寿経の構成表】の内容が、他の漢訳経典、またはサンスクリット語(Skt.)テキストに存在しているか否かを示したものです。他の漢訳経典として比較したのは、「大阿弥陀経」と「平等覚経」のみとしました。

※凡例

↑「大阿弥陀経」にはない(▼)あるが薄い(▽)

↑の左方向の位置に、▼が打ってある章(または内容)が、「大阿弥陀経」にはないことを表しています。

↑「平等覚経」にはない（▼）あるが薄い（▽）

↑の左方向の位置に、▼が打ってある章（または内容）が、「平等覚経」にはないことを表しています。

↑サンスクリットにはない（▼）

↑の左方向の位置に、▼が打ってある章（または内容）が、「サンスクリット」にはないことを表しています。

例えば、Bテーマ「菩薩」は、「大阿弥陀経」、「サンスクリット」には存在しないことを表しています。

《上巻》

A　序文　（1頁）

▼

B　テーマ「菩薩」　（2頁）

▼

C　本編の始まり　（6頁）

D

「法蔵比丘」ストーリー

(1) はるか昔、47番目の仏陀。世自在王仏（9頁）

(2) 世自在王仏と出会い、法蔵比丘となる（10頁）

(3) 世自在王仏を誉め讃える

嘆仏偈（11頁）

(4) 広く教法を説かれることを願う（13頁）

(5) 五劫思惟して、行を摂取する（14頁）

(6) 四十八願（15頁）

第一願から第二十五願まで

第二十六願から第四十八願まで

(7) 重誓偈（25頁）

(8) 法蔵菩薩、大願に依って修行

(9) 法蔵菩薩と呼称が変わり、十劫の昔、仏陀となられる

現在、西方十万億刹、「安楽」と呼ばれる国土におられる（28頁）

E

仏国土（ぶっこくど）（阿弥陀仏のおられる世界）（29頁）

(1) 仏国土（29頁）

▼
②　④

(2) 光明（30頁）
(3) 寿命（31頁）
(4) 声聞・菩薩の数（32頁）
(5) 樹（33頁）
(6) 道場樹（35頁）
(7) 音楽（36頁）
(8) 講堂
(9) 浴池（36頁）
(10) 往生する者（39頁）
説教（40頁）
（乞人、帝王のたとえ）
(11) 宝（41頁）
(12) 華（42頁）

右の①は、「平等覚経」にはある、
右の②は、サンスクリットでは、HとIの間にある、右の④は、サンスクリットでは、ごく短く簡単に記載されていることを示しています。

↑大阿弥陀経にはない（▼）あるが薄い（▽）

↑の左方向に、▼が打ってある章（または内容）が、大阿弥陀経にはないことを表しています。

↑サンスクリットにはない（▼）

↑の左方向に、▼が打ってある章（または内容）が、サンスクリットにはないことを表しています。

《下巻》

F　彼の国に生まれる（44頁）

(1)　彼の国に生まれる（44頁）

(2)　上中下、三種類の人々（三輩）（44頁）

G　威神無極　諸仏称歎（46頁）

H　十方の菩薩衆（46頁）

（東方偈〈往観偈〉）（47頁）

I　この経を聞くことは難しい（49頁）

③

(8) 教える人、教えられる人。切なる思い（65頁）

(9) 弥勒、決意表明（65頁）

L （一切の）世の人への説教

この世間【五悪】の中で獲べし（66頁）

(1) この世はたいへん（66頁）

(2) 第一の悪　弱肉強食（66頁）

(3) 第二の悪　人を欺く（68頁）

(4) 第三の悪　不良　やりたい放題（69頁）

(5) 第四の悪　おごり、憍慢、悪口（71頁）

(6) 第五の悪　教えられてもボケーッ（73頁）

(7) 罪悪の招くところ（75頁）

(8) 善を為せ（76頁）

(9) 弥勒、その通りにします（79頁）

M 阿難、仏に見える（79頁）

N 仏智疑惑（胎生）（80頁）

⑤Skt.Ajita　大経　慈氏（～82頁）

▽

O　十方国土の菩薩等が往生する（84頁）

P　この経（86頁）

Q　終章（87頁）

右の③は、サンスクリットでは、最後部（無量寿経の相当箇所PとQの間）にある。

右の⑤（注1）は、これ以降のサンスクリット本には、「呼びかけのAjita（アジタよ）」が多用されている（アジタは弥勒の別名）ことを示しています。

この部分と同じく、法華経サンスクリット本14章から17章（鳩摩羅什訳第十五から第十八）〈法華経第2類（注4）〉（注3）にも、「呼びかけのAjita」が多用されています。

無量寿経の指摘した部分と、法華経の指摘した部分が、インドの同じ地域で、同じ時間を過ごしたような感じがします。そして、阿弥陀経（注2）も含めて考えてみたいのです。時代はクシャン朝、2世紀、中インド西北部と推測します。それぞれの経典の編集、テキスト化、サンスクリット化が行われたのかもしれません。

【無量寿経における「maitreya（マイトレーヤ）、Ajita（アジタ）の訳語『弥勒、慈氏、阿逸多』について」】

注1　無量寿経での訳語は、「弥勒」となっているのは24カ所（以下、『真宗聖典』のページです）。57、62、63、64、64、65、66、75、76、78、79（57〜79は、Skt. に対応箇所はありません）、82、82、83、83、84、84、84、84、85、86、86、87、88頁（82〜88は、Skt. では、「Ajita」となっています）にあります。

「慈氏」となっているのは5カ所。2頁（Skt. では、「maitreya」となっています）、80、81、81、82頁（80〜82は、Skt. では、「Ajita」となっています）にあります。

注2　阿弥陀経の訳語は、「阿逸多」1カ所。125頁（Skt. では、「Ajita」となっています）

注3　法華経のSkt. には、「maitreya（マイトレーヤ）」は、25カ所。

（以下、『梵漢和対照　法華経』植木雅俊訳　の索引を参考にさせてもらいました。ページは、その本の和訳部分のページです。責任は、すべて筆者にあります。（）の中は漢訳語です。（）の中がない箇所は、漢訳語が存在しないことを表しています。）

上7頁（弥勒）、13（弥勒）、15（弥勒）、15（弥勒）、29（）、29（弥勒）、51（弥勒）、下191（弥勒）、191（弥勒）、199（弥勒）、199（弥勒）、201（弥勒）、205（弥勒）、205（）、209（弥勒）、223（弥勒）、225（弥勒）、255（弥勒）、259（弥勒）、263（弥勒）、293（弥勒）、293（）、293（）、297（弥勒）、565（弥勒）にあります。

「Ajita（アジタ）」は、33カ所。

上33、43、下199（阿逸多）、199（）、201（阿逸多）、201（）、255（阿逸多）、263（阿逸多）、263（）、263（）、

269（阿逸多）、269（阿逸多）、269（　）、273（　）、273（　）、273（　）、275（阿逸多）、275（　）、275（阿逸多）、293（阿逸多）、297（　）、297（　）、297（　）、297（　）、299（弥勒）、299（　）、299（　）、299（阿逸多）、299（　）、301（阿逸多）、301（阿逸多）、303（　）、303（阿逸多）にあります。

注4「幹編　第5章　第2節　6　法華経　(2)法華経の構造」参照。

⑤大経の82～88頁までは、サンスクリット本では、「Ajita」となっている。しかし、訳語は、大経（80～82頁）では、「慈氏」となっている。それ以降は、「弥勒」となっている。82頁より前は、すべて「弥勒」となっている。ただし、大経の最初の箇所のみ、「阿逸多」となっている。

☆大経（80～82頁）の部分の訳者は、その後の部分の訳者とは異なっている可能性がある。後の部分の訳者は宝雲なのかもしれない。仏陀跋陀羅の関知していない部分なのかもしれない。

【漢訳のミニスケッチ】

ここの辺りの訳語の関係を見ていくと、共訳は間違いがないと思います。まず宝雲が、無量寿経の中心の素稿を作り、仏陀跋陀羅の意見を聞き、直しながら、煮詰めていったのだと思います。そして、仏陀跋陀羅に敬意を払うという意味を込めながら、最後の所は、仏陀跋陀羅に漢訳をお願いしたのではないかと思います。

3　解説　無量寿経の七つの、異なるテキスト

無量寿経の七つの異本についての解説をします。

無量寿経を含めて漢訳5本、それと、サンスクリット本、チベット語訳を入れて、異本は全部で七つあります。

以下、『大阿弥陀経』、『平等覚経』、『無量寿経』の訳者、訳出の年代は異説があります。後出の藤田宏達先生の著書を元にして、さらに私が訳語などの比較を行い、出した結論を述べたものです。したがって、責任は私にあります。

①『大阿弥陀経』
正式な経名は『阿彌陀三耶三佛薩樓佛檀過度人道經』ですが、古来より略称として、『大阿弥陀経』と呼ばれているので、略称を用いることにします。

訳者は、支謙（呉）（月支国居士）。222年訳出。

②『平等覚経』

正式な経名は『無量清浄平等覺經』です。略称として『平等覚経』を用います。

訳者は、帛延（曹魏）（亀茲出身）。258年頃訳出。
③『無量寿経』　『無量壽經』
佛陀跋陀羅（北インド出身）と寶雲（宝雲）（中国河北の人、廬山にて修学）の共訳。

421年、宋都健康の道場寺、または健康郊外の六合山寺にて訳出。

宝雲は、法顕と同じ時期に仲間と共に、インド、ガンダーラに到達し、そこでしばらく修学をして、帰国。

仏陀跋陀羅は406年、中国に入り、しばらく長安にとどまったが、そこを排斥され、南都、健康に至る。

宝雲は帰国後、長安にて仏陀跋陀羅に師事し、後、南都健康に行き、仏陀跋陀羅と共に『無量寿経』を訳出。

仏陀跋陀羅は、『摩訶僧祇律』（416年訳出）、『六十巻華厳経』（420年訳出）の訳者でもあります。
④『如来会』　『無量壽會』
訳者は、菩提流支（唐）。

706年から713年の間に、長安の西常福寺にて訳出。『大宝積經』巻十七・巻十八。
⑤『サンスクリット本』

⑥『荘厳経』『大乗無量壽荘厳經』
訳者は、法賢（宋）。９９１年、開封の大平興国寺西に建てられた訳経院にて訳出。
⑦『チベット訳』
8世紀から9世紀に訳出。

参照文献
『原始浄土思想の研究』藤田宏達　岩波書店　１９７０年
『浄土三部経の研究』藤田宏達　岩波書店　２００７年

4　漢訳無量寿経の形成（成り立ち）
漢訳無量寿経が出来上がるまでの歴史

４００年間の無量寿経形成の過程（プロセス）
最初から、申し訳ありません。以降、⑴から⑶まで、「成り立ち」について、いろいろ書きましたが、完成はしておりません。それを文章に書くと、無味乾燥なものに受け取られてしまいやすくなりそうなのです。現時点では、それは、やめることにします。

今、出来上がっていますのは、(4)の『大阿弥陀経（書き下し文）』だけです。これにしっかり触れていただくのが、皆さんの中で、最もよい「漢訳無量寿経の形成」がされるものであると信じています。

私のメモ図表を再掲載します。これが私の現時点での答えです。手書きのもので申し訳ありません。参考になさって下さい。

(1) ここでは、漢訳無量寿経がどのようにして出来上がったのか、の話をします。

ここで言う「漢訳無量寿経」は、421年に南京郊外で、宝雲と仏陀跋陀羅によって中国語訳された『佛説無量壽經』のことです。

ここでは、『大阿弥陀経』（222年、支謙訳）、『平等覚経』（258年頃、帛延訳）、『無量寿経』（421年、宝雲、仏陀跋陀羅共訳）、『サンスクリット語本』を中心に比較、対照しながら、漢訳無量寿経の成り立ちを考えていきたいと思います。

『サンスクリット語本』を参照する時は、必ず『如来会』（706年、唐菩提流支訳）も参照しています（注1）。

ここに、挙げましたのは、すべて無量寿経の異訳、または、インド語本です。つまり、無量

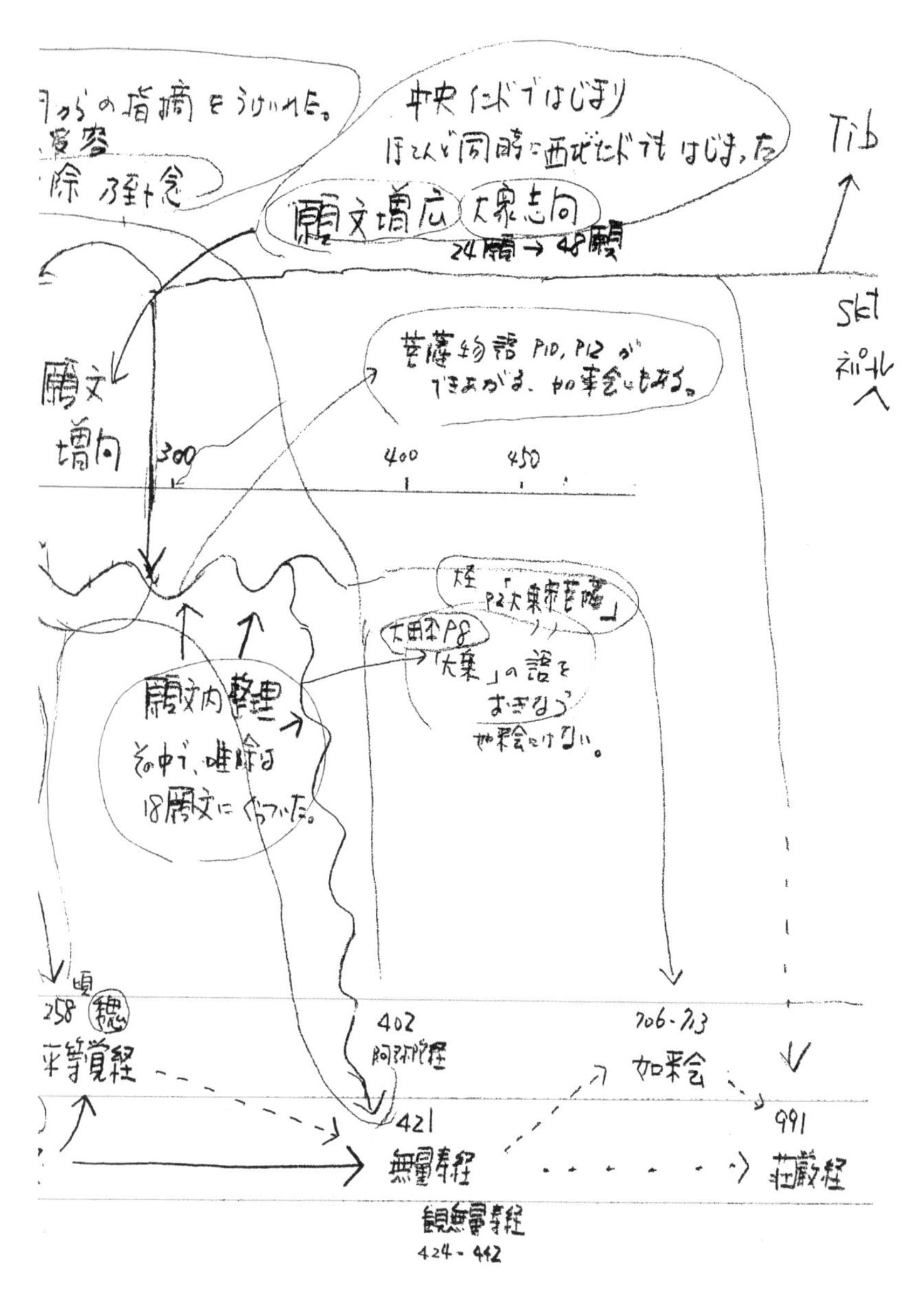
からの指摘をうけいれた。
中央インドではじまり
ほとんど同時に西北インドでもはじまった
願文増広
大衆志向
24願→48願
Tib
Skt
ネパールへ
願文
増広
菩薩物語 P10, P12 が
できあがる、如来会にもある。
300
400
450
「P2大乗菩薩」
大田本 P8
「大乗」の語を
おぎなう
如来会にはない。
願文内整理
その中で、唯除は
18願文にくっついた。
258
平等覚経
402
阿弥陀経
706-713
如来会
421
無量寿経
991
荘厳経
観無量寿経
424-442

ぶ入る

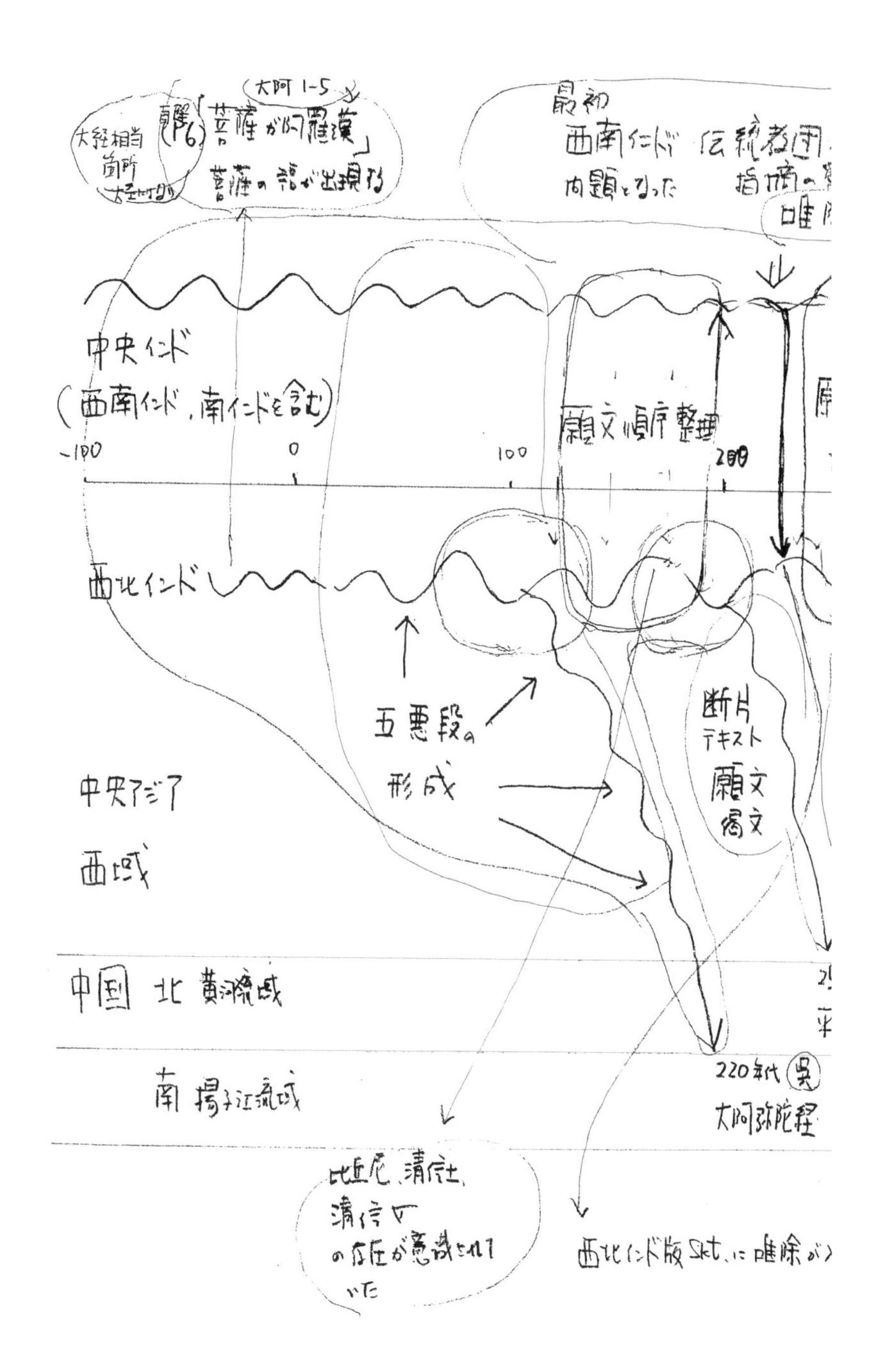
大阿 1-5
「菩薩が阿羅漢」
菩薩の語が出現する
最初
西南インド 伝統教団
中央インド
(西南インド、南インドを含む)
-100
0
100
200
西北インド
五悪段の
形成
断片
テキスト
中央アジア
西域
中国 北 黄河流域
南 揚子江流域
220年代 呉
大阿弥陀経
比丘尼、清信士、
清信女
の存在が意識されていた
西北インド版Skt.に唯除が

寿経には、紀元222年から紀元706年の間にテキストとして確定されたものが、五つあるのです。

さらに、ここでは表に出して論じてはいませんが、『阿弥陀経』(402年、鳩摩羅什訳)(サンスクリット語本もあります)も考慮に入れています。これは、無量寿経とは別のものです。

無量寿経と阿弥陀経は、阿弥陀仏関連の双璧をなす経典です。両者共に、インド起源の経典です。インド語本も伝わっています。

☆成り立ちを作るまでの作業手順についてお話しします。

① 漢訳無量寿経をしっかり読み込んでいきます。その時には、サンスクリット語本も読み込んで、漢訳無量寿経の言わんとするところをはっきりさせます。漢訳無量寿経、サンスクリット語本との間の異同をチェックします。サンスクリット本を読む時は、『如来会』を参照します。

この時は、他の異訳は、参考程度に広げておくようにします。

無量寿経の段落分けをします。伝統的にある「科文」は参考程度にします。それに引っ張られることのないようにします。

段落にアルファベット記号を打ちます。AからQまでの17段落になりました。その段落に内容を表すタイトルをつけます(注2)。

② 無量寿経の最古の漢訳『大阿弥陀経』、2番目に古い漢訳『平等覚経』の異同をチェッ

クします。その前に、すべて、漢訳を書き下し文にしておきます。その上での作業となります。その過程で、『平等覚経』は、『大阿弥陀経』の中の改訂部分（漢訳）を反映させた訳本であり、その大部分は、『大阿弥陀経』をそのまま取り入れたものであるということが分かりました。そこで、『大阿弥陀経』については、しっかりした意味部分で区分けして、それにナンバーを打ちました。こうすることによって、『大阿弥陀経』のどの部分が、『平等覚経』にそのまま取り込まれているかが、一目瞭然になります。

そうすることで、最も古いと確定された、『大阿弥陀経』の意味部分が、漢訳無量寿経のどこに反映されているのか。サンスクリット語本のどこに反映されているのか、そういう作業が厳密に行えるようになります。

③ 漢訳無量寿経を読みながら、『大阿弥陀経』、『平等覚経』との異同をチェックします。この作業は、最も精緻な手順が必要です。特に、『大阿弥陀経』と漢訳無量寿経との対照は、最も神経を使いました。

この時、先学の功績（注3）が非常に参考になりました。しかし、私は、最初、それを参考にしながら作業を進めていましたが、どうにも納得のいかない箇所が出てきました。それからは、作業が終わってから見るようになりました。それらの影響はないところで、異同のチェックをしたということです。

④　①から③までの作業を進めていくと、年代順にいろいろなことが行われてきて、無量寿経が出来上がってきたことが、最初はぼんやり、次第にはっきりしていきます。それらを少しずつメモしていき、そのメモ間での先後の判定などをしていくことによって、無量寿経の内容の成り立ち、その輪郭が姿を現してきます。このことを、時間をかけて、繰り返して行います。

⑤　このようにして、「無量寿経の、時代順の成り立ち」が出来上がってきます。

これを、無量寿経以外の大乗仏教経典の成立の状況とすりあわせることをします。私が参照した経典は、初期般若経、般舟三昧経、華厳経、維摩経、法華経です（「幹編　第5章」などをご覧下さい）。それと、もう一つ、阿弥陀経（注4）です。阿弥陀経を読み込むことで、漢訳無量寿経の各内容の成り立ち、その年代の推定が、さらに確かさを増していきます。

注1　ここに挙げました、訳者、漢訳の年代の記述は、藤田宏達先生の説を元にしています。私なりの訳語の比較などを通して、最も信憑性の高い説であると思います。ここでは、年代の理解をしやすくするために、それをさらに簡略化して記述してあります。私の推測に基づいて行われています。学術的ではありません。

注2　「枝葉編　第3章　第1節【漢訳無量寿経の構成表】」本書229〜235頁

注3　香川孝雄『無量寿経の諸本対照研究』（永田文昌堂　1984年）。太田利生『漢訳五本梵本蔵

訳対照　無量寿経』（永田文昌堂　2005年）。サンスクリット部分の校訂は、香川本が至玉です。それを理解する能力は私にはありませんが。香川本は、サンスクリット語本を主にして、対照がなされています。

私のように、漢訳無量寿経を主にして、その吟味をするために他の異訳などを対照するには、太田本が便利に映ると思います。太田本は、漢訳無量寿経を主にして、対照がなされています。

ただ、この両者間にも違うところがあります。私の意見と違うところも、多々あります。

大阿弥陀経、平等覚経、漢訳無量寿経、サンスクリット語本の四者の対照を、是非なさって下さい。

注4　「枝葉編　第2章　第2節」に、阿弥陀経の年代などの話があります。参考になさって下さい。

無量寿経の世界、仏教の最も輝いた時代が広がっていくと思います。

(2) ここでは、結論だけを、述べさせてもらいます。なぜそうなったのか、詳しくは触れておりません。

ここを読まれる前に、読んでいただきたい所が二つあります。一つ目は、「阿弥陀仏信仰誕生までの流れ」（注1）です。これは、ここでの話の時代の、さらにそれ以前の話になります。無量寿経の最も古い原型が出来上がる以前の話が主眼です。

もう一つは、「無量寿経は、約400年間にわたる、長い持続した時間の中で、自らの経典の中身を吟味し続けてきました。」（注2）です。これは、ある一つの経典が、400年間絶え間なく中身を吟味しながら編集され続けてきたことを描いたものです。

後者を元にして、この「漢訳無量寿経の形成（成り立ち）」は書かれています。

ただし、ここでの描き方は、漢訳無量寿経のどの部分が、いつ頃、どういった場所で、どういう人たちによって作られたのか、という視点で描いています。内容が重複するところは多いですが、読みやすいものになっているかとも思います。

注1 「幹編 第5章 第2節 2 般舟三昧経 (4) 阿弥陀仏信仰誕生までの流れ」

注2 「幹編 第6章 第2節 (1) 無量寿経は、約400年間にわたる、長い持続した時間の中で、自らの経典の中身を吟味し続けてきました。」

(3) 『大阿弥陀経』が出来上がる（注1）までの道のり

漢訳無量寿経はとてもユニークな経典です。約400年間、一つの経典にこだわって、それを大事にして、中身の吟味を続けたのです。このことは、他の経典を見てみれば、明らかです。

例えば、最も古い大乗経典といわれている般若経の場合で言えば、早い時点（紀元後1世紀から2世紀にかけて）で増広が見られる点です。増広というのは、繰り返し、列挙などを用いて、経典の分量を増やすことを言います。これは、経典の中身を解説するために行われたものでないことは、読んでいただければ明らかです。たぶん、般若経という経典そのものに対する信仰が起こった時に、始まったのだろうと思われます。「般若経」そのものを礼讃するために、増広が行われたのだろうと思われます。完全に見映えの問題なのです。その増広は、最初期の般若経典といわれているものにも出現するのです（注2）。漢訳無量寿経には、増広はほとんどありません。

もう一つ例示します。それは、大乗の至極と讃えられる、法華経です（注3）。法華経は、その中身を3種類に分けることができます。ここでは、その三つ目の話をします。この三つ目の部分は、法華経の本筋ではないという方もおられます。ただ一つ確実に言えることは、三つ目の部分は、法華経の中で最も新しく取り入れられたものであるということです。それらの中で最も分かりやすいのは、陀羅尼（だらに）（現代の私たちからすると呪文のようなもの）の列挙されている章です。こういったものが、後から法華経の中に取り入れられたということは明らかです。

これについて私は、法華経の中心部分を作った人たちとは別の動機があったと、言うしかありません。

今、二つの例だけを取り上げましたが、他の初期大乗仏教経典についても同じようなことが言えるのです。

ただ、「無量寿経」だけが違っているのです。

「無量寿経」だけが、最初から最後まで、「無量寿経」なのです。

ここでは、私が「無量寿経」として取り上げるのは、大阿弥陀経、平等覚経、無量寿経、サンスクリット語本、如来会の五つだけにします。

注1　テキストとしての大阿弥陀経が成立するまでの200年間については、「紀元前100年頃からの200年間の動き」（「幹編　第5章　第2節　(6)」）をご覧下さい。
注2　ここで、最初期の般若経典と言っているのは、八千頌般若経、道行般若経のことです。これらも、その古層は紀元前後までは遡れそうですが、その中の新しい層は、紀元100年頃かもしれません。増広は、たぶん、新しい層に属するものであると思います。私が、ここで強調したいのは、そんな、般若経の成立の初期に、既に増広が行われている事実なのです。
注3　初期大乗仏教経典の解説は、「幹編　第5章」をご覧下さい。

☆☆
★ (4)　大阿弥陀経（書き下し文）

☆☆【大阿弥陀経の書き下し文とその注釈】

（『真宗聖教全書』の訓読を参考にして、漢文を書き下し文にしたものです。すべて、責任は筆者にあります。）書き下し文は太字にしてあります。

書き下し文にする時に読まない文字（漢字）は、（者）のように文中に入れてあります。ところどころに読みがなを入れていますが、もっと適切な読みがあるのかもしれません。お許しください。

「▽」このマークは段落の区切りを表します。ただし、無量寿経との対応を考慮に入れての「段」となります。無量寿経のどこに当たるかを指摘します。

「▲」このマークのある、大阿弥陀経のこの場所に、他の四つのテキストの全部、または、一部において、何らかの段が存在していることを表しています。大阿弥陀経にはなく、他のテキストには何らかのものがあることを意味します。大阿弥陀経が出来上がってから、大阿弥陀経のこの位置に、後に、何らかのものが出来上がり、それが、他のテキストにおいて挿入されたことを表しています。

「▼」このマークは、大阿弥陀経の以降の部分が、他の四つのテキストの全部、または、一部において、存在しないことを意味しています。大阿弥陀経の以降の部分が、ある時期に削除されるということがあったことを意味します。その段の最後の所にも、▼が打ってあります。

※凡例

P…P．1

『真宗聖教全書一』三経七祖部　133頁。

ここに打ってあるページは、大阿弥陀経のみのページです。打ってある所までが、そのページに当たります。

《「P．300a》

この箇所より以降は、『大正新脩大蔵経』第十二巻　300頁上段」になります、という意味です。「a」は上段。「b」は中段。「c」は下段です。

無量寿経B段

無量寿経のB段を表します（アルファベットは、本書229頁〜235頁「枝葉編　第3章　華第1節　1【漢訳無量寿経の構成表】」によります）。

「無量寿経」

大阿弥陀経、平等覚経、無量寿経、無量寿経サンスクリット語本、如来会、無量寿経、それら全体を含めて、最終的に漢訳無量寿経になる。そういった大きな流れを表しています。

また、言い方を変えれば、先の五つのテキストの総体を表すこともあります。他の四つのテキストの中身が無量寿経の中に注ぎ込む、その流れ、そして、出来上がった無量寿経そのものを表すこともあります。

テキスト

私はこの本の中で、「テキスト」という言葉を、具体的な写本、刊本、の意味では使っていません。無量寿経には代表的テキストとしては四つあります、というような一般的な使い方をしていません。大阿弥陀経、平等覚経、無量寿経サンスクリット語本、如来会、これらの一つ一つを、一つのテキストと呼んでいます。文字テキストだけでなく、記憶されたテキストも含んでいます。

▽以降は、無量寿経のA段「序分」に相当します。

仏説阿弥陀三耶三仏薩楼仏檀過度人道経　巻上

呉月支国居士支謙訳

仏、羅閲祇の耆闍崛山の中に在ましき。

時に摩訶比丘僧万二千人有り。

皆、浄潔一種類にして、皆、阿羅漢なり。

賢者拘隣(1)、賢者抜智致(2)、賢者摩訶那彌(3)、賢者合戸(4)、賢者須満日(5)、賢者維末坻(6)、賢者不迺(7)、賢者迦為抜坻(8)、賢者憂為訶葉(9)、賢者那履迦葉(10)、賢者那翼迦葉(11)、賢者舎利弗(12)、賢者摩訶目揵連(13)、賢者摩訶迦葉(14)、賢者摩訶迦旃延(15)、賢者摩訶掲質(16)、賢者摩訶拘私(17)、賢者梵提(18)賢者邠提文陀弗(19)、賢者阿難律(20)、賢者難提(21)、賢者□(月偏＋甄)脾坻(22)、賢者須楓(23)、賢者蠡越(24)、賢者摩訶羅倪(25)、賢者摩訶波羅延(26)、賢者波鳩蠡(27)、賢者難持(28)、賢者満楓蠡(29)、賢者蔡掲(30)、賢者厲越(31)、是の如きの諸の比丘僧、甚だ衆多にして数千億万人なり(注1)。

悉く、諸の菩薩は、阿羅漢なり(注2)。無央数・不可復計にして、都て共に大会に坐す。皆賢者なり(注3)。

注1　ここに賢者31人の名前が列挙されています。表にして、対応を示します。筆者のメモです。参考程度にして下さい。〈無02〉は、無量寿経の2番目にあることを表します。〈阿03〉は、阿弥陀経の3番目にあることを表します。

（1）賢者拘隣（くりん）
（2）賢者抜智致（ばっちち）〈無02〉
（3）賢者摩訶那弥（まかなみ）
（4）賢者合戸（ごうし）
（5）賢者須満日（しゅまんにち）
（6）賢者維末坻（ゆいまたい）
（7）賢者不迺（ふない）
（8）賢者迦為抜坻（がいばってい）〈無10〉
（9）賢者憂為訶葉（ういかしょう）〈無11〉
（10）賢者那履迦葉（なりかしょう）〈無13〉
（11）賢者那翼迦葉（なよくかしょう）
（12）賢者舎利弗（しゃりほつ）〈無15〉

(13) 賢者摩訶目揵連(まかもくけんれん)〈無16〉

(14) 賢者摩訶迦葉(まかかしょう)〈阿03〉、〈無14〉

(15) 賢者摩訶迦旃延(まかかせんえん)〈阿04〉

(16) 賢者摩訶揭質(まかかつしつ)〈無17〉

(17) 賢者摩訶拘私(まかくし)〈無18〉

(18) 賢者梵提(ぼんだい)〈無20〉

(19) 賢者邠提文陀弗(ひんだいもんだほつ)

(20) 賢者阿難律(あなんりつ)〈無22〉

(21) 賢者難提(なんだい)〈Skt. 23〉

(22) 賢者□(けん)(月偏＋甄)脾坻(びてい)〈無24〉

(23) 賢者須楓(しゅふう)

(24) 賢者蠡越(らおつ)

(25) 賢者摩賀羅倪(まがらげい)〈無25〉

(26) 賢者摩訶波羅延(まかはらえん)〈無26〉

(27) 賢者波鳩蠡(はくら)〈無27〉

(28) 賢者難持(なんじ)

(29) 賢者満楓蠡（まんぷうら）
(30) 賢者蔡掲（さいかつ）〈無29〉
(31) 賢者厲越（らいえつ）

注2　「諸の菩薩阿羅漢は、」と読むのが普通ですが、意味的に「諸の菩薩は、阿羅漢なり」。このように私は読みたいと思います。

ここでは、「諸の菩薩」が主題です。菩薩の話をしているのです。ただ、菩薩が何者なのかというと、それは、「阿羅漢である。」ということです。前段で、「（摩訶比丘僧は、）皆、阿羅漢なり。」と言っているのと同じように、ということです。

この大阿弥陀経を語っている人たちの言いたいことは、「菩薩」のことです。聞いている人たちは、菩薩という言葉にそれほどこだわりはありません。最高の境地「阿羅漢」という言葉には敏感に反応をする人たちであったのでしょう。

大阿弥陀経の第2、9、10、11、12、14、16、21、22、23願に、「諸菩薩阿羅漢」とありますが、ここは、「諸の菩薩・阿羅漢」と読みます。

注3　大阿弥陀経の「諸の菩薩」は、唐突に出てきています。しかも、肯定的に、積極的に、その言葉を出しています。それを受け継ぐ者は菩薩の話をしなければならない。

ここに、無量寿経B段が作られた理由があるのでしょう。私は、無量寿経B段を「菩薩物語」と名付けました。

菩薩というものはね、こういうものなのですよ、という感じの話になっています。そして、その後半では、菩薩は諸仏世界の中にあり、菩薩があることによって諸仏が存在している。菩薩のあり方は、あらゆる者と同じ所にある、ということが説かれています。

無量寿経B段、「菩薩物語」は、大阿弥陀経には存在しません。平等覚経にも存在していません。サンスクリット本にも存在していません。しかし、如来会には存在しています。

これらのことから、この「菩薩物語」は、平等覚経成立（150年頃《著者推定》）より後に（150年から200年頃《著者推定》）、出来上がったことが分かります。如来会にあることから、サンスクリット本の一つとして成立したことが分かります。現存のサンスクリット本にないことから、それの入っていないサンスクリット本が別に存在したと思われます。

インド世界で、「菩薩物語」が出来上がったのですが、インド世界で、それのないテキストを保持した僧団があったということ、そして、そのテキストが現在伝えられたということでしょう。

▲この箇所に、無量寿経では、B段「テーマ『菩薩』」が存在します。

無量寿経、如来会には存在します。大阿弥陀経、平等覚経、サンスクリット語本には存在しません。直前の注3を参照して下さい。

▽以降は、無量寿経のC段「本編の始まり」に相当します。

時に仏坐して思息して正道を念じ、面に九色の光有りて、数千百変す。光色甚だ大明なり。阿難、即ち起きて更に袈裟を被(き)、前(かが)みて頭面を以て仏足に著(つ)け、即ち長跪叉手(ちょうきしゃしゅ)して、仏に問ひたてまつりて言(もう)さく。

「今日仏面の光色何を以てか時時に更に変じて明らかなること乃(いま)し爾(しか)るか。今仏面の光精数百千色にして、上下明好なること、乃し是の如くなる。我仏に侍(つか)へたてまつりてより已来、未だ曾て、仏面の今日の色の如くなる者有ることを見たてまつらず。我未だ曾て、三耶三仏の光明威神の、乃し爾るを見たてまつらず。独り当に意有るべし。願はくは之を聞かんと欲ふ。」

仏言はく。

「賢者阿難、諸の天神有りて汝に教ふるや、若しは、諸仏汝に教へて、今我に問はしむる者か。汝自ら善意従(よ)り《「P．300b》出でて仏に問ふか。」

阿難、仏に白して言さく。

P－－P．1

「諸の天神有りて我に教ふることなく、亦諸仏の我に教へて仏に問はしむることなし。我善心従り仏意を知りて仏に問ひたてまつるのみ。仏の坐起・行来・出入ごとに、至到せんと欲する所、当に作為する所、諸の教勅する所は（者）、我輒ち仏意の如し。今仏独り当に諸の已過去の仏、諸の当来の仏、若しは他方仏国の今現在の仏を念じ、独り展転して相思念したまふなるべし。故に仏の面色光明、乃し爾るのみ。」

仏言はく。

「善い哉、善い哉。賢者阿難、汝が問へる所は（者）、甚深にして大いに快し。度脱する所多し。若(なんじ)が仏に問へるは（者）、一天下の阿羅漢・辟支仏を供養し、諸天・人民及び蜎飛(えんぴ)・蠕動(ぜんどう)之類に布施すること累劫ならんに勝れること百千億万倍なり。」

仏言はく。

「阿難、今、諸天・世間の帝王・人民及び蜎飛(えんぴ)・蠕動(ぜんどう)之類、汝皆之を度脱す。」

仏言はく。

「仏は威神甚だ重くして当り難し。汝が問へる所は（者）、甚深なり。汝乃(いま)し慈心ありて、仏所に於て諸天・帝王・人民、若しは比丘僧・比丘尼・優婆塞・優婆夷を哀れむこと、大いに善し。当に爾(なんじ)皆之を過度すべし。」

仏、阿難に語りたまはく。

「世間に優曇樹有り、但実有りて華有ることなし。天下に仏有ます、乃し華有りて出ずるが如し。
世間に仏有ませども、甚だ値ふことを得ること難し。
今、我、天下に出でて仏と作れり。若し大徳有りて、聖明善心にして、予て仏意を知るに、
妄りに仏辺に在りて仏に侍へざれ。」

注釈　この段は、本編の始まりです。

仏陀（釈尊）の表情が、いまだかつてないほど輝いていることに阿難が気づきます。そして、どうしてそのように輝いておられるのか、尋ねます。

それに対して、あなた自身が気づき、問いかけた、そのことが素晴らしいことなのですと、釈尊は阿難を讃えます。

これは出会いの問題です。仏陀に「値う」、そのことの何と難しきことなのか。

そして、仏陀に出会えたのであるなら、無為に過ごしてはならない。仏陀の気持ちを知れば知るほど、「値う」ことがかなうのです。ここからが、本章の始まりです。

▽以降は、無量寿経のD段「法蔵比丘ストーリー」に相当します。

仏阿難に告げたまはく。

「前の已過去の事、摩訶僧祇より已来、其の劫無央数にして、復計ふべからず。乃ち爾の時過去の仏有ましき、『提和竭羅』（錠光如来）（1）と名く。次に復、仏有ます、『栴陀倚』（2）と名く、已に過ぎ去りたまいき。次に復、仏有ます、『須摩扶劫波薩多』（3）と名く、已に過ぎ去りたまいき。次に復、仏有ます、『維末樓』（4）と名く、已に過ぎ去りたまいき。次に復、仏有ます、『阿難那利』（5）と名く、已に過ぎ去りたまいき。次に復、仏有ます、『那竭脾』（6）と名く、已に過ぎ去りたまいき。次に復、仏有ます、『者梨倶遰波羅夜蔡』（7）と名く、已に過ぎ去りたまいき。次に復、仏有ます、『弥離倶樓』（8）と名く、已に過ぎ去りたまいき。次に復、仏有ます、『軷陀尼』（9）と名く、已に過ぎ去りたまいき。次に復、仏有ます、『朱蹄波』（10）と名く、已に過ぎ去りたまいき。次に復、仏有ます、『凡扶坻』（11）と名く、已に過ぎ去りたまいき。次に復、仏有ます、『堕樓勒耶』（12）と名く、已に過ぎ去りたまいき。《P．300c》次に復、仏有ます、『栴陀扈斯』（13）と名く、已に過ぎ去りたまいき。次に復、仏有ます、『須那惟干沙』（14）と名く、已に過ぎ去りたまいき。次に復、仏有ます、『拘還弥鉢摩耆』（15）と名く、已に過ぎ去りたまいき。次に復、仏有ます、『屍利滑歧』（16）と名く、

P…P．2

已に過ぎ去りたまいき。次に復、仏有ます、『摩訶那提』⑰と名く、已に過ぎ去りたまいき。次に復、仏有ます、『耆頭摩提』⑱と名く、已に過ぎ去りたまいき。次に復、仏有ます、『羅隣祇離』⑲と名く、已に過ぎ去りたまいき。次に復、仏有ます、『兪樓倶路蔡』⑳と名く、已に過ぎ去りたまいき。次に復、仏有ます、『満呼群尼鉢賓(ひん)頞』㉑と名く、已に過ぎ去りたまいき。次に復、仏有ます、『旃陀遬(そく)』㉒と名く、已に過ぎ去りたまいき。次に復、仏有ます、『旃陀蔡拘兮』㉓と名く、已に過ぎ去りたまいき。次に復、仏有ます、『潘波蠡頬尼』㉔と名く、已に過ぎ去りたまいき。次に復、仏有ます、『軷波惒斯』㉕と名く、已に過ぎ去りたまいき。次に復、仏有ます、『阿術祇陀掲蠡』㉖と名く、已に過ぎ去りたまいき。次に復、仏有ます、『勿署提』㉗と名く、已に過ぎ去りたまいき。次に復、仏有ます、『質夜蔡』㉘と名く、已に過ぎ去りたまいき。次に復、仏有ます、『曇摩頞提』㉙と名く、已に過ぎ去りたまいき。次に復、仏有ます、『篩耶維頞質』㉚と名く、已に過ぎ去りたまいき。次に復、仏有ます、『樓耶帶』㉛と名く、已に過ぎ去りたまいき。次に復、仏有ます、『僧迦羅弥樓迦帶』㉜と名く、已に過ぎ去りたまいき。次に復、仏有ます、『曇昧摩提阿維難提』㉝と名く、已に過ぎ去りたまいき。」

注釈　永遠の昔、「提和竭羅(だいわかつら)」（錠光如来(じょうこう)）がおられました。原名はディーパンカラ

（Diipaṅkara）で、定光仏、燃灯仏とも言います。その意味は、「灯火をともす者」です。釈尊がブッダになられるはるか昔、錠光如来が通られる道のぬかるみに釈尊自らの髪の毛を敷き、身体を横たえて通っていただいた、その逸話は有名です。そして、錠光仏は、釈尊が未来には仏になると予言されたのです。

次の「樓夷亘羅」、つまり世自在王仏の前には、三十三仏がおられたことになります。平等覚経では、三十六仏、無量寿経では、五十三仏がおられたことになっています。つまり、少しずつ盛られていったことが分かります。

サンスクリット語本では、錠光如来から、世自在王如来までに、錠光如来含めて八十仏おられたことになっています。

この、過去の仏陀の数の盛られ方だけから考えると、歴史的順序は、大阿弥陀経の原テキスト、平等覚経の原テキスト、無量寿経の原テキスト、サンスクリット語本ということになります。ただし、サンスクリット語本だけ、事情が異なっています。漢訳の三つ、大阿弥陀経、平等覚経、無量寿経は、錠光如来が最も古い仏陀として描かれ、次第に新しい仏陀になっていきます。「次に名づく」、「次に有ます」という表現になっています。

サンスクリット語本では、錠光如来が最も新しい仏陀として描かれ、次第に古くなっていきます。「pareṇa parataram」、「よりさらに前に」という表現になっています。これは、より過去の方向へ向かって数えていくことになります。こちらの方が原意であると思います。
中国での権威のある者からの連綿たる系譜を命とする性向によるものであると思います。漢訳者たちは、何も迷わず、このような訳にしたのだと思います。

仏、阿難に告げたまひき。

「次に復、仏有(い)ましき。『樓夷亘羅』(34)と名けたてまつる。世間に在(い)まして、教授したまふ、寿四十二劫なり。

乃ち、爾の時、世に大国王有り、王、仏の経道を聞き、心に即ち歓喜し開解して、便ち、国を棄て王を捐て、行じて沙門と作り、『曇摩迦』と字(なづ)く。菩薩の道を作して、人と為り、高才、智慧勇猛にして、世の人と絶異せり。

往いて樓夷亘羅仏の所に到りて、前(かが)みて仏の為に禮を作し、却きて長跪叉手し、仏に白(もう)して言(もう)さく。

▲この箇所に、無量寿経には、【「嘆仏偈」】があります。「嘆仏偈」は、平等覚経、サンスクリット語本、如来会にもあります。曇摩迦(法蔵)菩薩が、樓夷亘羅仏(世自在王仏)の所へ行って、最初に、世自在王仏を讃える偈頌(げじゅ)(十頌)(嘆仏偈)を唱えるのです。

最初期の無量寿経である「大阿弥陀経」にのみ、嘆仏偈がないことは、次のような推測ができます。大阿弥陀経の原テキストの確定の時期と、平等覚経の原テキストの確定の時期との間に、ある程度の時間が必要であったこと。その時間差は100年以上であったと考えられること。

大阿弥陀経という経典は、出家僧である説教師が、出家僧の中だけの経典読誦、経典講讃だけでなく、一般の人々に対して語って聞かせる中で、少しずつ吟味、議論、編集を行ってきた、そういう中で出来上がってきたものであると思われます。ここで言う「嘆仏偈」も、大阿弥陀経がテキストとして固定化された時期以降に、必要があって作られたものだと思います。

一般的に、偈頌というものは、経典を記憶しやすくするために、作られたものだ、といわれます。しかし、ここにある「嘆仏偈」、願文の直後に出てくる「三誓偈」などは、すこし事情が違うように思われます。讃嘆のための偈頌と思われます。説教の中で、高らかに歌い上げる。そういう感じがします。

「無量寿経」は、紀元前100年頃から次第に出来上がっていきます。それは、説教が繰り返されるうちに話が定まっていく。そういう感じで出来上がっていく。そして、話のネタの固定化がされます。経典としての意識は、紀元前50年頃から起こってきて、紀元前後には、経典として成立されたのだと思われます。ただし、テキストとして出来上がったのは紀元後100

年頃と思われます。それが、大阿弥陀経の原テキストであるのです（注）。

注　年代を確定したように述べることがありますが、これは、この箇所から、何が、どんなことが読み取れるか、ということです。ですから、この本の他の箇所に述べてある年代と違うことも有り得ます。

『我、仏を求めんと欲して、菩薩の道を為さん。我をして後、仏と作らしめん時、八方・上下、諸の無央数の仏の中に於て、最尊にして智慧勇猛に、頭中の光明、仏の光明の如く、焔照する所、極まりなく（注1）、所居の国土、自然の七宝、極めて自ら軟好ならん。我をして後、仏と作らしめん時、名字を教授して、皆八方・上下の無央数の仏国に聞こえて、我が名字を聞知せざる者なけん。諸の無央数の天・人民及び蜎飛（えんぴ）・蠕動（ぜんどう）之類、諸の我が国に来生する《「P．301a》者、悉く皆菩薩・阿羅漢と作らしむること無央数にして、都て諸仏の国に勝れん。是の如き者は寧ろ得べけんやいなや。』」

仏、阿難に語りたまはく。

「其の樓夷亘羅仏、其の高明の所願快善なるを知りて、即ち曇摩迦菩薩（注2）の為に経（注3）を説きて言はく。

『譬へば、天下の大海の水を一人にして之を斗量せんに、一劫にして止まずば尚枯盡して空し

からしめ其の底涅を得べきが如し。人至心に道を求めんに、何如が
P…P．3
当に得べからざらん。求索すること精進にして休止せざれば會ず当に心中の所欲の願を得べ
し。』

曇摩迦菩薩、樓夷亘羅仏の経（注3）を説きたまふこと、是の如くなるを聞きて、即ち大いに歓喜し踊躍す。

其の仏即ち二百一十億の仏国土の中の諸天・人民之、善悪、国土之好醜を選擇して、為に心中所欲の願を選擇せしむ。

〔樓〕夷亘羅仏、経（注3）を説きたまふこと竟りて、曇摩迦、便ち其の心を一にして、即ち天眼を得て、徹視して悉く自ら二百一十億の諸仏国の中の諸天・人民之、善悪、国土の好醜を見て、即ち心中の所願を選擇して、便ち是の二十四願経（注3）を結得す。

則ち之を奉行すること、精進勇猛に、勤苦し求索す。是の如くなること無央数劫なり。師事し供養する所の諸の已過去の仏も、亦無央数なり。

其の曇摩迦菩薩、其の然る後に至りて、自ら致して作仏を得、阿弥陀仏（注4）と名く。最尊智慧勇猛にして、光明、比なし（注1）。今現在の所居の国土甚だ快善なり。他方異仏の国に在りて、八方・上下の諸の無央数の天・人民及び蜎飛（えんぴ）・蠕動（ぜんどう）之類を教授するに、憂苦を過度し解脱する

を得ざる莫し。」

仏、阿難に語りたまはく。

「阿弥陀仏（注4）、菩薩為りし時、常に是の二十四願を奉行し、珍宝のごとく愛重し、保持し恭慎し、精禪にして之に従ふ。衆と（與）超絶し、卓然として異有り。皆能く及ぶ者有ること無し。」

注1　「頭中の光明」のことが、曇摩迦菩薩の物語の最初の場面で語られるのは、大阿弥陀経だけです。大阿弥陀経を経典として成立させた人々は、仏陀には、世に絶する光明があるものだと考えていたと思われます。

しかし、これをもって光明無量が「阿弥陀」の原意であるとするのは、少し違うのではないかと思います。「阿弥陀」の原意に関する議論は、阿弥陀仏の成立に関わることであって、阿弥陀仏の法話に関わることではないと思われるからです。この、光明の話が、大阿弥陀経から無量寿経に現れる過程は、阿弥陀仏のことを法話として語る事情によるものだと、私には思われるのです。

注2　「曇摩迦」、無量寿経では「法蔵」。この大阿弥陀経では、最初から「菩薩」とされています。無量寿経、如来会、サンスクリット本では、四十八願が終わって、兆載永劫の願行が始まる所から、初めて「菩薩」となっています。それ以前は、すべて、「比丘」となっています。これは、無量寿経、如

来会、サンスクリット語本にある、大きな特徴です。

大阿弥陀経にある「曇摩迦菩薩」のことを、平等覚経、無量寿経、サンスクリット本では、「比丘」と呼称している箇所があるのです。

これらのことから、次のようなことが言えます。大阿弥陀経が出来上がる時は、本来性を大事にするグループ（大乗）の方に軸足があったことが分かります。だから、「比丘」という言葉が使われなかったのです。

そして、平等覚経の成立以降、「比丘」という言葉が使われたということは、紀元後100年から200年の時代に、軸足は変わることはなく、伝統を重んじるグループ（小乗）の暗黙の了解を得るという努力が実を結び、そのグループのこだわりにも理解を示すようになったのではないかと思われます。それで、「比丘」という言葉が使われるようになったのでないかと思われます。

そして、紀元後250年から350年の時代に、「比丘」、「菩薩」の厳密な使い方が無量寿経、如来会、サンスクリット語本に現れたのだと思います。それが行われたのは、インド世界の中での出来事であったと思われます。

注3　ここで、「経」という言葉が4カ所出てきます。最初の「経」は、世自在王仏の言葉、『』の中の「海の水も一斗ずつ計ったとして、無限の時間、それをやり続ければ、全部を計ることができる」という話を指しています。2番目、3番目は、世自在王仏の言葉を指しています。4番目は、二十四願の

願文を指して、「二十四願経」と呼んでいます。この大阿弥陀経では、「経」という言葉が、私たちが普通に考える「経典」というのとは、相当異なっていることを感じ取っていただければ、と思います。そして、この理解が、正しく「経典」の初めて出来上がっていく、その当時のものであったのだと思います。

注4　大阿弥陀経のなかで、初めて「阿弥陀仏」という言葉が登場する箇所です。ここに、「光明、比なし」とあることによって、阿弥陀仏の原名は、「無量光」であると断じるのは、絶対に認められません。ここの、「注1」を参照して下さい。大阿弥陀経の中には、200年以上の時間が詰まっている、漂っていると、私は思っています。

仏、言はく。

「何をか二十四願と為す。

第一に願ずらく、某、作仏せ使めん時、我が国中に泥犂・禽獣・薜茘・蜎飛・蠕動之類、有ること無から令めん。是の願を得ば、乃し作仏せん。是の願を得ずば、終に作仏せず。

第二に願ずらく、某、作仏せ使めん時、我が国中をして婦人有ること無から令めん。女人ありて我が国中に来生せんと欲する者は、即ち男子と作らん。諸の無央数の天・人民・蜎飛・蠕動之類、我が国に来生せん者は、皆《「P．301b》七宝水池の蓮華の中に（於）化生し、長大にして皆菩薩・阿羅漢と作らんもの都て無央数ならん。是の願を得ば、乃し作仏せん。是の願を得ずば、終に作仏せず。

第三に願ずらく、某、作仏せ使めん時、我が国土をして、自然の七宝、廣縦にして甚大、曠蕩にして極無く、自ら軟好に、所居の舎宅・被服・飲食、都て皆自然にして、皆第六天王の所居の處の如くなら令めん。是の願を得ば、乃し作仏せん。是の願を得ずば、終に作仏せず。

P―P．4

注釈　初めに、この大阿弥陀経の願文の重要性について強調していきたいと思います。それは、まず、願文の数が24と、無量寿経、サンスクリット本、如来会の48とは、異なっているということです。最初は、願文の数が少なかったのです。平等覚経も数は同じく、24でした。この初期の2訳は、数が半分であったのです。ある時に、数が増えたということが分かります。

大阿弥陀経の【願文の順序】を、平等覚経では大幅に変えています。平等覚経から以降は、平等覚経の願文の順序に従ったものになっていきます。つまり、平等覚経になるまでに行われた、願文の整理は、それ以降の編集者たちの支持を得たということです。

それらのことから、大阿弥陀経は、無量寿経の歴史の中で、最も古い願文の姿を表していることが分かります。

ここに登場する24の誓願の最初の三つの願いについて、解説してみたいと思います。最初の願、第一願は、阿弥陀仏の国には、苦しみの境涯はないのだということです。苦しみを受けるだけの境涯、地獄、そして、自由が生存的に制限される境涯、動物、阿弥陀仏の国は、そういう境涯はないのだと言うのです。

この願が最初にあるということは、このことが、この「無量寿経」が語られた時に、聴衆が最も関心のあったことだということが分かります。理想的な仏陀、阿弥陀の世界には、苦しみということがないということ。それを聴衆は聴きたかったのです。これが、「無量寿経」が経典になった動機なのだと思います。

しかし、ここで把握してほしいことがあります。それは、「無量寿経」が経典となっていったのは、紀元後の100年間であったこと。そして、それ以前の「無量寿経」の歴史が存在すること。経典化される前の「無量寿経」があったと私は考えたいのです。このことは、般若経が経典化される前に、「般若経」の長い時間が存在していたに違いないことと同様です。

第二願には、阿弥陀の世界には女性がいないことが誓われています。そのことだけに目が向きがちですが、この第二願は後半部分もあるのです。そこには、阿弥陀の世界には、多くの者たちが生まれ、無数の菩薩・阿羅漢となるのだということが誓われています。つまり、そこはただの楽土というのではなく、仏道修行の理想世界だということです。その上の、女性がいない話なのだと思います。

ここから、面白いことが想像できます。まず、最初に「無量寿経」を作り上げた人たちは、男性の出家僧たちであったということです。そして、この経典のもとになった多くの法話を聞いていた聴衆には、女性が少なかったのか、その当時の女性の立場が弱かったのか、いろいろなことが考えられます。このことは、無量寿経が次第に出来上がっていく時期にも、関係していると思われます。インド世界で、社会が混乱していた状況が想像されます。紀元1世紀頃、またはそれ以前、そういう時期に「無量寿経」が出来上がっていったと思われます。

第三願には、阿弥陀の世界そのものについて誓われています。そこは、インドの神々の住まう所のようだとされています。出家僧も、一般の大衆もそういったものを求めていたことが分かります。

この三つの誓いには、【最も原初の「無量寿経」】の姿が現れています。

> 第四に願ずらく、某、作仏せ使めん時、我が名字をして皆八方・上下の無央数の仏国に聞こえ令めん、皆諸仏をして各おの比丘僧大坐の中に於て、我が功徳国土之善を説か令めん。諸天・人民・蜎飛（えんぴ）・蠕動（ぜんどう）之類、我が名字を聞きて、慈心せざるは莫けん、歓喜踊躍せん者、皆我が国に来生せ令めん。是の願を得ば、乃し作仏せん。是の願を得ずば、終に作仏せず。（注）

第五に願ずらく、某、作仏せ使めん時、八方・上下の諸の無央数の天・人民及び蜎飛・蠕動之類をして、若し前世に悪を作すに、我が名字を聞きて、我が国に来生せんと欲はん者、即便ち反りて自を政し過を悔い、道の為に、善を作し、便ち経戒を持して、願じて我が国に生まれんと欲ひて、断絶せざら令めん。寿終りて、皆、泥犁・禽獣・薜茘に復らずして、即ち我が国に生まれて、心の所願に在ら令めん。是の願を得ば、乃し作仏せん。是の願を得ずば、終に作仏せず。

第六に願ずらく、某、作仏せ使めん時、八方・上下の無央数の仏国の諸天・人民、若しは善男子・善女人をして、我が国に来生せんと欲せば、我を用ふるが故に益善を作して、若しは分檀布施し、塔を遶りて香を焼き、花を散じ燈を然し、雑繒綵を懸け、沙門に飯食せしめ、塔を起て寺を作り、愛欲を断じて我が国に来生して菩薩と作ら令めん。是の願を得ば、乃し作仏せん。是の願を得ずば、終に作仏せず。

第七に願ずらく、某、作仏せ使めん時、八方・上下の無央数の仏国の諸天・人民、若しは善男子・善女人をして、菩薩の道を作すこと有りて六波羅蜜経を奉行し、若しは沙門と作りて、経戒を毀らず、《「P. 301c》愛欲を断じ、齋戒清浄にして、一心に念じて我が国に生まれんと欲し、昼夜に断絶せざらんに、若し其の人寿終らんと欲する時、我即ち諸の菩薩・阿羅漢と共に、飛行して之を迎へて、即ち我が国に来生し、則ち阿惟越致の菩薩と作して、智慧勇猛なら令めん。

是の願を得ば、乃し作仏せん。是の願を得ずば、終に作仏せず。

注釈　第四願、第五願、第六願、第七願をひとまとめにしてみました。この部分が、「無量寿経」の最も重要な部分に当たるからです。この、重要というのは、内容的に重要という意味だけではありません。無量寿経の発生にとっての最も重き動機であるからです。

この部分は、漢訳無量寿経の第十七願、そして、第十八、十九、二十願に相当します。後に中国、日本の高僧が【漢訳無量寿経の核心部分】とした箇所に当たります。

この部分が、「無量寿経」が経典化される動機を表す三つの願のすぐ後、大阿弥陀経のほとんど最初に位置していることに注目して下さい。このことは、「無量寿経」が出来上がることを考える上で、とても大事なことなのです。

平等覚経では、第十七、十八、十九願に相当します。サンスクリット語本では、第十七、十八、十九願に相当します。漢訳無量寿経では、第十七、十八、十九、二十願に相当します。如来会では、第十七、十八、十九、二十願に相当します。

平等覚経では、大阿弥陀経に比べて相当後ろの方に、その位置が移されているのです。そして、それ以降、サンスクリット語本、漢訳無量寿経、如来会では、その位置が大体踏襲されていることも、大事なことです。

平等覚経編集者たちは、第四、五、六、七願の、内容の重要性よりも、経典の初期の役割、つまり、法話の元（題材）にすべきテキストとしての重要性の方を優先したということです。それ以降はそれを認め踏襲したということです。

注　この第四、五、六、七願には、「無量寿経」にとって、非常に特徴的な言葉があります。願いの対象を表す言葉です。例えば、「あなたを幸せにします」という願いでは、「あなた」が、その願いの対象になります。それを、抜き書きしてみます。

第四願「八方・上下の無央数の仏国の諸天・人民・蜎飛（えんぴ）・蠕動（ぜんどう）之類」

第五願「八方・上下の諸の無央数の天・人民及び蜎飛（えんぴ）・蠕動（ぜんどう）之類」

第六願「八方・上下の無央数の仏国の諸天・人民、若しは善男子・善女人」

第七願「八方・上下の無央数の仏国の諸天・人民、若しは善男子・善女人」

ここには、二つの類型があることが分かります。

一つは、第五願にある、「（無限定の）あらゆる生きとし生けるもの」。これは、この世の中であろうが、この宇宙であろうが、そうでなかろうが、そういう限定が一切なく、すべての生きているものたちのことです。これをA類型と呼びます。

二つ目は、第四、六、七願にある、「あらゆる方角に無数の仏陀のおられる世界（仏国土）があります。

その仏国土におられる、あらゆる生きとし生けるもの」。これをB類型と呼びます。

ここには、先ほどのA類型に比べて、「仏国土」という限定が付け加わります。「仏国土」とは、仏陀のおられる世界のことを言います。「仏国土」という言葉が付け加わると、仏国土以外の世界は除外されることになります。これは、意図的にこのようになったものとは私は考えません。

仏国土という言葉を入れるようにしたのは、説法をしていた、出家僧たちであったのでしょう。あらゆる生きとし生けるもの、ということを言う度に、これはあらゆる仏国土のことなのだと、少し、格調高く話を進めるうちに、このような変化が次第にできていったのではないかと思われます。

漢訳無量寿経では、第十八、十九、二十願が、A類型になっています。これは、漢訳無量寿経の原テキスト形成期、そして、漢訳無量寿経の最終漢訳期に至るまで、綿密なる議論を経て、このようになってきたのだと思われます。「無量寿経」は、救いの対象を、A類型、つまり、無限定なものこそ、「無量寿経」の本当の精神なのだとしたのだと思います。

ここには、あと二つの変化が見て取れます。

第四願にあった「蜎飛・蠕動之類」という表現が、第六、七願では、削除されています。「あらゆる生きるもの」ということの言い表し方が、少し常識的な表現に移行した、ということであったのではないかと思われます。爬虫類、無脊椎動物などのことは、知らないうちに除外されています。

第六、七願には、「若しは善男子・善女人」が付け加わっています。これは、大阿弥陀経の中で、最も新しい表現です。と言っても、紀元後0年代の後半から１００年代の初めのことであったと思われます。説法が盛んに行われていた時代、説教者たちは、目の前におられる聴衆の方々に、話をしておられました。当たり前のことです。これが熱心に行われれば行われるほど、聴衆のことが第一になっていきます。目の前におられる人々がうんうんとうなずかれるような表現に、自然に変化していきます。聴衆のほとんどの人々は、意識、無意識に関わらず、自分のことを、熱心な仏教徒であると思っています。ここに、「善男子、善女人」という言葉が出てくると、ああ自分たちのことを仰っているのだなあ、ということになっていきます。ただ、漢文の表現は、厳密に言いますと、「もし、善男子、善女人であるならば、」という条件を表す表現になっています。これは、大阿弥陀経の漢訳時になされたものだと思います。元のテキストには、条件的なニュアンスはなかったように思われます。

これら、第四、五、六、七願の対象は、もともとは、第五願にあるような「八方・上下の諸の無央数の天・人民及び蜎飛・蠕動之類」（A類型）であったのであろうと思います。それが、第四願が整理される過程で、「仏国土」が付け加えられ（B類型）、その後、これらの願文の説法がされる過程で、「若しは善男子・善女人」が付け加わったと考えます。紀元前１００年頃から紀元後１００年頃までの２００年間の出来事であったと思います。

ここで再び強調しておきたいことがあります。それは、大阿弥陀経の最初にあった、「（無限定の）あらゆる生きとし生けるものに対して」という精神（A類型）は、２００年間ずっと消えることなく持続していたということです。このことは、この後の３００年間も持続していたと私は考えます。この精神は、漢訳無量寿経の「十方衆生」（A類型）という言葉に繋がっていると思います。

第八に願ずらく、某、作仏せ使めん時、我が国中の諸の菩薩を令て、他方仏国に到りて生ぜんと欲はんに、皆、泥犂・禽獣・薜茘に更らざら令めて、皆、仏道を得令めん。

P---P. 5

是の願を得ば、乃し作仏せん。是の願を得ずば、終に作仏せず。（注1）

第九に願ずらく、某、作仏せ使めん時、我が国中の諸の菩薩・阿羅漢をして、面目皆端正に、浄潔姝好にして、悉く同じく一色に、都て一種類なること、皆第六天人の如くなら令めん。是の願を得ば、乃し作仏せん。是の願を得ずば、終に作仏せず。

第十に願ずらく、某、作仏せ使めん時、我が国中の諸の菩薩・阿羅漢をして、皆同じく一心に、所念所欲の言は（者）、予め意を相知ら令めん。是の願を得ば、乃し作仏せん。是の願を得ずば、終に作仏せず。

第十一に願ずらく、某、作仏せ使めん時、我が国中の諸の菩薩・阿羅漢をして、皆淫泆之心有ること無く、終に婦女を念ずる意無く、終に瞋怒・愚癡の者有ること無から令めん。是の願

を得ば、乃し作仏せん。是の願を得ずば、終に作仏せず。（注２）

第十二に願ずらく、某、作仏せ使めん時、我が国中の諸の菩薩・阿羅漢をして、皆心に相敬愛せ令めて、終に相嫉み憎む者無から令めん。是の願を得ば、乃し作仏せん。是の願を得ずば、終に作仏せず。

第十三に願ずらく、某、作仏せ使めん時、我が国中の諸の菩薩をして、共に八方・上下の無央数の諸仏を供養せんと欲はんに、皆飛行して即ち到り、自然万種之物を得んと欲はば、即ち皆前に在りて持用し諸仏を供養せ令めて、悉く皆遍くし已りて後、日未だ中ならざる時、即ち飛行して我が国に還らん。是の願を得ば、乃し作仏せん。是の願を得ずば、終に作仏せず。（注１）

第十四に願ずらく、某、作仏せ使めん時、我が国中の諸の菩薩・《「P．302a》阿羅漢をして、飯せんと欲する時は、即ち皆自然七宝の鉢の中に自然の百味の飯食有りて前に在り、食し已らば自然に去ら令めん。是の願を得ば、乃し作仏せん。是の願を得ずば、終に作仏せず。

第十五に願ずらく、某、作仏せ使めん時、我が国中の諸の菩薩の身をして、皆紫磨金色なら令め、三十二相・八十種好も皆仏の如くなら令めん。

P－－P．6

是の願を得ば、乃し作仏せん。是の願を得ずば、終に作仏せず。

第十六に願ずらく、某、作仏せ使めん時、我が国中の諸の菩薩・阿羅漢をして、語は、三百の鍾(かね)の聲の如く、経を説き道を行ずることも、皆仏の如くなら令めん。是の願を得ば、乃し作仏せん。是の願を得ずば、終に作仏せず。

注釈　第八、九、十、十一、十二、十三、十四、十五、十六願をひとまとめにしてみました。願いの対象が、「我が国中の諸(もろもろ)の菩薩（阿羅漢）」となっている願たちです。

これらの願は、説法を聞いている人たちが、阿弥陀仏の理想世界に生まれたならどのようになるのかを語っています。

願いの対象の言葉は、もともと「諸の菩薩」であったのでしょう。

それが、話の調子で、【「諸の菩薩・阿羅漢」】となったのでしょう。菩薩という言葉と、阿羅漢という言葉は、どちらかと言えば、菩薩の方が抽象的な言葉です。理想的な仏教者という感じです。阿羅漢は、徳の高いお坊さまといった感じでしょう。説教をしている途中で、聞いている人たちの顔色を見ていると、「阿羅漢」を付け加えると、うんうんといった感じなのでしょう。

または、僧院に所属して、厳格な出家僧生活をしておられる僧侶たちが、自然に「阿羅漢」という言葉を付け加えたのでしょう。

このことは、第十五願の「皆仏の如くなら令めん」や、第十六願の「皆仏の如くなら令めん」を見れば、明らかであると思います。そこに語っているものは、はっきりと、仏の如くなっていく「菩薩」なのです。

注1　ここに、【阿弥陀仏理想世界の最も素晴らしい特徴】が表されています。それは、第八願の、「我が国中の諸（もろもろ）の菩薩を令（し）て、他方仏国に到りて生ぜんと欲（おも）はんに、」と、第十三願の、「我が国中の諸の菩薩をして、共に八方・上下の無央数の諸仏を供養せんと欲はんに、皆飛行して即ち到り、自然万種之物を得んと欲はば、即ち皆前に在りて持用し諸仏を供養せ令めて、悉く皆遍くし已りて後、日未だ中ならざる時、即ち飛行して我が国に還らん。」とにあります。

つまり、ここでは、阿弥陀仏以外の、他のほとけ（仏陀）たちの所へ行きたいと思うことがあるのだということです。そして、それに対して、阿弥陀仏は、最大限の助力と援助を惜しまないということです。仲間の菩薩たちと一緒にいろいろな仏陀たちにお会いしたいと思えば、一瞬で仏陀たちの前に飛行させ、供養の品を用意し、お話が終われば、午前中にまた戻って来られるようにする。

阿弥陀仏理想世界では、一般にいう、絶対者に従属するということは一切ないのです。そこにおられる人々の自由な意志が尊重されるというよりは、そこにおられる人々の自由な意志こそがすべてだということです。この考え方も、漢訳無量寿経まで続いていきます。

注2　第十一願には、「皆淫泆（いんいつ）之心有ること無く、終に婦女を念ずる意無く」とあります。第二願では、

阿弥陀仏理想世界には女性はいない、とあったり、女性はそこに生まれ変わると男性になる、と書かれたりしています。第二願に書かれてあることも、第十一願に書かれてあることも、傍若無人なことです。女性の存在を全く視線の端にも留めていないのです。男世界の戯言に過ぎません。

これらのことから、この当時、仏教者は男性だけの社会であることが分かります。紀元前100年頃から紀元後100年頃のことであろうと思います。

これが、紀元後100年代になると、変化していきます。平等覚経では、この種の女性に関する記述が完全に削除されているのです。平等覚経には、紀元後100年から150年頃の時代が反映されていると思われます。この時代は、インド世界において、クシャン朝の全盛期で、女性の社会的地位が上がり、世の中に自分の意見を言うことができる、そういう時代であったのだと思います。

説教を聞いている女性の中には、「なぜ、阿弥陀さまのおられるところには、女性がいないのでしょうか?」、「私は男性に生まれ変わりたくありません」、「男性が、女性のことを想わないなんて、なんか気持ち悪くありません?」などなど、法話をしておられる僧侶に対する敬意を払いながらも、しっかりした口調で理路整然と意見を述べる、そういう女性たちがおられたのでしょう。私には、その情景がありありと浮かんできます。

法話をしていた僧侶たちは、その声に真剣に答えようとしました。そして、僧侶たちは、何回も何回も議論を重ねましたが、たった一つの答えにも辿り着けませんでした。その結果が、平等覚経での、女性に関する記述の削除に繋がるのだと思います。

平等覚経（漢訳）は、新しく編集されたテキスト（部分訳というより、断片訳）を使って、大阿弥陀経（漢訳）を改訂されたものと思います。だから、70％から80％が、大阿弥陀経を踏襲しているのです。その時、手元にあったのは、嘆仏偈、願文などの部分的なものであったと思われます。そして、それらの部分テキストは、それ以降の「無量寿経」のすべてに反映されています。

この、度々取り上げています平等覚経は、この当時（紀元後１００年から２００年頃）の、さまざまなことを推し量る上で希有な存在なのです。


第十七に願ずらく、某、作仏せ使めん時、我、洞かに視、徹かに聴きて、飛行すること、十倍諸仏に勝れ令めん。是の願を得ば、乃し作仏せん。是の願を得ずば、終に作仏せず。

第十八に願ずらく、某、作仏せ使めん時、我が智慧をして経を説き行道すること、諸仏に十倍なら令めん。是の願を得ば、乃し作仏せん。是の願を得ずば、終に作仏せず。

注釈　第十七、十八願は、「我」、つまり、阿弥陀仏自身がこのようになりたいと言っている願文です。この言い回し方は、非常に興味をそそられます。
「私は、どんな人のことも見守り、どんな人の言うことを聞き、その元に立ち所に飛んで行きます。他の仏陀たちの10倍優れた者となりましょう。私の智慧をもって経を説き、いろいろな場所に教え導きます。他の仏陀たちの10倍優れた者となりましょう。」

よく考えると、仏陀がこのように仰ることは絶対に有り得ないことは、どんな僧侶でも分かることです。仏陀と仏陀の能力の比較ということは有り得ないのです。

でも、この表現を見て、私はとても微笑ましく思いました。【このことを説教している僧侶のテンションの上がり方】が、感じられるのです。阿弥陀仏の世界の素晴らしさを話しているうちに、調子に乗って、「阿弥陀さまはご自分で、『私は、どんな仏陀の10倍も、皆さんのために頑張っています』とまで、仰っているのです」とすら、言ってしまうのです。本当に大阿弥陀経が残っていてよかったなあと思います。「10倍」ですって。よく残っていました。この言葉を聞いて、うんうんとうなずく、おじさん、おばさん、おじいさん、おばあさん、兄ちゃん、姉ちゃん、の姿が浮かんできます。

第十九に願ずらく、某、作仏せ使めん時、八方・上下の無央数の仏国の諸天・人民・蜎飛(えんぴ)・蠕動(ぜんどう)之類を令(し)て、皆人道を得て、悉く辟支仏・阿羅漢と作ら令めて、皆坐禅し一心に共に計り数えて、我が年寿、幾千億万劫歳数なるを知らんと欲はんに、皆能く極めて寿を知ること有る者無から令めん。是の願を得ば、乃し作仏せん。是の願を得ずば、終に作仏せず。

第二十に願ずらく、某、作仏せ使めん時、八方・上下の各々千億仏国の中の諸天・人民・蜎飛・蠕動之類を令て、皆辟支仏・阿羅漢と作ら令めて、皆坐禅し一心に共に我が国中の諸の菩薩・阿羅漢を計り数えて、幾千億万人有ることを知らんと欲はんに、皆能く数を知る者有ること無から令めん。是の願を得ば、乃し作仏せん。是の願を得ずば、終に作仏せず。

注釈　この第十九願は、「阿弥陀仏の寿命は無限であるので、この先いついつまでも自分たち（聴衆）は救われていく」ということを取り上げています。さらに、第二十願は、「阿弥陀仏の世界に限界（容量）はなく、あらゆる衆生が無限にそこに生まれることができる」ということについて取り上げています。

この二つは、阿弥陀仏の救いの、最も大事なバックグラウンドです。これはどうしても言っておきたかったのでしょう。この最初のテキスト、大阿弥陀経から、後のあらゆるテキストにまでこのバックグラウンドの記述は存在しています。無量寿経では、最初期からその基礎部分の議論は尽くされていたのです。

そのことより、ここで指摘しておきたいことがあります。

ここにも素朴な表現があるのです。

あらゆる生きとし生けるものを、人間の身として生まれさせて、しかも、その上、辟支仏（独り目覚める人〉か、阿羅漢（あらゆる人々が敬うべき人〉にしようと言っています。

この十九願と、二十願で、まず最初に同じく言っているのは、「皆、辟支仏・阿羅漢に作ら令めて」です。「独りで、目覚める者、自分は目覚めたと言える者」、「皆から敬われ、必要な物が供給される者」、これらが、その当時の仏教者たちの望みだったのでしょう。十九願では、まず最初に、「皆、人道を得て」です。〈人間の身となって、それなりの人となって、皆から敬われて〉です。

これが、その当時（紀元前50年頃から紀元後100年頃）の仏教信者たちの望みであり、救いであったのでしょう。

第二十一に願ずらく、某、作仏せ使めん時、我が国中の諸の菩薩・阿羅漢をして、寿命無央数劫なら令めん。是の願を得ば、乃し作仏せん。是の願を得ずば、終に作仏せず。
P…P．7
《「P．302b》
第二十二に願ずらく、某、作仏せ使めん時、我が国中の諸の菩薩・阿羅漢をして、皆智慧勇猛にして、自ら前世の億万劫の時を知り、宿命に作す所の善悪、却て極まり無きことを知り、皆十方、去・来・現在之事を洞視し、徹知せ令めん。是の願を得ば、乃し作仏せん。是の願を得ずば、終に作仏せず。

第二十三に願ずらく、某、作仏せ使めん時、我が国中の諸の菩薩・阿羅漢をして、皆智慧勇猛にして、頂中に皆光明有ら令めん。是の願を得ば、乃し作仏せん。是の願を得ずば、終に作仏せず。(注)

注釈　第二十一、二十二、二十三願は、阿弥陀仏世界の人々の話です。願文には、「菩薩・阿羅漢」とありますが、たぶんこの話を信者の皆さんに説教する時は、「菩薩・阿羅漢」というようには言っていなかったような気がします。

「寿命は、ムチャクチャ長生きで、智慧がものすごくて何でも見通せるんですよ。しかも、その額からは光を放っているんですよ。もう、仏さんそのものやん。」

そういう話は、信者さんたちにとって、気持ちいいですよね。聞いている人たちにとっても、とても気持ちいいですよね。

注　「頂中の光明」そのものについては、次の第二十四願の注をご覧下さい。ここの第二十三願によると、ブッダだけでなく、阿弥陀仏世界の人々にも、「頂中の光明」があるのです。

第二十四に願ずらく、某、作仏せ使めん時、我が頂中の光明絶好にして、日月の明に勝るること、百千億万倍なら令め、絶えて諸仏の光明に勝れ、諸の無央数の天下幽冥の処を焔照して、皆当に大に明かなるべし。

諸天・人民・蜎飛(えんぴ)・蠕動(ぜんどう)之類、我が光明を見て、慈心に善を作さざる者莫くして、皆我が国に来生せ令めん。是の願を得ば、乃し作仏せん。是の願を得ずば、終に作仏せず。（注）」

注　大阿弥陀経にいろいろなものが取り込まれる最後の時期（紀元前後から100年頃、大阿弥陀経が経典化されつつある時代）、仏陀と言えば、「頂中の光明」がすぐ思い浮かぶ、そういう時代だったのだろうと思います。頂中の光明というのは、仏陀の額の白毫(びゃくごう)（白い巻き毛）から出る光のことを言います。仏陀の優れた能力が身体の特長にまでなっていると考えていた時代なのです。それほど、仏陀の超人性を期待していた時代だったのです。

そして、それを、最後の願文に入れているのです。

さらに、そこに、さらにまた、この「【あらゆる生きとし生けるものが、この私の光明を見るということになるのです。そうすれば、自然に慈しみの心をもって善行を作すことになり、そういう人たちを私の国に招待しよう。】こういうブッダになろうと誓います」、そういう誓いを高らかに宣言します。

これこそ、「大阿弥陀経」の核心です。そして、それで、二十四願全体をおさめているのです。

さらに言えば、これこそ、「無量寿経」の救済の眼目なのです。眼目というより、骨目と言った方がよいでしょう。

この部分のさりげなさも、またいいですね。【あらゆる生きとし生けるものが、この光を見て、善きことをなして、阿弥陀仏の力によって、かの世界に生まれていく】。さらりと肝心なことを言っています。

▲この箇所に、サンスクリット語本、如来会、無量寿経には、「重誓偈（じゅうせいげ）」があります。大阿弥陀経、平等覚経にはありません。

注釈【「重誓偈」】は、願文のすぐ後にあり、12の偈頌からなっています。普通、偈頌は、記憶のために作られると言いますが、この、無量寿経の偈頌はその要素は低いような気がします。すぐ前にある四十八願（四十七願）の整理したものとは考えられないのです。そういった感じのものとは、異質なものを感じます。テンションが非常に高いのです。

無量寿経から一部を、引用してみます。

「この願満足せずは、誓う正覚を成らじ」

「普く諸の貧苦（びんぐ）を済わずは、誓う、正覚を成らじ」

「三垢の冥（みょう）を消除して、広く諸の厄難を済わん」

「諸の悪道を閉塞して、善趣の門を通達せん」

「常に大衆の中にして、方を説きて師子吼せん」「この願、もし剋果すべくは、大千感動すべし。

虚空の諸の天人、当に珍妙の華を雨らすべし。」

最後、これを自分で言うか？ という具合です。そして、このあとの散文では（サンスクリット語本と如来会では、偈頌になっています）、地面が震動するし、天女たちが華の雨を降らすのです。

すごい気迫が漂っています。大きな芝居の、主人公のせりふのようです。これを現代の言葉に直すだけで、芝居のクライマックスのせりふになります。

堅い真面目な芝居の場合のことですが。

これらのことから、推論できることを述べてみます。平等覚経の原テキスト確定期頃、または、それ以降に、この重誓偈ができたことは明白です。その当時のことを想像してみます。

インドにおいてのクシャン朝最盛期、大都市の寺院前や、市場の前にはいつも人だかりのできる所がありました。そこで、静かにすわって、お坊さまのお話を聞いているのです。現在の説教というのとは少し違っていました。聴衆の目は爛々と輝き、話をする僧侶は、現在の大物俳優、声はどこまでもよく通り、身振り手振りはお手の物、その時に使ったせりふ台本が、この重誓偈であったように思われるのです。願文の話は、四十八願の中の五、六願から十願ぐらい。

落ち着いた感じで、たまにはうける話も入れながら説いていく。そして、いつも、その話の最後には、この重誓偈にある話をするのです。せりふ調で、話をしている僧侶もうっとり、聞いている聴衆もうっとり。クライマックスでは、僧侶は自分がブッダになったように、聴衆は本物のブッダの声を聞いているように。紀元後100年から200年の、中央インドのどちらかと言えば西北の大都市、マトゥラー辺りの出来事であろうと想像しています。

仏、阿難に告げたまはく。

「阿弥陀の菩薩為りし時、常に是の二十四願を奉行し、分檀布施して、道禁を犯さず、忍辱・精進・一心・智慧、志願常に勇猛に、経法を毀らず、求索して懈らず、毎（つね）に独り国を棄て王を捐てて、財色を断ち去り、精明に求願して、適莫する所無く、功を積み徳を累すること、無央数にして、今自ら作仏を致し、悉く皆之を得て、其の功を亡（うしな）はざるなり。」

注釈「阿弥陀が菩薩であった時」、つまり、阿弥陀仏が仏陀になる前の話です。そして、ここで、阿弥陀が、阿弥陀仏になったことが宣言されます。

ここで最も目に留めて置くべきことは、仏陀になる前には、「菩薩」であったということ。

そして、自らが誓った二十四の願いを果たすための修行を常に行い、あらゆる者を目覚めさせる教え（六波羅蜜）を実践し、いかなる社会（俗世）においても精進し、徳は無限に積む。菩薩が、誓いを立て、その誓いを果たすための行をし続けたこと。この二つであろうと思われます。

六波羅蜜（六つの最高修行を完成すること）以降の記述は、説教者の腕の見せ所。それを聴衆と共に説教者も興に乗れば、1週間ぐらいは語ったであろう話です。手際よくまとめて記述してあります。

本当に、大阿弥陀経を読むのは楽しいです。「無量寿経」は楽しさにあふれています。

▽以降は、無量寿経のE段「仏国土〈阿弥陀仏のおられる世界〉」に相当します。

▲無量寿経E段⑴「仏国土」は、大阿弥陀経では、⑵「光明」の後にあります。5ページほど後の、注釈をご覧下さい。

▽以降は、無量寿経E段⑵「光明」（真聖30頁）に相当します。最初は【「頂中の光明」】から始まります。

仏、言はく。

「阿弥陀仏の光明は、最尊第一にして、比無し、諸仏の光明の皆及ばざる所なり。(注1)

八方・上下の無央数の諸仏の中に、仏の頂中の光明(注2)、七丈を照らす有り。仏の頂中の光明、一里を照らす有り。仏の頂中の光明、二里を照らす有り。仏の頂中の光明、五里を照らす有り。仏の頂中の光明、十里を照らす有り。仏の頂中の光明、二十里を照らす有り。仏の頂中の光明、四十里を照らす有り。仏の頂中の光明、八十里を照らす有り。仏の頂中の光明、百六十里を照らす有り。仏の頂中の光明、三百二十里を照らす有り。仏の頂中の光明、六百四十里を照らす有り。仏の頂中の光明、千三百里を照らす有り。仏の頂中の光明、二千《P.302c》六百里を照らす有り。仏の頂中の光明、五千二百里を照らす有り。仏の頂中の光明、万四百里を照らす有り。

P---P. 8

仏の頂中の光明、二万一千里を照らす有り。仏の頂中の光明、四万二千里を照らす有り。仏の頂中の光明、八万四千里を照らす有り。仏の頂中の光明、十七万里を照らす有り。仏の頂中の光明、三十五万里を照らす有り。仏の頂中の光明、七十万里を照らす有り。仏の頂中の光明、百五十万里を照らす有り。仏の頂中の光明、三百万里を照らす有り。仏の頂中の光明、六百万里を照らす有り。仏の頂中の光明、一仏国を照らす有り。仏の頂中の光明、両仏国を照らす有り。仏の頂中の光明、四仏国を照らす有り。仏の頂中の光明、八仏国を照らす有り。仏の頂中の光明、十五仏国を照らす有り。仏の頂中の光明、三十仏国を照らす有り。仏の頂中の光明、六十仏国を照らす有り。仏の頂中の光明、百二十仏国を照らす有り。仏の頂中の光明、二百四十仏国を照らす有り。仏の頂中の光明、五百仏国を照らす有り。仏の頂中の光明、千仏国を照らす有り。仏の頂中の光明、二千仏国を照らす有り。仏の頂中の光明、四千仏国を照らす有り。仏の頂中の光明、八千仏国を照らす有り。仏の頂中の光明、万六千仏国を照らす有り。仏の頂中の光明、三万二千仏国を照らす有り。仏の頂中の光明、六万四千仏国を照らす有り。仏の頂中の光明、十三万仏国を照らす有り。仏の頂中の光明、二十六万仏国を照らす有り。仏の頂中の光明、五十万仏国を照らす有り。仏の頂中の光明、百万仏国を照らす有り。仏の頂中の光明、二百万仏国を照らす有り。」

仏、言はく。

「諸の八方・上下の無央数の仏の頂中の光明の焔照する所、皆是の如くなり。阿弥陀仏の頂中の光明、焔照する所、千万仏国なり。(注3)

諸仏の光明の照らす所に近遠有る所以は何となれば、本其れ前世の宿命に、道を求めて菩薩為りし時、所願の功徳、各(々)自ら大小有り、其れ然して後、仏と作る時に至りて、各(々)自ら之を得たり。是の故に、光明をして、転た同等ならざら令む。諸仏の威神同等なるならくのみと。自在の意の所欲、作為して予め計らず。《「P．303a》阿弥陀仏の光明の照らす所、最大なり。諸仏の光明、皆、及ぶこと能はざる所なり。

仏、阿弥陀仏の光明の極善なることを称誉したまふ。阿弥陀仏の光明は極善にして、善の中の明好なり。甚だ快きこと比無し。絶殊無極なり。阿弥陀仏の

P…P．9

光明は、清潔にして瑕穢（かえ）無し。欠減（けつげん）無きなり。阿弥陀仏の光明は、姝好にして、日月の明よりも勝れたること、百千億万倍なり。諸仏の光明の中の極明なり。光明の中の極好なり。光明の中の極雄傑なり。光明の中の快善なり。諸仏の中の王なり。光明の中の極尊なり。光明の中の最明無極なり。諸の無数天下の幽冥の處を焔照するに、皆常に大明なり。

諸有の人民・蜎飛（えんぴ）・蠕動（ぜんどう）之類、阿弥陀仏の光明を見ざること莫きなり。見たてまつる者、慈心歓喜せざる者、莫けん。世間諸有の婬泆（いんいつ）・瞋怒（しんぬ）・愚癡（ぐち）の者、阿弥陀仏の光明を見たてまつりて、善を作さざるは莫きなり。諸の泥犁（ないり）・禽獣（きんじゅう）・薜茘（へいれい）・考掠（ごうりょう）・勤苦の處に在りて、阿弥陀仏の光明を見たてまつれば、至て皆休止して復治せざれども、死して後、憂苦を解脱することを得ざる者は莫きなり。

▽以降、無量寿経E段⑵「光明」の後半部分に当たります。（真聖31頁）

阿弥陀仏の光明と名とは、八方・上下、無窮・無極・無央数の諸仏の国に聞かしめたまふ。諸天・

人民、聞知ぜざる莫し。聞知せん者、度脱せざるは莫きなり。」

　仏、言はく。

「独り我、阿弥陀仏の光明を称誉するにあらざればなり。八方・上下、無央数の仏・辟支仏・菩薩・阿羅漢の称誉する所、皆是の如し。」（注1）

　仏、言はく。

「其れ人民、善男子・善女人有りて、阿弥陀仏の声を聞きて、光明を称誉して、朝暮に常に其の光明の好を称誉して、心を至して、断絶せざれば、心の所願に在りて、阿弥陀仏国に往生し、衆の菩薩・阿羅漢の為に尊敬せらるることを得べし。若し其れ然して後、作仏せば、亦当に復、八方・上下の諸の無央数の仏・辟支仏・菩薩・阿羅漢の為に、光明を称誉せらるること、是の如くなるべし。即ち衆の比丘僧、諸の菩薩・阿羅漢、諸の天・帝王・人民、之を聞きて、皆（みな）歓喜し踊躍して、讃歎せざる者莫けん。」

　仏、言はく。

「我、道（い）ふ、阿弥陀仏の光明は、姝好・巍巍たり。快善なることを称誉すること、昼夜一劫すれども、《P．303b》尚未だ竟らず（也）。我但若曹（なんじがともがら）が為に少しく之を説くのみ（耳）。」

　仏、阿弥陀仏の菩薩為りしとき、求索して是の二十四願を得たまふことを説きたまふ。

▽【「阿闍世王子と五百人の裕福な家の少年たち」】（真聖全書142頁）（注釈）

時に阿闍世王太子、五百の長者迦羅越の子とともに、各（々）一の金華蓋を持して、倶に仏所に到り、前みて為に仏を礼することを作して、頭面を以て仏足に著け、皆金華蓋を持して、前みて仏に上り已りて、悉く一面に却き坐して、

P‐P．10

経を聴けり。

阿闍世王太子及び五百の長者子、阿弥陀仏の二十四願を聞きて、皆大いに歓喜し踊躍して、心中に倶に願じて、言はく。

「我等、後、作仏せん時、皆、阿弥陀仏の如くなら令めん。」

仏、即ち之を知ろしめして、諸の比丘僧に告げたまはく。

「是の阿闍世王太子、及び五百の長者子は、後、無数劫を却りて、皆当に作仏して阿弥陀仏の如くなるべし。」

仏、言はく。

「是の阿闍世王太子、及び五百の長者子、菩薩道に住してより已来、無央数に、皆各（々）四百億仏を供養し已りて、今、復、来りて、我を供養せり。阿闍世王太子、及び五百の長者子は、皆前世に迦葉仏の時、我が為に弟子と作れりき。今、皆、復、是に会して、共に相値へる

なり。」

則ち諸の比丘僧、仏の言を聞きて皆踊躍して、代々（かわるがわる）歓喜せざる者莫（な）けん。

注釈 「阿闍世王子と五百人の裕福な家の少年たち」、阿闍世王子が登場するこの段は、大阿弥陀経と平等覚経にはありますが、無量寿経にもサンスクリット語本、如来会にもありません。平等覚経になる時に、大阿弥陀経に従って入れられたものかもしれません。

この段の最後に、非常に注目すべき言葉があります。

「仏の言を聞きて皆踊躍して、代々（かわるがわる）歓喜せざる者莫（な）けん。」

これらの言葉は、一つの経典が終わる時に、付けられる定型句のようなものです。この部分が一つの経典として扱われていた時には、ここが、その経典の最後であったのでしょう。二十四願の所から始まって、ここまでで、一つの経典であったのでしょう。私は、そのように見なしてみました。願行を24挙げ、その後、阿弥陀仏の光明の素晴らしさ、その名前を讃えること、そこでこの経典は終わっています。最後に終わりの定型句。

大阿弥陀経ができる前の経典の姿が彷彿としてきます。大阿弥陀経は、ほとんど最初期の経典と言ってよいものだといわれています。

▽以降は、無量寿経E段⑴「仏国土」に相当します。

仏、阿難に告げたまはく。

「阿弥陀、作仏してより已来、凡そ十小劫なり。所居の国土を須摩題と名く。正しく西方に在り。是の閻浮提の地の界を去ること、千億万須弥山仏国なり。

其の国の地は皆自然の七宝なり。其の一宝は白銀、二宝は黄金、三宝は水精、四宝は琉璃、五宝は珊瑚、六宝は琥珀、七宝は車渠なり。是を七宝と為す。皆以て自ら共に地と為り、曠蕩（こうとう）にして甚大無極なり。皆自ら相参（まじは）りて、転（うた）た中に相入る。各（々）自ら焜煌（こんこう）として明を参（まじ）へ、極めて自ら軟好にして甚だ姝（うるわし）きこと比無し。其の七宝の地は、諸の八方・上下の衆宝の中の精味、自然の合会にして、其の、化生なるのみ。其の宝は皆、比へば第六天上の宝のごとし。

其の国中には、須弥山有ること無く。其の、日・月・星辰・第一四天王・第二忉利天、皆虚空の中に在り。其の国土には、大海有ること無く、亦、小海水も有ること無く、亦、江河・恒水も無きなり。亦、山林・《「P．303c》渓谷も有ること無く、幽冥の處も有ること無し。

其の国の七宝の地は、皆平正なり。

泥犂（ないり）・禽獣（きんじゅう）・薜茘（へいれい）・蜎飛（えんぴ）・蠕動（ぜんどう）之類有ること無く、阿須倫、諸の龍鬼神も有ること無し。

終に天雨の時も無く、亦、春・夏・秋・冬、有ること無し。亦、大寒も無く、亦、大熱も無し。常に和調中適にして、甚だ快善なること比無し。

皆、自然万種の物有り。百味の飲食、意に得る所有らんと欲はば、即ち自然に前に在り。用ひざる所の者は、即ち自然に去る。比へば、第六天上の

P--P. 11

自然の物の如し。恣若（ほしいまま）に自然に、即ち皆、意に随ふ。

其の国の中には悉く諸の菩薩・阿羅漢のみにして、女人往生すれば、即ち化して男子と作る。婦女有ること無し。寿命も無央数劫なり。

但、諸の菩薩・阿羅漢のみ有て、無央数なり。悉く皆、洞かに視、徹かに聴き、遥かに相見、遥かに相瞻望し、遥かに相聞く。語る声は、悉く皆、道の善なる者を求む。同一種類にして、異人有ること無し。

其の諸の菩薩・阿羅漢、面目、皆、端正にして、浄潔絶好なり。悉く同一色にして、偏に醜悪なる者有ること無きなり。

諸の菩薩・阿羅漢、皆、才猛黠慧（さいみょうかっけい）なり。皆、衣は自然の衣なり。心中に念ずる所は道徳なり。其の語り言はんと欲ふもの、皆予め相知る。意に念ずる所の言も、常に正事を説く。

語る所、輒ち（すなわち）、経道を説きて、他余の悪を説かず。其の語言の音響、三百鍾の声の如し、皆相敬愛して、相嫉憎する者無し。皆長幼・上下の先後を以て、之を言ふ。義を以てし礼に如（かな）ひて、

転た相敬事すること、兄の如く弟の如し。仁を以てし義を履み、妄りに動作せず。言語誠の如く、転た相教令して、相違戻せず、転た相承受して、皆心浄潔にして、貪慕する所無く、終に瞋怒・淫泆の心、愚癡の態無く、邪心にして婦人を念ふ意有ること無し。

悉く皆、智慧勇猛に、和心歓楽して、経道を好喜し、自ら前世より従来する所の生、億万劫の時の宿命の善悪、存亡を知り、現在も却て知ること無極なり。

阿弥陀仏の教授したまふ可き所の、講堂・精舎は、皆復自然の七宝なり。金・銀・水精・琉璃・白玉・虎珀・車渠、自ら共に相成ず。甚だ姝明好絶にして比無し。亦作る者無く、従来する所を知らず。亦持ち来る者無く、亦従去する所も無し。阿弥陀仏の願じたまふ所の徳重ければなり。其の人善を作す、故に《「P．304a》論経・語義・説経・行道、其の中に講会して、自然に化生するのみ。其の講堂・精舎には、皆復七宝の楼観・欄楯有り。復、金・銀・水精・琉璃・白玉・虎珀・車渠を以て瓔珞と為し、復、白珠・明月珠・摩尼珠を以て交露と為して、其の上に覆蓋せり。皆自ら五の音声を作す、甚だ好きこと比無し。

諸の菩薩・阿羅漢所居の舎宅も、皆、復、七宝を以てす。金・銀・水精・琉璃・白玉・虎珀・車渠・碼碯、化生し、転た共に相成ず。其の舎宅に悉く各（々）七宝の楼観・欄楯有り。復、金・銀・水精・琉璃・白玉・虎珀・車渠を以て、瓔珞と為し、復、白珠・明月珠・摩尼珠を以て交露と為して、

P―P.12
其の上に覆蓋せり。皆各（々）復自ら五の音声を作せり。

　阿弥陀仏の講堂・精舎及び諸の菩薩・阿羅漢所居の舎宅の中、内外處處に、皆、復、自然の流泉・浴池有り。

　皆自然の七宝と倶に生じて、金・銀・水精・琉璃・虎珀・車渠、転(うた)た共に相成ず。

　淳金の池には、其の水底の沙は、白銀なり。淳白銀の池には、其の水底の沙は、黄金なり。淳水精の池には、其の水底の沙は、琉璃なり。淳琉璃の池には、其の水底の沙は、水精なり。淳珊瑚の池には、其の水底の沙は、虎珀なり。淳虎珀の池には、其の水底の沙は、珊瑚なり。淳車渠の池には、其の水底の沙は、馬瑙なり。淳馬瑙の池には、其の水底の沙は、車渠なり。淳白玉の池には、其の水底の沙は、紫磨金なり。淳紫磨金の池には、其の水底の沙は、白玉なり。

　中に復、両宝の共に一池を作す者有り。其の水底の沙は、金・銀なり。中に復、三宝の共に一池を作す者有り。其の水底の沙は、金・銀・水精なり。中に復、四宝の共に一池を作す者有り。其の水底の沙は、金・銀・水精・琉璃なり。中に復、五宝の共に一池を作す者有り。其の水底の沙は、金・銀・水精・琉璃・珊瑚なり。中に復、六宝の共に一池を作す者有り。其の水底の沙は、金・銀・水精・琉璃・珊瑚・虎珀なり。中に復、七宝の共に一池を作す者有り。其の水底の沙は、金・銀・水精・琉璃・珊瑚・虎珀・車渠なり。

中に浴池の長さ四十里なる者有り。長さ八十里なる者有り。長さ百六十《「P．３０４b》里なる者有り。長さ三百二十里なる者有り。長さ六百四十里なる者有り。長さ千二百八十里なる者有り。長さ二千五百六十里なる者有り。長さ五千一百二十里なる者有り。長さ万二百四十里なる者有り。長さ二万四百八十里なる者有り。其の池、縦広適等なり。是の池は、皆諸の菩薩・阿羅漢の、常に浴すべき所の池なり。」

仏、言はく。

「弥陀仏の浴池の長さは四万八千里、広さも亦四万八千里なり。

其の池は皆七宝を以て転た共に相成ず。其の水底の沙は、白珠・明月珠・摩尼珠なり。

阿弥陀仏及び諸の菩薩・阿羅漢の浴池の中の水は、皆清香潔なり。

池の中には皆香華有り。悉く自然に生ず。百種の華、種々、色を異にす。色異の香華、枝、皆、千葉なり。甚だ香しきこと比無きなり。香、言ふべからず。

其の華は、亦、世間の華にあらず。

P－－P．13

復、天上の華にもあらず。此の華の香は、都て、八方・上下の、衆の華の香の中の精なり。自然に化生するのみ。

其の池の中の水、流行して、転た相灌注す。其の水の流行も、亦、遅からず、駃からず。

皆復、五の音声を作せり。」

仏、言はく。

「八方・上下の無央数の仏国の諸天・人民及び蜎飛・蠕動之類、諸の阿弥陀仏国に生ずる者は、皆七宝の水池の蓮華の中に化生し、便ち自然に長大にして、亦乳養育の者無く、皆自然の飲食を食す。

其の身体も亦、世間の人の身体にあらず。亦、天上の人の身体にもあらず。皆、衆善の徳を積みて、悉く、自然虚無の身、無極の体を受け、甚だ姝好にして比無し。」

▽【「乞人と帝王の譬え」】（真聖全書146頁）

仏、阿難に語りたまはく。

「世間の貧窮・乞丐の人の如きは、帝王の辺に在りて住せ令むれば、其の面目形状、寧ろ帝王の面目・形類・顔色に類するや、不や。」

阿難、言さく。

「仮使ひ王子をして、帝王の辺に在りて、住せしむれば、其の面目形状、甚だ醜悪にして好からず、帝王に如かざること、百千億万倍なり。所以は何ん。乞人は貧窮困極にして、飲食常に悪しく、未だ常に美食有らず、時に既に悪食すら飽食を得ること能はず、食、纔に命を支へ、骨節相撑拄して、以て自ら給すること無し。常に乏しくして儲有ること無し。飢餓寒凍、怔忪（おびえる）愁苦せり。但、前世に人と為りしとき、愚癡・無智なるに坐り、慳貪にして《「P.304c》肯て慈哀して善を為し博く愛して施與せず、但唐らに得んことを欲して、飲食を貪惜し、独り嗜美を食し、施貸して後に報償を得ることを信ぜず。復、善を為して、後世に、当に其の福を得べきことを信ぜず。蒙悾抵佷にして、益（々）衆悪を作す。是の如くして寿終り、財物尽く索ぬ。素より恩徳無く、恃怙する所無し。悪道の中に入りて、之に坐りて苦に適ふ。然る後出でて解脱することを得て、今生に人と為れども、下賎と作りて、貧家の為に子と作り、強ひて人の形に像たれども、状類甚だ醜く、衣被弊壊して単り空しく独立し、形体を蔽はず。乞丐して生くるのみ。飢寒困苦し、面目羸劣にして、人の色に類せず。其の前世の身の作す所に坐せられて、其の殃罰を受け、衆に示して之を見せしむるに、誰も哀む者莫し。市道に棄捐せられ、曝露痟瘦し、黒醜悪極にして、人に及ばざるのみ。

帝王の人の中の独尊にして最好なる所以は、何ぞ。皆、其の前世に人と為りし時、善を作し経道を信受し、恩を布き徳を施し、博く愛して義に順ひ、慈仁にして憙びて与へ、飲食を貪らず、衆と之を共にして、匱惜する所無く、都て違争無し。其の善福を得て、寿終りて徳に随ひて悪道に更らず、今生に

P---P. 14

人と為り、王家に生まるることを得、自然に尊貴にして独り王となり、人民を典主し撿制し、其の雄傑と為る。面目潔白に、和顔好色にして、身体端正なり。衆に共に敬事せられ、美食・好衣心に随ひ意に恣(ほしいまま)なり。若し楽ひ欲する所は、自然に前に在りて、都て違争無し。人中に於て姝好にして憂(うれひ)無く、快楽にして面目光沢なり。故に乃し爾るのみ。」

仏、阿難に告げたまはく。

「若(なんじ)が言、是なり。帝王は、人中に於て好く比すべき者無しと雖も、当に、遮迦越王の辺に在りて、住せ令むれば、其の面形類甚だ醜悪にして好からざること、比へば、乞人の帝王の辺に在りて住するが如くなるべし。其の帝王の面目、尚復遮迦越王の面色の姝好なるに如かざること、百千億万倍なり。遮迦越王の如きは、天下に於て絶えて好きこと比無きも、当に第二天王の辺に在りて住せ令むれば、其の面甚だ醜くして好からざること、尚復、帝釈の面類端正にして姝好なるに如かざること、百千億万倍なるべし。天帝釈の如きも、第六天王の辺に在りて住せ令むれば、其の面類甚だ醜くして好からざること、尚復、第六天王の面類端正にして姝好なるに如かざること、百千億万倍なり。第六天王の如きも、阿弥陀仏国の中の諸の菩薩・阿羅漢の辺に在りて住せ令むれば、其の面甚だ《「P．３０５ａ》醜くして、尚復、阿弥陀仏国の中の菩薩・阿羅漢の面類端正にして姝好なるに如かざること、百千億万倍なり。」

仏、言はく。

「阿弥陀仏国の諸の菩薩・阿羅漢の面類は、悉く皆端正にして絶えて好きこと比無し、泥洹（ないおん）の道に次し。

阿弥陀仏及び諸の菩薩・阿羅漢の講堂・精舎、居處る所の舎宅の中、内外の浴池の上（ほとり）に、皆七宝の樹有り。

中に淳金樹・淳銀樹・淳水精樹・淳琉璃樹・淳白玉樹・淳珊瑚樹・淳琥珀樹・淳車渠樹有りて、種々に各（々）自ら異行なり。

中に、両宝共に一樹と作る者有り。銀樹には、銀根・金茎・銀枝・金葉・銀華・金実あり。金樹には、金根・銀茎・金枝・銀葉・金華・銀実有り。水精樹には、水精根・琉璃茎・水精枝・琉璃葉・水精華・琉璃実有り。琉璃樹には、琉璃根・水精茎・琉璃枝・水精葉・琉璃華・水精実有り。是の二宝共に一樹と作るなり。

中に復、四宝の共に一樹と作る者有り。水精樹には、水精根・琉璃茎・金枝・銀葉・水精華・琉璃実有り。琉璃樹には、琉璃根・水精茎・金枝・銀葉・水精華・琉璃実有り。是の四宝樹、転（うた）た共に相成じて、

P---P.15

各々自ら異行なり。

中に復、五宝の共に一樹と作る者有り。銀根・金茎・水精枝・琉璃葉・銀華・金実あり。金樹には金根・銀茎・水精枝・琉璃葉・珊瑚華・銀実あり。水精樹には、水精根・琉璃茎・珊瑚枝・銀葉・金華・琉璃実あり。琉璃樹には、琉璃根・珊瑚茎・水精枝・金葉・銀華・珊瑚実あり。珊瑚樹には、珊瑚根・琉璃茎・水精枝・金葉・銀華・琉璃実あり。是の五宝共に一樹と作る、各（々）自ら異行なり。

中に六宝の共に一樹と作る者有り。銀樹には、銀根・金茎・水精枝・琉璃葉・珊瑚華・琥珀実あり。金樹には、金根・銀茎・水精枝・琉璃葉・琥珀華・珊瑚実あり。水精樹には、水精根・琉璃茎・珊瑚枝・虎珀葉・銀華・金実あり。琉璃樹には、琉璃根・珊瑚茎・虎珀枝・水精葉・金華・《「P．305b》銀実あり。是の六宝樹転た共に相成じて各（々）自ら異行なり。

中に復七宝の共に一樹と作る者有り。銀樹には、銀根・金茎・水精枝・琉璃葉・珊瑚華・虎珀実あり。金樹には、金根・水精茎・琉璃枝・珊瑚葉・虎珀華・銀実あり。水精樹には、水精根・琉璃茎・珊瑚枝・虎珀葉・車渠華・白玉実あり。珊瑚樹には、珊瑚根・虎珀茎・白玉枝・琉璃葉・車渠華・名月珠実あり。虎珀樹には、虎珀根・白玉茎・珊瑚枝・琉璃葉・水精華・金実あり。白玉樹には、白玉根・車渠茎・珊瑚枝・虎珀葉・金華・摩尼珠実あり。是の七宝樹転た共に相成じて、種々に各（々）自ら異なり。行行相値ひ、茎茎自ら相准じ、枝枝自ら相値ひ、葉葉自ら相向ひ、華華自ら相望み、実実自ら相当れり。」

仏、言はく。

「阿弥陀仏の講堂・精舎の中に当りて、内外に七宝の浴池繞れり、辺上に諸の七宝樹あり。及び諸の菩薩・阿羅漢の七宝の舎宅の中にも、内外に七宝の浴池繞れり。池の辺に諸の七宝樹あり、数千百重行なり。皆各（々）是の如し。自ら五の音声を作す、音声甚だ好きこと比無きなり。」

仏、阿難に告げたまはく。

「世間の帝王の百種の伎楽の音声の如きは、遮迦越王の諸の伎楽の音声の好きに如かざること、百千億万倍なり。遮迦越王の万種の伎楽の音声の如きも、尚復第二忉利天上の諸の伎楽の一の音声に如かざること、

P－－P．16

百千億万倍なり。忉利天上の万種の伎楽の声の如きも、尚復第六天上の一の音声の好きに如かざること、百千億万倍なり。第六天上の万種の音楽の声の如きも、尚復阿弥陀仏国中の七宝樹の一の音声の好きに如かざること、百千億万倍なり。

阿弥陀仏国の中に、亦万種自然の伎楽有り、甚だ楽しく極無し。

阿弥陀仏及び諸の菩薩・阿羅漢、浴せんと欲する時は、便ち各（々）其の七宝池の中に入りて浴すべし。諸の菩薩・阿羅漢、意に水をして足を没さ令めんと欲すれば、水即ち足を没す。意に水をして膝に至ら令めんと欲すれば、水即ち膝に至る。意に水をして腰に至ら令め

んと欲すれば、水即ち腰に至る。意に水をして腋（わき）に至ら令めんと欲すれば、水即ち腋に至る。意に《「P．305c」》水をして頸（くび）に至ら令めんと欲すれば、水即ち頸に至る。意に水をして自ら身の上に潅が令めんと欲すれば、水即ち自ら身の上に潅ぐ。意に水をして還て復故の如くなら令めんと欲すれば、水即ち還て復故の如し。恣若（ほしいまま）に意の所欲好喜に随ふ。」

仏、言はく。

「阿弥陀及び諸の菩薩・阿羅漢、皆、浴し已りて、悉く自ら一の大蓮華の上に於て坐すれば、即ち四方に自然に乱風起る。其の乱風は、亦世間の風にあらず、亦天上の風にもあらず、都て八方・上下の衆風の中の精なり。自然に合会して化生するのみ。寒からず熱からずして常に、和調中適なり。甚だ清涼にして好きこと比無きなり。徐（おもむろ）に起りて遅からず駛（はや）からず適（まさ）に中宜を得たり。七宝の樹を吹くに、皆五の音声を作す。

七宝樹の華を以て、悉く其の国中に覆へり。皆、仏及び諸の菩薩・阿羅漢の上に散ず。華、随ひて地に堕つるに、皆厚さ四寸なり。極めて自ら軟かくして好きこと比無し。即ち自然の乱風吹きて、萎める華自然に去る。即ち復四方より自然の乱風七宝樹を吹けば、樹皆復五の音声を作して、樹の華皆自然に仏及び菩薩・阿羅漢の上に散ず。華少しく萎みて地に堕つれば即ち自然に去る。即ち復四方より乱風起りて七宝樹を吹く、是の如くするも四反（へん）なり。

諸の菩薩・阿羅漢の中に、但、経を聞かんと欲する者有り。中に但、音楽を聞かんと欲する者有り。中に但華香を聞かんと欲する者有り。経を聞くことを欲せざる者有り。音楽の声を聞くことを欲せざる者有り。華香を聞くことを欲せざる有り。其の聞かんと欲する所の者は、輒即ち独り之を聞き、聞くことを欲せざる者は、則ち独り聞かず。意の欲する所に随ひて喜楽し、其の願に違はざるなり。

浴し訖れば各（々）自ら去りて行道す。

中に地に在りて経を講ずる者、経を誦する者、経を説く者、口づから経を受くる者、経を聴く者、経を念ずる者、道を思ふ者、坐禅する者、経行する者有り。中に

P…P．17

虚空の中に在りて経を講ずる者、経を誦する者、経を説く者、口づから経を受くる者、経を聴く者、経を念ずる者、道を思ふ者、坐禅一心なる者、経行する者有り。

未だ須陀洹（すだおん）道を得ざる者は、即ち須陀洹道を得、未だ斯陀含（しだごん）道を得ざる者は、即ち斯陀含道を得、未だ阿那含（あなごん）道を得ざる者は、即ち阿那含道を得、未だ阿羅漢道を得ざる者は、即ち阿羅漢道を得、未だ阿惟越致（あゆいおっち）を得ざる菩薩は、即ち阿惟越致を得るなり。各（々）自ら経を説き道を行じて、《P．306a》悉く皆道を得て、歓喜し踊躍せざる者莫し。

▽無量寿経J段「彼の国の菩薩」(2)「諸仏を供養する」（真聖52頁）に相当。大変よく整理さ

れています。

諸の菩薩の中に、意に八方・上下の無央数の諸仏を供養せんと欲する者有らば、即ち皆倶に前みて仏の為に礼を作し、仏に白さく、『辞し行いて八方・上下の無央数の仏を供養せん』と。仏、即ち之を然可して、即ち行か令めたまふ。諸の菩薩の皆、大に歓喜するもの、数千億万人無央数にして、復、計ふべからず。皆、当に智慧勇猛にして、各（々）自ら幡輩（はんぱい）《ひるがえりつらなる》して飛び、相追ひて倶共に散り飛びて、則ち八方・上下の無央数の諸仏の所に到り、皆前みて諸仏の為に礼を作して、即便ち供養すべし。

意に万種自然の物を得んと欲はば、前に在り、即ち自然百種の雑色の華、百種の雑絵綵（あやぎぬ）・百種の劫波育衣（こうはいくえ）、七宝の燈火、万種の伎楽、悉く皆前に在り。其の華香の万種自然の物は、亦世間の物にあらず、亦天上の物にもあらざるなり。是の万種の物は、都て八方・上下の衆、自然に合会して化生するのみ(耳)。意に得んと欲はば、即ち自然に化生し、意に用ひざらんとせば、即ち化し去る。諸の菩薩即ち共に持して、諸仏及び諸の菩薩・阿羅漢を供養す。辺傍・前後、迴遶し周匝（しゅうそう）す。意に在りて欲する所、即輒ち皆至る、是の時に当りて快楽言ふ可（べ）からざるなり。

諸の菩薩、意に各（々）四十里の華を得んと欲はば、即ち自然に前に在り。便ち虚空の中に於て共に持して諸仏及び菩薩・阿羅漢の上に散ず。皆虚空の中に在りて下り向ふ。華甚だ香り好し。少しく萎みて地に堕つれば、即ち自然の乱風吹きて、萎める華悉く自然に去る。

諸の菩薩、意に各（々）復、八十里の華を得んと欲はば、即ち自然に前に在り。共に持して諸仏及び諸の菩薩・阿羅漢の上に散ず。華、皆、復、虚空の中に在りて下り向ふ。少しく萎みて地に堕つれば、即ち自然の乱風吹きて、萎める華悉く自然に去る。

諸の菩薩、意に各（々）復、百六十里の華を得んと欲はば、即ち自然に前に在り。便ち虚空の中に於て、共に持して諸仏及び諸の菩薩・阿羅漢の上に散ず。華、皆、復、虚空の中於り

P－－P．18

下り向ふ。少しく萎みて地に堕つれば、即ち自然の乱風吹きて、萎める華悉く自然に去る。

諸の菩薩、意に各（々）復、三百二十里の華を得んと欲はば、即ち自然に前に在り。復虚空の中に於て、持して、諸仏及び諸の菩薩・阿羅漢の上に散ず。華、虚空の中於り下り向ふ。少しく《「P．306b》萎みて地に堕つれば、即ち自然の乱風吹きて、萎める華悉く自然に去る。

諸の菩薩、意に各（々）復、六百四十里の華を得んと欲はば、即ち自然に前に在り。復以て、諸仏及び諸の菩薩・阿羅漢の上に散ず。皆、虚空の中に在りて下り向ふ。少しく萎みて地に堕つれば、即ち自然の乱風吹きて、萎める華、去る。

諸の菩薩、意に各（々）復、千二百八十里の華を得んと欲はば、即ち自然に前に在り。復、虚空の中に於て、共に持して、諸仏及び諸の菩薩・阿羅漢の上に散ず。皆、虚空の中に在りて下り向ふ。少しく萎みて地に堕つれば、乱風、自然に吹きて、萎める華悉く自然に去る。

諸の菩薩、意に各（々）復、二千五百六十里の華を得んと欲はば、即ち自然に前に在り。復、虚空の中に於て、共に持して、諸仏及び諸の菩薩・阿羅漢の上に散ず。皆、虚空の中に在りて下り向ふ。少しく萎みて地に堕つれば、乱風、吹きて、萎める華悉く自然に去る。

諸の菩薩、意に各（々）復、五千一百二十里の華を得んと欲はば、即ち自然に前に在り。復、虚空の中に於て、共に持して、諸仏及び諸の菩薩・阿羅漢の上に散ず。皆、虚空の中に在りて下り向ふ。少しく萎みて地に堕つれば、乱風、自然に吹きて、萎める華悉く自然に去る。

諸の菩薩、意に各（々）復、万二百四十里の華を得んと欲はば、即ち皆自然に前に在り。復、虚空の中に於て、共に持して、諸仏及び諸の菩薩・阿羅漢の上に散ず。皆、虚空の中に在りて下り向ふ。少しく萎みて地に堕つれば、乱風、自然に吹きて、萎める華悉く自然に去る。

諸の菩薩、意に各（々）復、二万四百八十里の華を得んと欲はば、即ち皆前に在り。復、虚空の中に於て、共に持して、諸仏及び諸の菩薩・阿羅漢の上に散ず。皆、虚空の中に在りて下り向ふ。少しく萎みて地に堕つれば、乱風吹きて、萎める華悉く自然に去る。

諸の菩薩、意に各（々）復、五万里の華を得んと欲はば、即ち皆前に在り。復、虚空の中に於て、共に持して、諸仏及び諸の菩薩・阿羅漢の上に散ず。皆、虚空の中に在りて下り向ふ。少しく萎みて地に堕つれば、乱風吹きて、萎める華悉く自然に去る。

諸の菩薩、意に各（々）復、十万里の華を得んと欲はば、即ち皆前に在り。諸の菩薩、復、虚空の中に於て、共に持して、諸仏及び諸の菩薩・阿羅漢の上に散ず。皆、虚空の中に在りて下り向ふ。少しく萎みて地に堕つれば、乱風吹きて、萎める華悉く自然に去る。

P--P.19

諸の菩薩、意に各（々）復、二十万里の華を得んと欲はば、即ち皆前に在り。《「P.306c》復、虚空の中に於て、共に持して、諸仏及び諸の菩薩・阿羅漢の上に散ず。皆、虚空の中に在りて下り向ふ。少しく萎みて地に堕つれば、乱風吹きて、萎める華悉く自然に去る。

諸の菩薩、意に各（々）復、四十万里の華を得んと欲はば、即ち皆前に在り。復、虚空の中に於て、共に持して、諸仏及び諸の菩薩・阿羅漢の上に散ず。皆、虚空の中に在りて下り向ふ。少しく萎みて地に堕つれば、乱風吹きて、萎める華悉く自然に去る。

諸の菩薩、意に各（々）復、八十万里の華を得んと欲はば、即ち皆前に在り。復、虚空の中に於て、共に持して、諸仏及び諸の菩薩・阿羅漢の上に散ず。皆、虚空の中に在りて下り向ふ。少しく萎みて地に堕つれば、乱風吹きて、萎める華悉く自然に去る。

諸の菩薩、意に各（々）復、百六十万里の華を得んと欲はば、即ち皆前に在り。復、虚空の中に於て、共に持して、諸仏及び諸の菩薩・阿羅漢の上に散ず。皆、虚空の中に在りて下り向ふ。少しく萎みて地に堕つれば、乱風吹きて、萎める華悉く自然に去る。

諸の菩薩、意に各（々）復、三百万里の華を得んと欲はば、即ち皆前に在り。共に持して、諸仏及び諸の菩薩・阿羅漢の上に散ず。皆、虚空の中に在りて下り向ふ。少しく萎みて地に堕つれば、乱風吹きて、萎める華自然に去る。

諸の菩薩、意に各（々）復、六百万里の華を得んと欲はば、即ち皆前に在り。共に持して、諸仏及び諸の菩薩・阿羅漢の上に散ず。

華都て自然に合じて一華と為る。華、端正にして円に周帀し、各（々）適に等し。華、転た前に倍して、華極めて自ら軟好にして、前の華に勝れること数千百倍なり。色色の異香、香しきこと言ふ可からず。

諸の菩薩、皆、大に歓喜して、倶に虚空の中に於て、大に共に衆音自然の伎楽を作して、諸仏及び諸の菩薩・阿羅漢を楽しましむ。此の時に当りて快楽言ふ可からず。

諸の菩薩、皆悉く却き坐して経を聴く。経を聴き竟りて、即ち悉く諷誦す。通（やりとり）重ねて経道を知り、益（々）智慧明かなり。

即ち諸仏国の中に、第一四天の上従り三十三天の上に至るまでの、諸の天人、皆共に、天上万種自然の物を持して、来り下りて諸の菩薩・阿羅漢・天人を供養す。皆復、虚空の中に於て、大に共に衆音の伎楽を作せり。諸の天人の、前に来れる者、転た去りて、後に来る者を避く。後に来れる者、転た復供養すること、前の如くして、更に相開避す。諸の天人歓喜し、経を聴きて大に共に音楽を作す。是の時に当りて快楽極り無し。
諸の菩薩、供養し、経を聴き訖竟りて、便ち皆起ちて仏の為に礼を作して去る。即ち復《P.307a》飛びて八方・上下の無央数の諸仏の所に到り、供養して経を聴くこと、皆各(々)前の如し。悉く遍く已りて後、

P---P.20

日の未だ中ならざる時(注)、各(々)飛びて其の国に還り、阿弥陀仏の為に礼を作して、皆却き坐して経を聴き竟りて大に歓喜す。」

△ここまで、無量寿経J段「彼の国の菩薩」(2)「諸仏を供養する」(真聖52頁)に相当。大変よく整理されています。

注　阿弥陀経「即以食時還到本国」(真聖127頁)の「食時」は、divā-vihāra、昼の休息の意。(藤田先生　阿弥陀経注より)

仏、言はく。

「阿弥陀仏及び諸の菩薩・阿羅漢食せんと欲する時は、即ち自然の七宝の机・劫波育・罽(けい)畳、

以て坐と為り、仏及び菩薩、皆坐す。前に悉く自然七宝の鉢有り。中に百味の飲食有り。飲食は亦世間に類せず、亦天上にもあらず、此の百味の飲食は、八方・上下の衆の自然の飲食の中の精味にして、甚だ香美にして比無し。自然に化生するのみ（耳）。甜酢(てんさく)（あまず）を得んと欲はば、欲する所に在りて得。

諸の菩薩・阿羅漢の中に、金鉢を得んと欲する者有り、銀鉢を得んと欲する者有り、水精鉢を得んと欲する者有り、珊瑚鉢を得んと欲する者有り、虎珀鉢を得んと欲する者有り、白玉鉢を得んと欲する者有り、車渠鉢を得んと欲する者有り、馬瑙鉢を得んと欲する者有り、明月珠鉢を得んと欲する者有り、摩尼珠鉢を得んと欲する者有り、紫磨金鉢を得んと欲する者有り、意に随ひて即ち至る。亦従来する所も無く、亦供養する者も無し。自然に化生するのみ（耳）。

諸の菩薩・阿羅漢、皆食するに、食も亦多からず亦少からず、悉く平等なり。亦、美悪を言はず、亦、美を以ての故に喜ばず。食し訖れば、諸の飯具・鉢・机・座、皆自然に化し去り、食せんと欲する時は、乃ち亦、化生するのみ（耳）。諸の菩薩・阿羅漢、皆心浄潔にして、飲食する所は但用て気力を作すのみ（爾）。皆、自然に消散し摩盡して、化し去る。」

仏、阿難に告げたまはく。

「阿弥陀仏、諸の菩薩・阿羅漢の為に経を説きたまふ時、都て悉く大に、講堂の上に会す。諸の菩薩・阿羅漢及び諸天・人民、無央数にして、都て、復計ふ可(べ)からず。皆阿弥陀仏の所に飛び到りて、仏の為に礼を作し、却き坐して経を聴く。其の仏、広く道智大経を説きたまふ。皆悉く聞知して歓喜し踊躍して心に開解せざる者莫し。

即ち四方より自然の乱風起りて七宝樹を吹くに、皆五の音声を作せり。七宝樹の華、其の国に覆蓋し、皆虚空の中に在りて、下り向ふ。其の華の香、一国の中に遍じて、皆阿弥陀仏及び諸の菩薩・阿羅漢の上に散ず。華、地に堕ちて皆厚さ四寸なり。少しく萎めば即ち乱風吹きて、《「P．307b》萎める華自然に去る。四方の乱風七宝樹の華を吹くこと、是の如く四反(へん)す。

即ち第一四天王、第二忉利天の上より三十二天の上に至るまで、諸の天人、皆天上の万種自然の物を持ち、百種の雑色華、百種の雑香、百種の

P---P．21

雑絵綵(あやぎぬ)、百種の劫波育畳衣、万種の伎楽、転(うた)た倍して好く相勝れるを各（々）持ちて来り下り、阿弥陀仏の為に礼を作して、仏及び諸の菩薩・阿羅漢を供養す。諸の天人、皆復、大に伎楽を作して、阿弥陀仏及び諸の菩薩・阿羅漢を楽しましむ。是の時に当りて、快楽、言ふ可(べ)からず。諸天、更に相、開避す。後に来る者、転(うた)た復供養すること前の如し。

▽以降、無量寿経無量寿経H段「十方の菩薩衆」（真聖46頁）に相当します。

即ち【東方無央数の仏国】、其の数、復計ふ可(べ)からず、恒水の辺の流沙の如し。一沙を一仏

として其の数是の如し。諸仏、各（々）諸の菩薩を遣はすこと、無央数にして、復計ふ可からず。皆阿弥陀仏の所に飛び到り、礼を作し経を聴き、皆大に歓喜し、悉く起ちて為に礼を作して如き去る。西方・北方・南方、四角の諸仏、其の数各（々）恒水の辺の流沙の如し。各（々）諸の菩薩無央数を遣はして、阿弥陀仏の所に飛び到りて、礼を作し経を聴くこと、亦復、是の如し。下方・上方の諸仏、其の数各（々）恒水の辺の流沙の如し。皆、諸の菩薩を遣はすこと、都て、復計ふ可からず。阿弥陀仏の所に飛び到りて、礼を作して経を聴き、更に相開避す。是の如くして終に休絶する時無きなり。」

仏、言はく。

「諸仏、恒水の辺の流沙を以て数と為る所以は、八方・上下の無央数の仏、甚大衆多にして、都て各（々）復計ふ可からざるが故に、恒水の辺の流沙を以て数と為るのみ（耳）。」

▽ここまでが無量寿経H段「十方の菩薩衆」に属します。

注釈　この直後に、無量寿経には「東方偈〈往覲偈（往いてお目にかかる偈）〉」30偈（無量寿経H段「十方の菩薩衆」所収）があります。東方偈は、大阿弥陀経には存在していません。平等覚経、無量寿経、如来会、サンスクリット本にほとんど同じ内容のものが存在しています。そこに出てくる、方角を表す順番を見てみると、少し面白いことに気づきます。平等覚経では、東、西、北、南、四角、下、上。

無量寿経では、東、南西北、四維、上下。サンスクリット本では、東、南西北。如来会では、東、南西北、四維、上下。平等覚経の「東、西、北、南」と他の三つの「東、南西北」では明らかに異なっています。私は、平等覚経と他の三つの土台にある文化が違っているんだと思います。私は、平等覚経の経典確定時期を紀元１００年から１５０年頃の中央インドと見ています。大阿弥陀経はそれ以前です。そして、無量寿経の原テキスト、サンスクリット本、如来会の原テキストの経典確定時期は紀元後１５０年以降の中央インドということになります。

最も古い形態を残す平等覚経の東方偈は、他の三つものとは、大分違った印象を持ちます。まず、言えることは、非常に詩的傾向が強いことです。詩的と言いますのは、言葉を紡いでいけばいくほど、そこにはある情景がありありと浮かび、しかも音、香り、ざわめき、人々の自然な笑顔が、リアリティーをもって、私の身体を包み込むのです。

そして、仏教の専門用語がほとんどないことです。嘆仏偈、重誓偈と見比べてもらえれば一目瞭然です。

▽以下は、【平等覚経の東方偈】です。32偈あります。東方偈の最古のものになります。（真聖全書26～28頁）ここに抜き書きします。（6字で1句、4句で1偈としてあります。◎、○は偈の

初めに打ってあります。◎は奇数偈に打ってあります。）

◎「譬(たと)若へば恒沙の如き刹、東方の仏国、是の如し。

各各(おのおの)諸の菩薩を遣はして、稽首して無量覚を礼したてまつる。

○西・南・北面も皆爾なり。是の如き恒沙数の土、

是の諸仏、菩薩を遣はして、稽首して無量覚を礼したてまつる。《「P．288b》

◎此の十方の菩薩、飛びて、皆、衣裓(えこく)、諸の華、

天の拘蚕、種々の具を以て、往いて、無量覚を供養したてまつる。

○諸の菩薩、皆、大に集ひて、稽首して、無際光を礼したてまつる。

遶ること三匝して、叉手して、住し、国尊無量覚を歎じたてまつる。

P¦P．26

◎皆、華を持して、仏の上に散じ、心清浄にして無量を称したてまつる。

仏前に於て住して自ら説く。『願はくは我が刹をして此の如くなら使めん。』

○散ずる所の華、虚空に止りて、合成して百由旬を蓋ふ。

其の柄、妙厳にして、飾り好く、悉く遍く衆会の上に覆う。

◎諸の菩薩、都て往き至る。諸尊の刹は、値ふことを得難し。

○ 是の如きの人、仏の名を聞きて、快く安穏にして、大利を得ん。
○ 吾等が類、是の徳を得ん。諸の、此の刹に好き所を獲んものは〈真聖全では「獲ん」〉、
本国《もともと居た所》を計るに、夢の若如し。無数劫にも浄きは此の土なり。
◎ 菩薩の、世尊を遶るを、見るに、威神猛寿、極無し。
国覚衆、甚だ清浄なること、無数劫にも思議し難し。
⑩ 時に、無量世尊、笑みたまふ。三十六億那術、
此の数の光、口従り出で、遍く諸の無数の刹を炤す。
⑪ 則ち迴光還りて、仏を遶り、三匝し已りて、頂従り入る。
色、霍然として、復、現ぜず。天、亦、人も、皆、歓喜す。
○ 【盧樓亘《観世音》】、坐従り起ちて、衣服を正して、稽首して問ひ、
仏に白して言はく。『何に縁りてか笑みたまふ。唯世尊、是の意を説きたまへ。
◎ 願はくは、我に本空の莂を授け、慈護して百福の相を成ぜしめよ。
是の諸の音声を聞く者、一切の人踊躍して喜ぶ。』
○ 梵の音及び雷霆、八種の音、深重の声なり。
仏、盧樓亘《観世音》に決を授けたまふ。『今、吾説かん。仁諦かに聴け。』
◎ 衆の世界の諸菩薩、須阿提に到りて、仏を礼し、

聞きて歓喜し、広く奉行して、疾く浄を得る處に至ることを得ん。

○已に此の【厳浄の国】に到りぬれば、便ち速に神足を得て倶に、

眼、洞かに視、耳、徹かに聴き、亦、還て、宿命を知ることを得ん。

◎無量覚、其の決を授けん。『我、前世に【本願】有り。《「P．288c》

一切の人、法を説くを聞かば、皆、疾く我が国に来生せん。

○吾が願ずる所、皆具足せん。衆の国従り来生せん者、

皆、悉く、此の間に来り到りて、一生に不退転を得ん。

◎若し菩薩、更に願を興して、国をして我が刹の如くなら使めんと欲せん。』と、

亦、一切人を度せんと念じ、名をして《真聖全では「各」となっている》願はくば、

十方に達せ令めん。

P－－P．27

○【速に疾く超えて】、便ち【安楽国】の（之）世界に到る可し。

無量光明土に至りて、無数の仏を供養す。

㉑其れ億万の仏に奉事し、飛び変化して、諸国に遍じ、

恭敬し已りて、歓喜して去り、便ち、須摩提に（於）還る。

東方偈のこれ以降の偈頌は、「Skt.」「如来会」では、この場所ではなく、ほぼ最後部に存在している。平等覚経でも、最後部（『真宗聖教全書』131頁の前。『大正新脩大蔵経』第十二巻299頁下段）に存在している。無量寿経で言うと、真聖87頁の部分に挿入されている。この部分は、前後の関係からすると、もともと、「Skt.」、「如来会」にあるところにあったものであろう。無量寿経の原テキストの混乱によって、どこの部分か分からなくなったものを、無量寿経編集者たちが内容を見て、最後尾、最もふさわしい場所に置いたものであろう。

㉒【是の功徳、有るにあらざる人】は、是の経の名を聞くことを得ず。
　唯、清浄に戒を有（たも）てる者、乃し此の正法を聞くに逮（およ）べり。

◎曾（かつ）更て、世尊雄を見たてまつりて、則ち是の事を（於）信ずることを得て、
　謙（ゆず）りて恭敬し、聞きて奉行して、便ち踊躍して大に歓喜す。

○悪と驕慢と弊と懈怠のものは、以て此（この）の法を（於）信ずること難し。
　宿世の時、仏を見たてまつる者、楽みて、世尊の教を聴聞せん。

◎譬（たと）へば、生れて従（よ）り盲冥なる者、行いて人を開導することを得んと欲ふがごとし。
　声聞は悉く大乗に或（まど）ふ。何に況や、俗凡の諸に於てをや。

㉖天中の天は、意を相知る。声聞は仏の行を了（さと）らず。

◎ 辟支仏も亦、是の如し。独り正覚のみ、乃し此を知る。

◎ 一切をして悉く作仏せ使め、其の浄慧、本空を智り、

◯ 復、此の億万劫を過ぎて、仏智を計るとも、能く及ぶこと無く、

◯ 講議して説くこと無数劫にして、寿命を盡くすとも、猶知らず。

◎ 仏の（之）慧は、辺幅無し。是の如く清浄の致を行ず。

◎ 我が教を奉じて、乃し是を信ずること、唯此の人のみ能く解了す。

仏の説きたまふ所、皆能く受く。是を則ち第一の證と為す。

㉚ 人の（之）命、希に得可し。仏は世に在ませども、甚だ値ひ難し。

信慧有りて致る可からず。若し聞見せば、精進して求めよ。

◎ 是の法を聞きて（而）、忘れず。便ち《仏を》見て敬ひ得て大に慶ばば、

則ち我が（之）善き親厚なり。是を以ての故に道意を発せよ。《「P．289c》

㉜ 設令ひ世界に満てらん火をも此の中を過ぎて、法を聞くことを得ば、

会ず、当に、世尊と作りて、将に一切、生・老・死を度せんとすべし。」

仏、阿難に語りたまはく。

「阿弥陀仏、諸の菩薩・阿羅漢の為に経を説き竟るに、諸天・人民の中に、未だ道を得ざる者

有れば、即ち道を得しめ、未だ須陀洹を得ざる者には、即ち須陀洹を得しめ、未だ斯陀含を得ざる者には、即ち斯陀含を得しめ、未だ阿那含を得ざる者には、即ち阿那含を得しめ、未だ阿羅漢を得ざる者には、即ち阿羅漢を得しめ、未だ阿惟越致の菩薩を得ざる者には、即ち阿惟越致の菩薩を得しむ。

阿弥陀仏、輒ち、其の宿命の時に道を求むる心の喜願する所に、大小意に随ひて、為に経を説きて之に授与して、即ち疾く聞解し皆悉く明慧を得令む。各（々）自ら《「P．307c》好喜し願ふ所の経道なれば、喜楽せずといふこと莫し。之を誦習する者は、自ら諷誦し通利して、厭くこと無く極り無し。諸の菩薩・阿羅漢の中に経を誦する者有り、其の音、三百の鐘の声の如し。中に経を説く者有り、疾風暴雨の時の如し。是の如く一劫を盡くすとも、竟終に懈り倦む時無し。皆悉く智慧勇猛にして、身体軽く、便ち終に痛痒無し。

P－－－P．22

極時の行歩座起、悉く皆才健勇猛なること、師子中の王の深山の中に在りて、趣向する所有る時、敢て当る者有ること無きが如く、疑難の意有ること無し。心に在りて作為する所、予め計る可からざること、百千億万倍なり。是の猛師子中の王、百千億万倍すとも、尚復、我が第二の弟子の摩訶目揵連の勇猛なるに如かざること、百千億万倍なり。摩訶目揵連の如きは、諸国の菩薩・阿羅漢の中に於て最も比無しと為す。飛行進止、智慧勇猛に、洞かに視、徹かに聴き、八方・上下、去・来・現在の事を知ること、百千億万倍なるを、共に合して一智慧と為して、当に阿弥陀仏国の中の諸の羅漢の辺に在ら令めんに、其の徳、尚復、及ばざること百千億万倍なるべし。」

▽阿逸菩薩の質問①

阿逸菩薩、即ち起ちて前みて長跪叉手し、仏に問ひたてまつりて言はく。

「阿弥陀仏国の中の諸の阿羅漢、寧ろ頗る般泥洹(ないおん)去る者有りや、無しや。願はくは之を聞かんと欲ふ。」

仏、言はく。

「若(なんじ)知らんと欲せば（者）、是の如き四天下の星、若(なんじ)之を見るや不(いな)や。」

阿逸菩薩言はく。

「唯、然なり。之を見る。」

仏、言はく。

「我が第二の弟子、摩訶目揵連の如き、天上に飛び上り、一昼一夜、遍く数へて、星、幾枚か、知らんとするとも、此の四天下の星、甚だ衆多にして、計ふること得可(べ)からざるもの、尚復、百千億万倍なるは、是、星なり。

天下の大海の水の如きは、一渧を減じ去らば、寧ろ能く海水をして、為に、減じて少なりと知ら令めんや不や（耶）。」

対へて曰く。

「百千億万斗石を減じ去るとも、尚、減じて少なりと知ら令むること能はざるなり。」

仏、言はく。

「阿弥陀仏の国の諸の阿羅漢の中に、般泥洹し去る者有りと雖も、大海の、一渧水を減ずるが如きのみ（爾）。在する諸の阿羅漢をして、為に、減じて少なりと知ら令むること能はざるなり。」

仏、言はく。

「大海、一溪水を減じ去らば、寧ろ減じて少なら令むるや、不や。」

対へて曰く。

「百千億万の溪水を減じ去るとも、尚、減じて少なりと知ること能はざるなり。」

仏、言はく。

「大海の、一恒水を減ぜば、寧ろ能く減じて《P．308a》少なりと知ら令めんや、不や。」

対へて曰く。

「百千億万の恒水を減じ去るとも、減じて少なりと知ら令むること能はざるなり。」

仏、言はく。

「阿弥陀仏国の諸の阿羅漢、般泥洹し去る者も、無央数なり。其の在る者の、新に道を得る者も、亦、無央数なり。都て増減を為さざるなり。」

仏、言はく。

「天下の諸水をして、都て、大海水の中に流入せ令めんに、寧ろ能く海水をして増多なら令むるや、不や。」

対へて曰く。

「増多なら令むること能はざるなり。所以は何ん。是のは大海天下の諸水衆善の中の王たり、故に能く爾るのみ（耳）。」

仏、言はく。

「阿弥陀仏国も亦是の如し。悉く八方・上下の無央数の仏国の諸の無央数の

P ⋯ P. 23

天・人民・蜎飛・蠕動之類をして、都て往生せ令めんに、甚大衆多にして復計ふ可からざれども、阿弥陀仏国の諸の菩薩・阿羅漢、衆の比丘僧は、故らに、常の如く一法にして、異に増多を為さざるなり。

所以は何ん。阿弥陀仏国は、最も快くして八方・上下の無央数の諸仏国の中の衆の善の王な

り、諸仏国中の雄なり、諸仏国中の宝なり、諸仏国中の寿の極長久なり、諸仏国中の衆傑なり、諸仏国中の広大なり、諸仏国中の都、自然の無為なり、最快明好、甚楽の無極為ればなり。所以は何ん。阿弥陀仏、本菩薩為りし時、所願勇猛精進にして懈らず、徳を累ねて致す所なるが故に、能く爾るのみ（耳）。」

▽阿逸菩薩の質問②

阿逸菩薩、即ち大に歓喜し、長跪叉手して言さく。

「仏、阿弥陀仏の国土の快善明好最姝無比なることを説きたまふこと、乃し独り爾るや（乎）。」

仏、言はく。

「阿弥陀仏国の諸の菩薩・阿羅漢の居する所の七宝の舎宅の中に、虚空の中に在る者有り、地に在る者有り。舎宅をして最も高から令めんと欲する者有らば、舎宅即ち高し。中に舎宅をして最も大なら令めんと欲する者有らば、舎宅即ち大なり。中に舎宅をして虚空の中に在ら令めんと欲する者有らば、舎宅即ち虚空の中に在り。皆自然に意の作為する所在るに随ふ。中に殊に舎宅をして意に随は令むること能はざる者有り。所以は何ん。中に能く舎宅をして意に随は令むること有る者は、皆是、前世の宿命に道を求むる時、慈心精進にして、益（々）諸の善を作して、徳重きが致す所なり。中に殊に能くせざる者有るは、皆是、前世宿命に道を求むる時、慈心精進にして益（々）諸の善を作さず、徳薄きが致す所なり。其の衣被《「P.308b》飲食する所は、倶に自然平等なれども、徳に大小の別有るなり。知んぬ、其の勇猛なるものは衆をして之を見せ令むるのみ（耳）。」

仏、言はく。

「若（なんじ）、第六天王の所居の處を見るや、不（いな）や。」

「唯（やや）、然（しか）なり、之を見る。」

仏、言はく。

「阿弥陀仏国の講堂舎宅、都て復第六天王の所居の處に勝ること百千億万倍なり。

諸の菩薩・阿羅漢、悉く皆洞かに視、徹かに聴き、八方・上下、去・来・現在の事、復無数の天上・天下の人民及び蜎飛（えんぴ）・蠕動（ぜんどう）之類、心意に念ずる處の善悪、口に言はんと欲する所を見知す。皆何れの歳何れの劫に度脱を得、人道を得、阿弥陀仏国に往生すべきことを知り、菩薩・阿羅漢と作るべきことを知り、皆予め之を知れり。

▽以降の箇所の前に、無量寿経では、「仏、阿難に告げたまわく、『かの国の菩薩は、みな正に一生補処を究竟すべし。その本願、衆生のためのゆえに、弘誓の功徳をもって自ら荘厳し、普く一切衆生を度脱せんと欲わんをば除く。』」（真聖51頁）とあります。大阿、平等覚経にはあ

りません。無量寿経においては、無量寿経の第二十二の願文がそっくり願成就文として移行しているように見えます。もちろん、平等覚経の土台の上に、インド語の無量寿経2本の直接の刺激を受けながら、形づくられたのだと思います。無量寿経第二十二願は、無量寿経の中で特に重きをなすものであることが、形の上でも分かります。

▽無量寿経J段「彼の国の菩薩」(1)総説（真聖51頁）に相当します。

諸の菩薩・阿羅漢の頂の中に、皆悉く自ら光明有りて、照らす所大小有り。諸の菩薩の中に、

P---P.24

最尊の両菩薩有りて、常に仏の左右に在りて、坐侍して正論し、仏常に是の両菩薩と共に対座して、八方・上下、去・来・現在の事を議したまふ。(注) 若し是の両菩薩をして、八方・上下の無央数の諸仏の所に到ら使めんと欲すれば、即便ち飛行して心の所欲に随ひて至到らしむ。飛行をして疾から使むること仏の如く、勇猛なること比無し。其の一の菩薩をば、廬樓亘《観世音菩薩》と名け、其の一の菩薩は、摩訶那鉢（まかなはち）《大勢至菩薩》と名く。光明・智慧、最も第一なり。頂中の光明は、各(々)他方千須弥山の仏国の中を焔照して、常に大に明かなり。其の諸の菩薩の頂中の光明は、各(々)千億万里を照らし、諸の阿羅漢の頂中の光明は、各(々)

七丈を照らす。」

　仏、言はく。

「世間の人民、若しは善男子・善女人、若し急に縣官（けんかん）の事を恐怖する者有らば、但自ら是の盧樓亘（こう）《觀世音》菩薩・摩訶那鉢（まかなはち）《大勢至》菩薩の所に帰命せよ。解脱を得ざる者無けん。」

注　大阿弥陀経（紀元後222年に支謙によって漢訳）に三尊仏のことが書かれてあるのは注目されてもいいと思います。脇士は、左に観世音菩薩、右に大勢至菩薩です。中国の炳霊寺石窟の、最も古い阿弥陀仏塑像のことも思い浮かべていただきたいです。

▽仏、阿逸菩薩に告げたまはく。
「阿弥陀仏の頂中の光明は極めて大光明なり。其の日・月・星辰は、皆虚空の中に在りて住止すれども、復、回転運行すべからず。亦、精光有ること無く、其の明、皆、蔽はれて、復、見れず。仏の光明は国中を照らし、及び他方仏国を焔照して、常に大に明かにして終に冥き時有ること無し。其の国、一日・二日も有ること無く、亦、五日・十日も無く、亦、十五日・一月も無く、亦、五月・十月・五歳・十歳も無く、亦、百歳・千歳も無く、亦、万歳・億万歳も無く、《P.308c》百千億万歳も無く、一劫・十劫・百劫・千劫も有ること無く、万劫・百万劫も無く、

千万劫・百億万劫も無し。

【阿弥陀仏の光明】は、明かなること極有ること無し。劫後無数劫の無数劫、重復無数劫の無数劫、無央数にも終に当に冥き時有ること無く、国土及び諸天も終に壊敗する時無し。


所以は何ん。

【阿弥陀仏は寿命】極めて長く、国土も甚だ好し、故に能く爾るのみ（耳）。

其の仏の尊寿は、劫後無数劫にも、重復無数劫にも、尚未だ央に般泥洹せざるなり。

世間に於て教授したまふ意は、八方・上下の諸の無央数の仏国の諸天・人民及び蜎飛・蠕動之類を過度せんと欲してなり。皆、其の国に往生せ使めて、悉く、泥洹の道を得令めんと欲す。

其の菩薩と作る者は、皆悉く作仏せ令めんと欲ひ、作仏し已りて、転た復八方・上下の諸天・人民及び蜎飛・蠕動之類を教授せしめ、皆復作仏せ令めんと欲す。

P---P. 25
作仏し已りて、復、諸の無央数の天・人民・蜎飛・蠕動之類を教授して、皆、泥洹の道を得令めて、去る。諸の教授すべき弟子をば、展転して復相教授し、転た相度脱して、須陀洹・斯陀含・阿那含・阿羅漢・辟支仏道を得令むるに至る。

転た相度脱して、皆泥洹の道を得ること、悉く是の如くなれども、尚未だ般泥洹を欲したま

はず。阿弥陀仏の度脱したまふ所、展転して是の如し。(注)

注　無量寿経第二十二願(真聖18頁)と同意。

復、住止すること無数劫の無数劫、不可復計劫にも、終に般泥洹の時無し。八方・上下の諸の無央数の天・人民・蜎飛・蠕動之類、其れ阿弥陀仏国に生じて、当に作仏すべき者、復、勝げて数ふ可からず。諸の阿羅漢と作りて泥洹の道を得る者も、亦無央数にして、都て復、計ふ可からず。阿弥陀仏の恩徳、諸の布施したまふ所、八方・上下、無窮無極、甚深無量にして、快善なること言ふ可からず。其の智慧教授、出したまふ所の経道、八方・上下の諸の無央数の天上・天下に、布き告ぐるも、甚だ原ざるなり。其の経巻の数甚だ衆多にして、復計ふ可からず。都て極り有ること無し。」

▽阿弥陀仏の寿命

仏、阿逸菩薩に告げたまはく。

「若阿弥陀仏の寿命無極の時を知らんと欲するや不や。」

対えて曰く。

「願はくは皆之を聞知せんと欲す。」

仏、言はく。

「明かに聴け。悉く八方・上下の諸の無央数の《「P．309a》仏国の中の諸天・人民・蜎飛・蠕動之類を令て、皆、道に入ることを得使め、悉く辟支仏・阿羅漢と作ら令めて、共に坐禅して一心に、都て其の智慧を合して一と為し、勇猛に共に阿弥陀仏の寿命、幾千億万劫の歳数を計へ知らんと欲すれども、皆能く計へ知る者有ること無し。

復、他方面の各千須弥山の仏国の中の諸天・人民・蜎飛・蠕動之類を令て、皆復、道に入ることを得使めて、悉く辟支仏・阿羅漢と作ら令めて、皆、坐禅して一心なら令めて、其の智慧を合して、一と為し、勇猛に共に阿弥陀仏国中の諸の菩薩・阿羅漢を数へて、幾千億万人有りといふことを知らんと欲すれども、皆能く数を知る者有ること無けん。

阿弥陀仏の年寿は甚だ長久なり。浩浩昭照として明かに善く、甚深にして極無く底無し。誰か当に能く其れを知信する者あらん。独り仏のみ自ら信知したまふのみ（爾）。」

阿逸菩薩、仏の言を聞きて大に歓喜し、長跪叉手して言さく。

「仏、阿弥陀仏の寿命の甚長、威神の尊大、智慧光明の巍巍として快善なることを説きたまふこと、乃し独り是の如きや。」

仏、言はく。

「阿弥陀仏、其の然る後に至りて般泥洹（ないおん）したまはば、其の廅樓亘《観世音》菩薩、便ち当に作仏して、

P--P. 26

道智典主を総領すべし。世間及び八方・上下に、過度せんとする所の諸天・人民・蜎飛（えんぴ）・蠕動（ぜんどう）之類を教授して、皆、仏泥洹（ないおん）の道を得令む。其の善福徳、当に復、大師阿弥陀仏の如くなるべし。住止すること、無央数劫の無央数劫、不可復計劫なり。大師に准（なずら）へ法（のっと）りて、爾り、乃し般泥洹（ないおん）す。

其の次に、摩訶那鉢（まかなはち）《大勢至》菩薩、当に復、作仏して、智慧を典主し、教授を総領して、過度せ所るべし。福徳も、当に復、大師阿弥陀仏の如くなるべし。止住すること、無央数劫にして、尚復、般泥洹（ないおん）せず。展転相承して経道を受くること甚だ明かに、国土極善なり。其の法、是の如くにして、終に断絶有ること無く、極むべからざるなり。」

▽阿難の質問

阿難、長跪叉手して、仏に問ひたてまつりて言さく。

「阿弥陀仏の国中には須弥山有ること無くば、其の第一四天、第二忉利天、皆、何等に依因りて、

住止するや。願はくは、之を聞かんと欲す。」

仏、阿難に告げたまはく。

「若仏所に疑意有り。八方・上下、無窮無極無辺無量の諸の天下の大海の水は、一人して之を斗量せんに尚枯盡して《P．309b》其の底泥を得可し。仏智は是の如くならず。」

仏、言はく。

「我が見知する所、諸の已過去の仏にして、我が名字釈迦文仏の如き者、復、恒水の辺の流沙の一沙を一仏とするが如し。諸の当来の仏にして、我が名字の如きも、亦、恒水の辺の流沙の如し。甫始めて作仏を求めんと欲する者にして、我が名字の如きも、亦、恒水の辺の流沙の如し。仏、正坐して直に南に向ひ、南方を視見したまふに、今現在の仏にして、我が名字の如き者、復、恒水の辺の流沙の如し。八方・上下、去・来・現在の諸仏にして、我が名字の如き者、各（々）十恒水の辺の流沙の一沙を一仏とするが如し。其の数、是の如し。仏皆悉く予め見て、之を知りたまへり。」

仏、言はく。

「往昔過去無数劫より已来、一劫・十劫・百劫・千劫・万劫・億劫・億万劫・億万億劫の中に仏有ます。諸の已過去の仏、一仏・十仏・百仏・千仏・万仏・億仏・億万億仏なり。各（々）自ら名字有りて、同じからず。我が名字の如くなる者有ること無し。

甫始めて当来の劫、一劫・十劫・百劫・千劫・万劫・億劫・億万億劫の劫の中に、仏有ます。一仏・十仏・百仏・千仏・万仏・億仏・億万億仏なり。各各自ら名字有りて、同じからず。時時に乃し一仏の我が名字の如くなる者有るのみ（耳）。

諸の八方・上下の無央数の

P---P．27

仏国、今現在の仏、次に他方異国の、一仏国・十仏国・百仏国・千仏国・万仏国・億仏国・億万億仏国の中に仏有ます。各（々）自ら名字有りて、多多にして復同じからず。我が名字の如くなる者無し。八方・上下の無央数の諸仏の中に、時時に乃し我が名字の如くなる者有るのみ（爾）。

八方・上下、去・来・現在、其の中間曠絶甚遠にして、悠悠迢迢として、無窮無極なり。仏智旦然として甚だ明かに、古を探り今を知り、前に無窮を知り、却りて未然を観、予め知ること極無く、都て復計る可からず、甚だ無央数なり。仏は威神尊明にして、皆悉く之を知ろしめす。仏の智慧は道徳と合明し、都て能く仏の経道を問ひて窮め極むる者無し。仏の智慧は終に称量し盡くす可からざるなり。」

▽阿難が、自分が尋ねられるので、今のうちに、阿弥陀仏に問うておく。

阿難、仏の言を聞きて、即ち大に恐怖し、衣毛皆起ちて、仏に白して言さく。

「我、敢て仏所に疑意有るにあらず。仏に問ひたてまつる所以は、他方の仏国に皆《「P.309c》須弥山有り、第一四天、第二忉利天、皆之に依因りて住止す。我恐らくは仏般泥洹（ないおん）の後、儻（も）し諸天・人民、若しは比丘僧・比丘尼・優婆塞・優婆夷有りて、来りて我に問はん。『阿弥陀仏の国は、何を以てか独り須弥山有ること無きや、其の第一四天王、第二忉利天、皆何等に依因りて住止するや』と。

我当に之に答ふべし。今仏に問ひたてまつらずば（者）、仏去りたまひて後、当に何等の語を持ちて、之に報答すべし。独り仏のみ自ら之を知りたまへり。爾（なんじ）の余の人は能く我が為に解く者有ること無けん。是を以ての故に仏に問ひたてまつるのみ（耳）。」

仏、言はく。

「阿難、是の第三焔天、第四兜術天より、上第七梵天に至るまで、皆何等に依因りて住止するや（乎）。」

阿難、言さく。

「是の諸天は皆自然に虚空の中に在りて住在す。虚空の中に住止するに、依因る所無し。

仏の威神甚だ重し。自然に作為せんと欲する所、意に作為する所有らんと欲はんに、予め計らず。是の諸天すら皆尚虚空の中に在りて住止す、何に況や仏の威神尊重にして、作為する所有らんと欲ふをや（耶）。」

阿難、仏の言を聞きて、即ち大に歓喜し、長跪叉手して言さく。

「仏の智慧は、八方・上下、去・来・現在の事を知りたまふこと、無窮無極にして辺幅有ること無し。甚だ高大妙絶、快善極明にして、好甚比無し。威神尊重にして当る可からず。」

阿弥陀経巻上

P…P．28

仏説阿弥陀経巻下　呉月支国居士支謙訳

▽以降、無量寿経F段「彼の国に生まれる」に相当しています。完全な対応ではありません。

▽無量寿経F段「彼の国に生まれる」(1)「彼の国に生まれる」に相当する部分はありません。いわゆる、無量寿経の十一、十七、十八、十九、二十願の願成就文は、大阿弥陀経には存在しません。

▽以降、無量寿経F段「彼の国に生まれる」⑵「上中下、三種類の人々（三輩）」（真聖44頁）に相応します。

▽阿逸菩薩への説法

仏、阿逸菩薩に告げたまはく。

注釈　無量寿経ではこの箇所の対告衆（話す相手）は、阿難となっています。

「其れ世間の人民、若しは善男子・善女人、願じて阿弥陀仏国に往生せんと欲する者に三輩有り、徳を作すに大小有り、転（うた）た相及ばず。」

▽無量寿経F段「彼の国に生まれる」⑵「上中下、三種類の人々」上輩（真聖44頁）に相当します。

仏、言はく。

「何等をか三輩と為る。最上の第一輩とは（者）、当に家を去て妻子を捨て愛欲を断ち、行じて沙門と作り、無為の道に就て当に菩薩の道を作し、六波羅蜜経を奉行する者、沙門と作りて経戒を虧（か）かず、慈心精進にして当に瞋怒せず、《P．310a》当に女人と（與）交通せず、斎戒清浄にして心に貪慕する所無く、至誠に願じて阿弥陀仏国に往生せんと欲し、常に念じて至心に断絶せざれば（者）、其の人便ち今世に於て道を求むる時、即ち自然に其の臥止夢中に於て、阿弥陀仏及び諸の菩薩・阿羅漢を見たてまつり、其の人寿命終らんと欲する時、阿弥陀仏即ち自ら、諸の菩薩・阿羅漢と（與）共に翻飛行して之を迎ふ。則ち阿弥陀仏国に往生し、便ち七宝水池の蓮華の中に化生して、即ち自然に身を受け、長大して則ち阿惟越致の菩薩と作り、便即ち、諸の菩薩と（與）共に翻輩飛行して八方・上下の諸の無央数の仏を供養したてまつり、即ち智慧勇猛なるに逮びて、楽ひて経道を聴き其の心歓楽す。居する所の七宝の舎宅、虚空の中に在りて、恣（ほしいまま）に其の意に随ひて作為せんと欲する所に在り、阿弥陀仏を去ること近し。」

仏、言はく。

「諸の、阿弥陀仏国に往生せんと欲する者、当に精進して経戒を持ち、是の如きの上法を奉行する者は、則ち阿弥陀仏国に往生することを得て、衆の為に尊敬せ所（ら）るることを得可（べ）し。是を上の第一輩と為す。」

注釈　無量寿経の上輩とこの部分はほとんど対応しています。大阿弥陀経には「舎宅」の話が多く出てきます。これは、阿弥陀仏国土における、自分と阿弥陀如来との距離を表すものです。この辺りは、大阿弥陀経ができた頃の、阿弥陀仏との距離を気にかける感覚がよく表れています。

▽無量寿経F段「彼の国に生まれる」⑵「上中下、三種類の人々」中輩（真聖45頁）に相当します。

仏、言はく。

「其の中輩とは（者）、其の人願じて阿弥陀仏国に往生せんと欲して、家を去て妻子を捨て愛欲を断ち行じて沙門と作ること能はざる者と雖も、当に

P…P．29

経戒を持ちて、虧失を得ること無く、益（々）分檀布施を作して、常に仏経の語の深きことを信受し、当に至誠中信を作して、諸の沙門に飲食せしめ、仏寺を作り塔を起て、華を散らし香を焼き燈を然し、雑綵を懸く。是の如き法は（者）、適莫する所無く、当に瞋怒せず、斎戒清浄に慈心精進にして、愛欲の念を断じて、阿弥陀仏国に往生せんと欲して、一日一夜（無量寿経L段世の人への説教第二幕⑧善を為せ　真聖77頁）断絶せざれば（者）、其の人便ち今世に於て、亦復臥止夢中に於て阿弥陀仏を見たてまつり（夢中に見ることは無量寿経にはありません）、其の人寿命終らんと欲する時、阿弥陀仏、即ち化して其の人をして目に自ら阿弥陀仏及び其の国土を見せ令む。阿弥陀仏国に往至する者は、智慧勇猛なることを得可し（臨終化仏顕現は、無量寿経にもそのまま存在します。この大阿弥陀経の表現を見ると、これは、往生者への優しさであることが分かります）。」

▽狐疑　七宝の城中にて五百才

仏、言はく。

「其の人、奉行施与すること是の如くなる者、若し其の人、然る後、復中悔し、心中に狐疑して、分檀布施し諸善を作せば後世に其の福を得ることを信ぜず、弥陀仏国有ることを信ぜず、其の国に往生すること有ることを信ぜず。爾も（者）、其の人、念を続けて絶たず、暫くは信じ暫くは信ぜず、意志猶《P．310b》予め専なる所無しと雖も、其の善なる願を続くるを本と為るに擄るが故に、往生することを得。其の人、寿命病みて終らんと欲する時、阿弥陀仏即ち自ら化して形像と作り、其の人をして目に自ら之を見せ令む。口には復、言ふこと能はざれども、但心中に歓喜し踊躍して、意に念じて言はく。

『我、益（々）斎戒し善を作すことを知らざりしを悔ゆ。今当に阿弥陀仏国に往生すべし。』

其の人即ち心に自ら過を悔ゆ。過を悔ゆれば（者）小差少きも復する所無し。

其の人寿命終り盡くるに及びて、即ち阿弥陀仏国に往生すれども、前みて阿弥陀仏の所に至ることを得ること能はず。

便ち道に阿弥陀仏国の国界の辺の自然七宝城の中を見て、心便ち大に歓喜し、便ち其の城中に止る。即ち七宝の水池の蓮華の中に化生して、則ち身を受け自然に長大す。城中に在ること是の間に於て五百歳（無量寿経K段〈一切の〉世の人への説教 真聖65頁 無量寿経N段仏智疑惑〈胎生〉真聖81、82、83頁）なり。其の城の広縦各（々）二千里。城中にも亦七宝の舎宅有り。中外内に皆七宝の浴池有り。浴池の中にも亦自然の華香有りて繞れり。浴池の上に亦七宝樹有りて重り行び、亦皆復、五の音声を作せり。其の飲食を欲する時は、前に自然の食有り。百味を具したる飲食なり。得んことを欲する所在りて、意に応じて皆至る。其の人、城中に於て、亦快楽あり。其の城中、比へば、第二忉利天上の自然の物の如し（無量寿経N段「仏智疑惑〈胎生〉」真聖81頁）。爾りと雖も、其の人城中より出ずることを得ること能はず。亦、阿弥陀仏を見たてまつることを得ること能はず。但、其の光明を見たてまつりて、心に自ら悔責して踊躍して喜ぶのみ（耳）。亦復、経を聞くことを得ること能はず。亦復、諸の比丘僧を見ることを得ること能はず。

P－P．30

亦復、阿弥陀仏の国中の諸の菩薩・阿羅漢の状貌は何等の類と、見知することを得ること能はず。其の人、愁苦すること是の如し。比へば、小適する如きのみ（耳）。

仏、亦、爾ら使むるに不ず。身行の所作、自然に之を得しなり。皆、心に自ら趣向して、道に其の城中に入りしなり。其の人、本、宿命に、道を求めし時、心・口、各異にして、言念、誠信無く、仏経を狐疑して、復之を信向せず。当に自然に悪道の中に入る。阿弥陀仏、哀愍して、威神もて之を引きて、去りたまふのみ（爾）。

其の人、城中に於て五百歳（無量寿経K段〈一切の〉世の人への説教　真聖65頁　無量寿経N段仏知疑惑〈胎生〉真聖81、82、83頁）にして、乃ち出ずることを得て、阿弥陀仏の所に往至して、経を聞けども心に開解せず。亦復、諸の菩薩・阿羅漢・比丘僧の中に在ることを得ず。経を聴きて、以て去る。居處る所の舎宅、地に在り。舎宅をして、意に随ひて、高大にして虚空の中に在ら令むること能はず。復、阿弥陀仏を去ること、甚だ大に《P.310c》遠くして、阿弥陀仏に近附したてまつることを得ること能はず。其の人、智慧、明かならず。経を知ることも復少くして、心歓喜せず、意開解せず。

其の人、久久に、亦自ら、当に智慧開解して経を知るべし。明健勇猛にして、心、当に歓喜すべし。次で、当に、復、上の第一輩の如くなるべし。

所以は（者）何ん。其の人、但、前世宿命に、道を求めし時、大に斎戒を持たず、経法を毀失し、意志狐疑なるに、坐せられて、仏語を信ぜず、仏経を信ぜず、深く分檀布施して善を作せば、後世に当に其の福を得べきことを信ぜず。復、中悔して阿弥陀仏国に往生することを信ぜざるに坐せられて、徳を作すこと至心ならず。是を用ての故に爾り。是を、第二の中輩と為す。」

▽第二の下輩（真聖46頁）に相当します。

仏、言はく。

「其の三輩とは（者）、其の人、願じて阿弥陀仏国に往生せんと欲すれども、若しは分檀布施を用ふる所無く、亦、香を焼き華を散らし燈を然し、雑繒綵を懸け、仏寺を作り塔を起て諸の沙門に飲食せしむること能はざる者は、当に愛欲を断じて貪慕する所無く、経を得て疾く慈心精進にして、当に瞋怒せずして、斎戒清浄なれ。

是の如きの法の者、当に一心に念じて阿弥陀仏国に往生せんと欲し、昼夜十日（「一日一夜」〈無量寿経L段世の人への説教第二幕⑧善を為せ　真聖77頁〉）断絶せざれば（者）、寿命終りて即ち阿弥陀仏国に往生して、尊敬・智慧勇猛を得可し。」

仏、言はく。

「其の人、是を作して以後、若し復、中悔し心意に狐疑して、善を作せば後世に其の福を得当きことを信ぜず、阿弥陀仏国に往生することを信ぜず、其の人、爾りと雖も、続で往生することを得。其の人、寿命病みて終らんと欲する時、阿弥陀仏、即ち其の人をして臥止夢中に於て阿弥陀仏の土を見せ令む。心中に大に歓喜し、意に自ら念じて言はく。

『我、益（々）諸善を作すべきことを知らざりしを悔ゆ。今当に阿弥陀仏国に往生すべし。』

P---P.31

其の人、但、是を念じて口に復言ふこと能はざれども、即ち自ら過を悔ゆ。過を悔ゆれば（者）、差減少きも、悔ゆれば復する所無し。

其の人、命終るに及びて、即ち阿弥陀仏国に生ずるも、前みて至ることを得ること能はず。便ち道に二千里の七宝城の中を見て、心に独り歓喜し、便ち其の中に止りて、亦復七宝の浴池の蓮華の中に（於）化生し、即ち自然に身を受けて長大す。其の城も、亦復、前の城の法の如し。比へば第二忉忉利天上の自然の物の如し（無量寿経N段　真聖81頁）。

其の人、亦復、城の中に於て、五百歳（無量寿経K段〈一切の〉世の人への説教　真聖65頁　無量寿経N段仏智疑惑〈胎生〉真聖81、82、83頁）竟りて、乃ち出ずることを得て、阿弥陀仏の所に至り、《「P.311a》心中に大に喜ぶ。其の人、経を聴聞すれども、心開解せず、意歓楽せず、智慧明かならず、経を知ること復少し。所居の舎宅、地に在りて、舎宅をして意に随ひて高大にして虚空の中に在ら令むること能はず。復、阿弥陀仏を去ること大に遠くして、阿弥陀仏に近附したてまつることを得ること能はざること、亦復、是の第二中輩、狐疑の者の如し。

其の人、久久に、亦、当に智慧開解して、経を知ること勇猛なるべし。心、当に歓楽すべし。次で上の第一輩の如し。

所以は何ん。皆、前世宿命に道を求めし時、中悔狐疑し、暫くは信じ暫くは信ぜず、善を作せば其の福徳を得ることを信ぜざるに坐せられて、皆自然に之を得るのみ（爾）。其の功徳に鉉《つる・とって》・不鉉する所有るに随ひて、各（々）自然に趣向す。説経行道、億万に卓れども、超絶して相及ばず。」

▽無量寿経Ｊ段「彼の国の菩薩」(1)「総説」後半に相当〈真聖51頁〉します。

仏、言はく。

「其れ、求めて菩薩の道を作して阿弥陀仏国に生ぜんと欲する者は、其の人、然(しか)して後、皆、当に阿惟越致の菩薩を得べし。阿惟越致の菩薩は(者)、皆、当に三十二相・紫磨金色(しまこんじき)・八十種好有るべし。皆、当に作仏して所願に随ふべし。他方の仏国に於て作仏せんと求め欲する所、在らんに、終に、復、泥犁(ないり)・禽獸(きんじゅう)・薜茘(へいれい)に更らず。其の精進に随ひて道を求むるに、早晩の事同等なるのみ(爾)。道を求めて休まずば、会(かなら)ず、当に、之を得て其の所欲の願を失せざるべし(也)。」

▽

仏、阿逸菩薩等の諸天・帝王・人民に告げたまはく。

「我、皆、汝曹(なんじともがら)に語ぐ。諸の阿弥陀仏国に往生せんと欲する者は、大に精進し禅定して経戒を持つこと能はざる者なりと雖も、大に要(かなら)ず当に善を作すべし。

一には(者)、殺生することを得ざれ。二には(者)、盗竊(とうせつ)することを得ざれ。三には(者)、婬泆(いんいつ)にして他人の婦女を姦愛することを得ざれ。四には(者)、調欺(ちょうぎ)することを得ざれ。五には(者)、飲酒することを得ざれ。六には(者)、両舌することを得ざれ。七には(者)、悪口することを得ざれ。八には（者）、妄言することを得ざれ。九には（者）、嫉妬することを得ざれ。
P--P. 32
十には、貪餮することを得ざれ。心中に慳惜する所有ることを得ざれ。瞋怒することを得ざれ。愚癡を得ざれ。心の嗜欲に随ふことを得ざれ。心に中悔することを得ざれ。狐疑することを得ざれ。

当に孝順を作すべし。当に至誠忠信を作すべし。当に仏経の語の深きことを信受すべし。当に善を作せば後世に其の福を得ることを信ずべし。是の如き其の法を奉持して、毀失せざる者は、心の所願に在りて、阿弥陀仏国に往生することを得可し。

至要、当に、斎戒し、一心清浄にして、《P. 311b》昼夜に常に念じ阿弥陀仏の国に往生せんと欲して、十日十夜（無量寿経L段世の人への説教第二幕⑧善を為せ　真聖77頁）断絶せざるべし。我皆之を慈哀して、悉く阿弥陀仏の国に生ぜ令めん。」

仏、言はく。

「世間の人、以て、賢明に慕ひ及ばんことを欲すれども、家に居て善を修し道を為さんには（者）、妻子と（與）共に居し、恩好愛欲の（之）中に在りて憂念し、多くの家事怱務に苦みて、大斎一心清浄なるに暇あらず。家を去て欲を棄つることを得ること能はずと雖も、空閑の時有りて、自ら心意の念を端しくし、身に善を作し、専精に道を行ずること、十日十夜（無量寿経L段世の人への説教第二幕⑧善を為せ　真聖77頁〉するは（者）、殊（こと）に爾（しか）すること能はざら使めども、自ら思惟し熟（つらつら）挍（こう）計して、身を度脱せんと欲する者は、下、当に念を絶ち憂（うれい）を去るべし、婦人と（與）同床すること莫かれ。自ら身心を端正にして、愛欲を（於）断じ、一心に斎戒清浄にして、意を至して阿弥陀仏の国に生ぜんと念じて、一日一夜〈無量寿経L段「世の人への説教第二幕」⑧善を為せ　真聖77頁〈「一心」「若七日」阿弥陀経　真聖129頁　阿弥陀経ではこういう表現はここのみ〉〉（注1）断絶せざれば（者）、寿（いのち）終りて皆其の国に往生し、七宝の浴池の蓮華の中に在りて化生して、智慧勇猛なることを得可（べ）し。所居の七宝の舎宅、意の作為せんと欲する所に自在にして、次で上の第一輩の如くなる可（べ）し。」

仏、阿逸菩薩に語りて言はく。

「諸の八方・上下の無央数の諸天・人民・比丘僧・比丘尼・優婆塞・優婆夷の、阿弥陀仏国に往生する、衆等の大会は、皆共に七宝の浴池の水中に於て、都て共に人人悉く自ら一の大蓮華の上に（於）坐して、皆悉く自ら道徳行善を陳（の）ぶ。人人各（々）自ら、其の前世の宿命に道を求めし時、戒を持ちて作す所の善法、従来する所の生の本末、其の好み憙（この）む所の経道、経を知る智慧、施行する所の功徳を説く。上従り下に次で、転（うた）た皆、遍（あまね）し。已に経を知るに明・不明有り、智に深浅・大小有り、徳に優劣・厚薄有るは、自然の（之）道別なればなり。才能・智慧健猛に、衆相観照し、礼義和順なるを知りて、皆自ら歓喜し踊躍する。智慧に勇猛有り、各（々）相属逮せず。《それぞれが互に匹敵することはない。つまり、それぞれが素晴らしく抜きん出ている。》」

仏、言はく。

「其の人、殊に予め徳を作さず。善を為せども軽戯して、然ら使むることを信ぜず。徙倚《だらしなく》懈怠にして、用の爾る可き為に、時至りて都て集り、経道を説けども、自然に迫促《さしせまる》して応答遅晩なり。

P…P．33

道智卓殊超絶にして、才能高猛なれども、独り辺羸に於て、事に臨みて乃し悔ゆ。悔ゆとも（者）已に其の後に出づ、当に復何の益かあらん。但心中悷悢《かなしみなげく》し、等しからんことを慕及するのみ（爾）。」

《P．311c》仏、言はく。

「阿弥陀仏国の諸の菩薩・阿羅漢、衆等の大聚会は、自然に都て集りて、心を拘め意を制し、身を端しくし行を正しくして、遊戯洞達して、倶に相随ひて飛行し、翻輩出入し、供養すること極無し。歓心喜楽して、共に経を観道を行じ、和好して《なごやかによしむ》久しく習ひ、才猛くして智慧あり。志は虚空の若く精進求願して、心終に復中徊せず、意終に復転ぜず、終に懈極まる時有ること無し。道を求むるの外は遅緩の若くなりと雖も、内は独り急疾にして、容容として虚空のごとく、適に其の中を得。中表相応し自然に厳整、撿歛端直に、身心清潔にして、愛欲有ること無く、適貪する所無く、衆悪瑕穢有ること無し。其の志願皆各（々）安定殊好にして、増缺減無く、道を求むるに和正にして誤らず、邪を傾け道法を准望《なずらひのぞむ》し、経に随ひて約令し、敢て違ひ蹉跌せず。若しは八方・上下に於て、辺幅有ること無く、至り到らんと欲する所に自在にして、無窮無極咸く、然なり。道を為すこと恢廓及び曠蕩にして《広々として大きいこと》、道を念じて他の（之）念無く、憂愁有ること無し。自然無為、虚無空立し、恢安無欲、善き願いを作し得て、心を盡くして求索し、哀を含みて慈愍し、精進なるを、中表とす。礼義都て合し、通洞にして違すること無く、和順副称し、表裏を褒羅し《ほめたたえる》、過度解脱して、能く泥洹に升り入り、長へに道徳と（與）合明し、自然に相保守す。快意之れ滋真にして、滋真了かに潔白にして、志願無上にして、清浄之れ安定にして、静に楽むこと之れ極有ること無く、善好なること比有ること無し。巍巍たること之れ燿照することにして、燿照すれば互に開達明徹なり。自然の中の自然の相、之を然らしむるに根本有り。自然に五光を成じ、五光より九色に至り、九色より参徊《わかれる》転た数して百千更変し、欝単の（之）自然なり。自然に七宝を成じて、横に攬りて万物を成じて、光精、参はり明かにして、《七宝と万物》倶に好を出す。甚だ姝きこと極有ること無し。

▽以降は、無量寿経のK段「（一切の）世の人への説教。教える人、教えられる人、熱き思いとその応え」に相当します。

注釈　この無量寿経のK段相当箇所と、続く無量寿経のL段相当箇所は、大阿弥陀経、平等覚経、無量寿経にはありますが、サンスクリット語本、如来会にはありません。漢訳の3本を読みますと、平等覚経と無量寿経の訳文は、大阿弥陀経の訳文をほとんど取り入れたものであることが分かります。古来よりK、L段のことを三毒五悪段と呼んできたので、そのように呼びます。

この三毒五悪段の評価は、学者によって大いに異なっています。サンスクリット語本にないことと、この部分の訳語が中国由来と考えられるものが多いことから、三毒五悪段は、中国で出来上がったものでないかということを主張する方も多くおられます。もう一方の説は、次のようなものです。この三毒五悪段は、内容的に、無量寿経にとってははずすことができないものであり、しかも、そこに描かれる状況は、紀元前から紀元後100年頃までの、インドの混乱期のものと考えると、訳出年代も考えて、納得できるものとなる、という説です。このように幅広い意見があります。

私は、後者の意見に賛意を示します。
仏教の理解について、私たちは、大阿弥陀経、平等覚経、無量寿経の編集者たちの足元にも及ばないことに思いを馳せなくてはなりません。

▽以降、無量寿経K段「（一切の）世の人々への説教。教える人の熱き思いと、教えられる人の応え」(1)「いい所だから求めなさい。往き易くして人なし。（説教の最初にすべてを語ってしまう）」（真聖57頁）に相当します。

注釈　以降、対告衆は、「弥勒菩薩と、もろもろの天人等」となっています。これまでは、「阿難」が対告衆となっています。そして、ここからが、サンスクリット本、如来会には存在しない部分となっています。弥勒菩薩が対告衆になっているということから、これらの段の話は、未来、将来行われる、未来、将来果たされる説法である、という判断を編集者たちはしているということになります。

其の国土甚だ此の若し。何ぞ、力めて、善を為し、道の（之）自然なるを念じ、上下無く、洞達して、辺幅無きことを（於）著さざる。志を虚空の中に捐て、何ぞ、各（々）精進し努力して自ら求索せざる。超絶して去ることを得可し。阿弥陀仏国に往生すれば、五悪道を（於）横に截りて、自然に閉塞す。道に升るに之れ極無くして、往き易くして人有ること無し。其の国土逆違せず、

P---P．34

自然の（之）牽く随なり。何ぞ、《「P．312a》世事を棄てて、行じて道徳を求めざる。極めて長生を得、寿、極有ること無かる可し。何為ぞ、世事に著して、譊譊として共に無常を憂思せん。

▽以降、無量寿経K段（2）「世人銭財を憂う」（真聖58頁）にほとんど一致しています。

世人薄俗にして共に不急の事を諍ふ。共に是の處、劇悪極苦の中に於て、身を勤めて生を治めて用て相給活す。

尊と無く卑と無く、富と無く貧と無く、老と無く少と無く、男と無く女と無く、皆当に共に銭財を憂ふ。有無同じく、然なり。憂思適に等し。屏営愁苦して、念を累ね思慮して、心の為に使走せられ安き時有ること無し。

田有れば田に憂へ、宅有れば宅に憂へ、牛有れば牛に憂へ、馬有れば馬に憂へ、六畜有れば六畜に憂へ、奴婢有れば奴婢に憂へ、衣被・銭財・金銀・宝物有れば、復共に之に憂ふ。思を

重ね息を累ね、憂念し愁恐す。横に非常の水火・盗賊・怨主・債家の為に漂焼せ所れ、唐突として没溺に繋がれて、憂毒忪忪として解くる時有ること無し。憤を胸中に結びて、気を稸め恚怒して、病胸腹に在り、憂苦離れず。心堅く意固くして、縦に捨つること無し。或は摧蔵に坐せられて、身を終へ、命を亡す。之を棄捐し去れば誰も随ふ者莫し。尊卑・豪貴・貧富にも是の憂懼有り。勤苦此のごとし。衆の寒熱を結びて、痛と共に居す。

小家貧者は窮困苦乏す。田無ければ亦憂へて田を有らんことを欲し、宅無ければ亦憂へて宅を有らんことを欲し、牛無ければ亦憂へて牛を有らんことを欲し、馬無ければ亦憂へて馬を有らんことを欲し、六畜無ければ亦憂へて六畜を有らんことを欲し、奴婢無ければ亦憂へて奴婢を有らんことを欲し、衣被・銭財・什物・飲食の属、無ければ亦憂へて之を有らんことを欲す。適一有れば復一を少き、是有れば是を少き、有ること斉等ならんことを思ふ。適小しく具へ有てば便ち復賜盡す。是の如きの苦生ず。当に復求索し思想すれども益無かるべし。時として得ること能はず、身心倶に労して坐起安からず、憂意相随ひて勤苦すること此の如し。心を焦し恚恨を離れずして独り怒る。亦衆の寒熱を結びて痛と与に同じく居す。

或時は、之に坐して身を終へ命を夭ふも、亦肯て善を作し道を為さず。寿命終り盡きて死すれば、皆当に独り遠く去るべし。趣向する所の善悪の道有るも、能く之を知るもの莫し。

▽以降、無量寿経K段 (3)「世人相憎嫉す」（真聖59頁）にほとんど一致しています。

或時は世人、父子、兄弟、夫婦、家室、中外、親属、天地の間に居して当に相敬愛すべし、当に相憎むべからず。有無当に相給与すべし、当に貪惜有るべからず。言色当に和して相違戻すること莫かるべし。

或は儻し心に諍ひて恚怒する所有らば、《「P．312b》今世の恨の意は、微しく相嫉憎すれども、後世には転た激しくして、大なる怨と成ることを致す。

所以は何ん。今の如きの事、更に相害せんと欲して時に臨みて急に相破る応からずと雖も、然も之愁毒して憤を精神に結びて、

P---P．35

自然に剋識して相離るることを得ず。皆当に対相生じ、値ひて更相報復すべし。

人、世間の愛欲の中に在りて、独り往き、独り来り、独り死し、独り生じ、当に行いて苦楽の處に至るべし。身自ら之に当りて、代る者有ること無し。善悪変化し殃咎、悪處す。宿予厳待して、当に独り升入すべし。遠く他處に到れば、能く見るもの莫し、去りて何れの所にか在る。善悪自然に追逐して行き生ず、窈窈冥冥として別離久長なり。道路同じからざれば、会い見ること期無く、甚だ復相値ふこと得難し。

何ぞ家事を棄て、各（々）強健の時に曼びて、努力して善を為し力めて精進せざる。度世を

求むれば極めて長寿を得べし。殊に肯て道を求めずして、復須待たんと欲ひ、何をか楽はんと欲ふ。

▽以降、無量寿経K段（4）「世人、道徳を識らず」（真聖60頁）にほとんど一致しています。

是の如きの世人、善を作せば善を得ることを信ぜず。道を為せば道を得ることを信ぜず。死して後世に復生ずることを信ぜず。施与して其の福徳を得ることを信ぜず。都て之を信ぜず、爾も以て然らずと謂ひて、終に是有ること無し。

但是に坐するが故に、且く自ら之を見、更相に代りて聞き、前後相続して転た相、父の餘せる教令を承受す。先人・祖父、素より善を作さず、本より道を為さず、身愚かに神闇く、心塞がり意閉ぢて、大道を見ず。殊に能く人の死生を見ること有ること無し、趣向する所有れども、亦能く知る者莫し。適に善悪の道を見ること有ること無く、復語る者も無し。為に用て善悪を作す、福徳・殃咎・禍罰、各（々）自ら競ひて之を作為し、用て殊に怪むこと有ること無し。死生の道に至りて、転た相続立す。或は、子、父を哭し、或は、父、子を哭し、或は、弟、兄を哭し、或は、兄、弟を哭し、或は、婦、夫を哭し、或は、夫、婦を哭し、顛倒上下して無常の根本なり。皆当に過ぎ去るべし、常に得べからず。

教語開導すれども道を信ずる者は少し。皆当に死生して休止有ること無かるべし。是の如き曹(ともがら)の人は、矇冥抵突にして経語を信ぜず。各(々)意を快くせんと欲して、心に計慮せず、愛欲によって愚癡にして、道徳を解らず、瞋怒によって迷惑して、財色を貪狼す。之に坐せ(つみ)られて道を得ず。当に更に勤苦して極めて悪處に在り、生じて終に止りて休息することを得ざるべし。之を痛むこと甚だ傷む可(べ)し（真聖61頁）。

或時は家室・中外・《「P．312c》父子・兄弟・夫婦、死生の義に至りて、更相(さら)に哭泣し転(うた)た相思慕す。憂念憤結し、恩愛繞続し、心意、著しく痛くして、対相(たがひ)に顧恋す。昼夜縛礙して解くる時有ること無し。道徳を視ることを教ふれども、心、開明ならず、恩好を思想して、情欲を離れず、閉塞矇瞑として交錯覆蔽す。思計して心自ら端正に、世事を決断して、専精に道を行ふこと能はず。便旋として竟りに至り、寿終り、命盡くれども、道を得ること能はず。

P---P．36

那何(いかん)ともすべき無し。（真聖62頁）

総猥憒擾(そうわいかいにょう)（乱れる）して、皆愛欲を貪る。是の如きの法、道を解らざる者は多く、道を得る者は少し。世間忽忽(そうそう)（慌ただしい）として、聊かも頼むべきもの無し。尊卑・上下・豪貴・貧富・男女・大小、各(々)自ら忽務し勤苦して、躬身(みずか)ら殺毒を懐き、悪気窈冥(ようめい)として、惆悵(ちゅうちょう)せずといふこと莫し。妄りに事を作すが為に、天地に悪逆して、人心道徳に従はず。非悪には先づ随ひて之に与(くみ)して、恣(ほしいまま)に為す所を聴(ゆる)す。其の寿、未だ至らざるに、便ち頓に之を奪ひて下りて悪道に入り、累世に勤苦し、展転愁毒して、数千万億歳、止む期有ること無し。痛、言ふべからず、甚だ憐愍すべし。（真聖62頁）」

▽以降、無量寿経K段 (5)「行ぜよ。ていねいな（相手のことを考えた）教示（真聖62頁）」にほとんど同じ。

仏、阿逸菩薩等、諸天・帝王・人民に告げたまはく。

「我皆、汝に語らん、世間の事を造る人、是を用ての故に坐せられて道を得ず。汝曹熟々之を思慮して、悪をば、当に縦に捨て之を遠離し去るべし。其の善なる者に従ひて、当に堅く持ちて妄りに非を為すこと勿く、益（々）諸の善を作すべし。大小・多少の愛欲の栄、皆常に得べからず。由当に別離すべし、楽しむべき者無し。

仏世の時に曼びて、其れ、仏の経語の深きことを信受すること有りて、道徳を奉行せば、皆是、我が小弟なり。其れ、甫めて仏の経戒を学ぶこと有らんと欲する者は、皆是、我が弟子なり。其れ、身を出で家を去て、妻子を捨て財色を絶去せんと欲し、沙門と作り仏の為に比丘と作らんと欲する者有らば、皆是、我が子孫なり。我が世には甚だ値ふことを得難し。其れ、願じて阿弥陀仏国に生ぜんと欲する者有らば、智慧勇猛にして衆の為に尊敬せらるることを得べし。

心の欲する所に随ひて経戒を虧負し、人の後に在ることを得ること勿れ。儻し疑意有りて経を解らざる者は、復、前みて仏に問ひたてまつれ。汝が為に之を解かん。」

▽以降、無量寿経K段⑹「弥勒菩薩、仏の説教を喜ぶ」（真聖63頁）にほとんど同じ。

阿逸菩薩、長跪叉手して言さく。

「仏の威神は尊重にして、説く所の経は快善なり、我曹、経語を聴きて、皆心に之を貫く。世人、実に爾（しか）（なんじ）なり、仏の語りたまふ所の如く、異有ること無し。今、仏、《「P．313a》我曹（われらともがら）を慈哀して、大道を開示し生路を教語したまふ、耳目聡明にして長へ（とこしな）に度脱することを得ん。今、更に生るることを得るが若（ごと）し。我曹、仏の経語を聴き、慈心にして歓喜し踊躍し開解せざる者莫し。及び諸天・帝王・人民・蜎飛（えんぴ）・蠕動（ぜんどう）之類、皆恩を蒙りて憂苦を解脱せざる者無し。仏語の教戒は甚深にして、善きこと極無く底無し。仏の智慧の見たまふ所、八方・上下、去・来・現在の事を知りて、上も無く下も無く、無辺無幅なり。仏には甚だ聞くことを得難し。我曹、比（ひと）しく仏所に慈心あり、我曹をして度脱を得令むる者は、皆是、仏前世に道を求めたまひし時、勤苦して学問精明せしが致す所なり。恩徳

P…P．37

普く覆ひて、施行する所の福徳、相禄巍巍として、光明徹照し、洞虚無極にして、泥洹（ないおん）に貫き入り、攬典（らんてん）を教授し制威もて消化して、八方・上下を改動すること無窮無極なり。仏は、師法

の尊為り。群聖に絶して、都て能く仏に及ぶ者無し。仏は、八方・上下の諸天・帝王・人民の為に、師と作り、其の心の欲願する所に随ひて、大小皆、道を得令む。今、我曹、仏と相見ゆることを得、阿弥陀仏の声を聞くことを得たり。我曹甚だ喜びて、黠慧開明なることを得ざる者莫し。」

▽以降、無量寿経K段 (7)「説教する方の思い。」（真聖64頁）

仏、阿逸菩薩に告げたまはく。

「若が言へること是実に当に爾るべし。天下久久にして、乃し復仏有ます。若し仏所に慈心有る者は、大に喜びて実に当に仏を念ずべし。今我、苦の世に於て仏と作り、出す所の経道、教授洞達にして狐疑を截断し、端心正行にして諸の愛欲を抜き、衆悪の根本を絶ち、遊歩に拘ること無し。典総の智慧、衆道の表裏、維綱を攬持して、昭然分明なり。五道を開視して、生死・泥洹の道を決正す。」

仏、言はく。

「若曹、無数劫従り以来、復、劫を計ふ可からず。若曹、菩薩の道を作して、諸天・人民及び蜎飛・蠕動之類を過度せんと欲してより已来、甚だ久遠なり。人、若に従ひて、道を得て度する者、無央数なり。泥洹の道を得るに至る者も、亦無央数なり。若曹及び八方・上下の諸天・

帝王・人民、若しは比丘・比丘尼・優婆塞・優婆夷、若曹、宿命に、無数劫従り已来、是の五道の中に展転して、死生呼嗟し、更相に哭涙し、転た相貪慕し、憂思愁毒して痛苦言ふ可からず。今世に至りて《P．313b》死生絶えず、乃し今日仏と相見え共に会値ひて、是に乃ち阿弥陀仏の声を聞くこと甚だ快善なり。我、汝曹を助けて、喜ばしむ。

亦、自ら死生の痛痒を厭ふべし。生まるる時は甚だ痛み甚だ苦しみ甚だ極まれり。年長大するに至りても、亦苦しみ、亦極まる。死する時も、亦痛み、亦苦しみ、亦極まる。甚だ悪臭の処にして浄潔ならず、了かに可なる者有ること無し。」

仏、故らに悉く若曹に語りたまふ。

「若曹、亦自ら臭処悪露を決断すべし。若曹、亦心を端しくし身を正しくして益（々）諸善を作す。是に於て常に中外を端しくし、身体を浄潔にし、心垢を洗除して、自ら相約撿（しらべる）し、表裏相応して、言行忠信にせよ。人能く自ら度脱して、転た相扶接し、諸の愛欲を抜き、精明至心にして、求願して転ぜず、其の善道の根本を結せよ。

▽以降、無量寿経K段 (8)「教える人、教えられる人、切なる思い。」（真聖65頁）

精苦すと雖も一世は須臾の間なるのみ。今世に善を為せば、後世に阿弥陀仏の国に生れて快善甚だ極無く、長へに道徳と合明す。然して善く相保ち

P－－P．38

守りて、長へに悪道痛痒の憂悩を去り離れ、勤苦諸悪の根本を抜き、諸の愛欲恩好を断ち、長へに阿弥陀仏国に生れて、亦諸の痛痒有ること無く、亦復諸の悪臭の處有ること無し。亦復勤苦有ること無く、亦淫泆・瞋怒・愚癡無く、亦憂思・愁毒有ること無し。

阿弥陀仏の国に生ずれば、寿一劫・十劫・百劫・千劫・万億劫ならんと欲はば、自ら恣なり。意に寿を住止せんと欲はば、無央数劫にして、復、劫を計数す可からず。恣に汝、意に随ひて皆之を得べし。

食せんと欲すれば、食せざれども、恣に其の意の若く、都て悉く自然に皆之を得べし。泥洹の道に次し。

皆各（々）自ら精明に求索して、心に所願する所、狐疑を得ること勿れ。心に中悔して往生せんと欲する者は、得ること無し。其の過失に坐せられて、阿弥陀仏の国界の辺の自然の七宝の城の中に在りて、謫せらるること五百歳なり。」（無量寿経K段「〈一切の〉世の人への説教」真聖65頁、無量寿経N段「仏智疑惑〈胎生〉」真聖81、82～83頁）

▽以降、無量寿経K段 (9)「弥勒、決意表明。」（真聖65頁）に相当します。

阿逸菩薩、言さく。

「仏の厳明なる重教を受け、皆当に精進して一心に求索すべし。請ふ、之を奉行して、敢て疑怠せざれ。」

▽以降、無量寿経のL段「(一切の)世の人々への説教、第二幕。《この世間》【五悪】の中で獲べし。」に相当します。(真聖66頁)

▽以降、無量寿経L段(1)「この世はたいへん」(真聖66頁)に相当します。

仏、阿逸菩薩等に告げたまはく。

「若曹、是の世に於て、能く自ら心を制し意を正しくして、身に悪を作さざれば、是を大徳の善と為す。都て一輩有り、八方・上下に最も比有ること無しと為す。所以は何ん。八方・上下の無央数の仏国の中の諸天・人民は、皆自然に善を作して、大に《P.313c》悪を為さざれば、教化し易し。今、我、是の世間に於て仏と作る。為に五悪・五痛・五焼の中に於て、仏と作ること、最も劇しと為す。人民を教語して、縦に五悪を捨て令め、五痛を去ら令め、五焼の中を去ら令め、其の心を降化して、五善を持ち其の福徳・度世・長寿・泥洹の道を得令めん。」

仏、言はく。

「何等をか、五悪と為し、何等をか、五痛と為し、何等をか、五焼の中の者と為す。何等をか、五悪を消化して、五善を得令むる者と為す。何等をか、五善を持ちて、其の福徳・長寿・度世・泥洹の道を得と為す。」

▽以降、無量寿経L段「(一切の)世の人々への説教、第二幕。《この世間》【五悪】の中で獲べし」(2)「一悪。弱肉強食」(真聖66頁)に相当します。

仏、言はく。

「其の、一悪とは、天・人民より、下、禽獣・蜎飛・蠕動之属に至るまで、衆悪を為さんと欲するに、強き者は弱きを服して、転た相剋賊し、自ら相殺傷して、更相に食噉す。

善を作すことを知らず、悪逆不道にして、其の殃罰を受く。道の自然なる、当に往いて趣向すべし。神明記識して之を犯さば貰さず、転た相承して続ぐ。

故に貧窮・下賎・乞匃(物乞い)・孤独なるもの有り。故に聾盲・瘖瘂・愚癡・憋悪なるもの有り。下に尩狂(弱い狂う)にして及び逮ばざるの属有り。故に尊卑・豪貴・

P--- P.39

高才・明達知慧勇猛なるもの有り。皆、前世宿命に、善を為し慈孝にして恩徳を布き施す故なり。

官事王法の牢獄有れども、肯て畏れ慎まず、悪を作して法に入り、其の過謫を受く。重罰致りて劇し、解脱を求望すれども、度出することを得難し。今世に是有り、目前に現在す。寿終りて處有り。其の窈冥に入りて身を受けて更生ず。比へば王法の劇苦極刑の若し。

故に自然の泥犂・禽獣・薜茘・蜎飛・蠕動之類有り。転た身形を貿へ、悪を改して道を易へて、寿命に短長あり。魂神精識、自然に趣に入りて、形を受け胎に寄り、当に独り値ひ向ひ、相従ひ共に生ずべし。転た相報償して当に相還復すべし。殃悪・禍罰、衆事未だ盡きず、終に離ることを得ず。其の中に展転して、世世累劫にも、出づる期有ること無く、解脱を得難し、痛言ふべからず。天地の間に、自然に是有り。時に臨みて卒暴に時に応ぜずと雖も、但自然の道を取りて、皆当に善悪之に帰すべし。

是を一の大悪と為し、一の痛と為し、一の焼と為す。勤苦、是の如くにして、愁毒呼嗟す。比へば劇火の起りて人の身を焼くが若し。人能く自ら其の中に於て、心を一にし意を制し、身を端しくし行を正しくして、独り諸の善を作し、衆の悪を為らざる者は、身独り度脱して其の福徳を得、《P．314a》長寿・度世・上天・泥洹の道を得可し。是を一の大善と為す。」

▽以降、無量寿経L段「（一切の）世の人々への説教、第二幕。《この世間》【五悪】の中で獲べし。」(3)「二悪。人を欺く」（真聖68頁）に相当します。

仏、言はく。

「其の二悪とは、世間の帝王・長吏・人民・父子・兄弟・家室・夫婦、略義理無く正令に従はず。奢婬・憍慢にして各（々）意を快くせんと欲し、心を恣にして自在に更相に欺調き、殊に死を懼れず。心口各（々）異にして、言念、実無く、佞諂にして忠ならず、諛媚巧辞にして、行、端緒ならず。更相に嫉み憎み、転た讒悪して、人を寃枉に陥る。主上明かならず、心察かに照らさずして臣下を任用す。臣下存在して、度を践み能く行ひ、其の形施を知りて、位に在りて正しからず。其が為に調か所（ら）れる。妄りに忠良賢善を損じて、天心に当らず、甚だ道理に違す。

臣は、其の君を欺き、子は、其の父を欺き、弟は、其の兄を欺き、婦は、其の夫を欺く。家室・中外・知識、相誑へ、各（々）貪淫・心毒・瞋怒・朦聾・愚癡・欲益を懐き、尊卑・上下有ること無く、男と無く女と無く大と無く小と無く、心倶に同じく然なり。自ら己を厚くせんことを欲し、家を破り身を亡じて、前後・家室・親属を顧念せず、之に坐りて族を破る。

或時は、家の中の内外・知識・朋友・郷黨・市里・愚民・野人、転た更事に従ひ、共に相利害して財を諍ひ闘訟怒忿して仇を成し、転た勝負を諍ふ。

P---P. 40

富を慳み心を焦して肯て施与せず。祝祝として守り愛し保ちて貪惜す、之に坐りて思念し心労し身苦しむ。是の如くにして竟に至り恃怙する所無し、独り来り独り去りて、一も随ふ者無し。善悪・福徳・殃禍・謫罰、命を追ひて生ずる所なり。或は楽處に在り、或は毒苦に入る。然して後乃し悔ゆとも、当に復何ぞ及ぶべし。

或時は世人、心愚にして智少なく、善を見ては誹謗して之を恚り、肯て慕ひ及ばんとせず、但妄を為し不道を作さんと欲し、但盗竊を欲して常に毒心を懐き、他人の財物を得て用て自ら供給せんと欲ふ。消散し靡盡し、賜くれば、復求索す。邪心にして正しからず、常に独り恐怖し、人の色ること(顔色)有らんことを畏る。時に臨みて、計らず、事至りて、乃し悔ゆ。今世に現に、長吏・牢獄在り。自然に趣向して、其の殃咎を受く。世間に貧窮・乞匃・孤独あり。但、前世宿命に道徳を信ぜず、肯て善を為さざりしに坐せられて、今世に悪を為せば、天神、籍を別つ。寿終りて悪道に入る。

故に、自然の泥犂・禽獣・薜茘・蜎飛・蠕動之属有り。其の中に展転して、世世累劫にも出づる期有ること無く、解脱を得難し、痛言ふ可からず。

《「P．314b》是を二の大悪と為し、二の痛と為し、二の焼と為す。勤苦是の如し。比へば火の起りて劇しく人の身を焼くが若し。人能く自ら其の中に於て、心を一にして意を制し、身を端しくし行を正しくして、独り諸善を作して、衆悪を為さざれば、身独り度脱して其の福徳を得、長寿・度世・上天・泥洹の道を得べし。是を二の大善と為す。」
▽以降、無量寿経L段「(一切の)世の人々への説教、第二幕。《この世間》【五悪】の中で

獲(う)べし。」(4)「三悪。不良。女も盗みもやりたい放題」（真聖70頁）に相当します。

「其の、三悪とは、諸の世間の人民、寄生し相因(あいよ)りて共に天地の間に依居す。處年寿命、能く幾ばく歳も無し。至りて豪貴・長者・賢明・善人有り。下に貧窮・尪羸(おうれつ)・愚者有り。中に不良の人有り、但毒悪を懐念して、身心正しからず、常に淫泆(いんいつ)を念じて、煩(わずらい)胸中に満つ。愛欲交錯して、坐起安からず、貪意慳惜にして、横に唐(いたず)らに得んことを欲ふ。細色を眄睞(めんらい)（流し目を送る）して、悪態淫泆(いんいつ)し、婦有れども厭ひ憎みて私かに妄りに出入し、家の所有を持ちて相給して非を為し、聚会して飲食して専ら共に悪を作す。兵を興し賊を作し、城を攻め格闘し、劫殺截断(せつだん)し、強奪不道なり。人の財物を取り、偸竊(ちゅうせつ)（＝窃）して趣(わず)かに得れども、肯て生を治せず。当に求むべき所の者、肯て之を為さず。悪心外に在りて専ら作すこと能はず。欲に繋(かか)はりて事を成し、恐勢迫脅して持ちて帰りて家に給して、共に相生活す。心を恣にし意を快くし、行を極めて楽を作す。他人の婦女を行乱し、或は其の親属に於て尊卑・長老を避けず。衆共に憎悪し、家室・

P---P. 41

中外、患ひて而も之を恚(いか)る。

　亦復、縣官の法令を畏れず、録を避くる所無し。是の如きの悪、自然の牢獄、日月照識し、神明記取して、諸神摂録す。

故に、自然の泥犁・禽獣・薜茘・蜎飛・蠕動之属有り。其の中に展転して、世世累劫にも、出づる期有ること無く、解脱を得難し。痛、言ふ可からず。

是を三の大悪と為し、三の痛と為し、三の焼と為す。勤苦、是の如し。比へば火の起りて劇しく人の身を焼くが若し。人能く自ら其の中に於て、心を一にして意を制し、身を端しくし行を正しくして、独り諸善を作して、衆悪を為さざれば、身独り度脱して其の福徳を得、長寿・度世・上天・泥洹の道を得可し。是を三の大善と為す。」

▽以降、無量寿経L段「（一切の）世の人々への説教、第二幕。《この世間》【五悪】の中で獲べし。」⑸「四悪。驕慢、おごり、悪口」に相当します。（真聖71頁）

仏、言はく。

「其の、四悪とは、諸人、善を作すこと能はず、自ら相壊敗し、転た相教令して共に衆悪を作り、主として伝言を為し、但、両舌・悪口・罵詈・妄語を欲し、相嫉みて更相に闘乱す。善人を憎み嫉み、賢善を敗壊して、《P．314c》旁に於て之を快ぶ。復、父母に孝順し供養せず、師友・知識を軽易して、信無く誠実を得難し。自大尊貴にして、道有りといふ。横に威武を行じて、権力勢を加へ、侵剋して人を易り、自ら知ること能はず。悪を為すも自ら羞慚せず。自ら頑健なるを用て、人をして之を承事し畏敬せ令めんと。復、天地・神明・日月を畏敬せず。亦、教へて善を為さ令むべからず。降化すべからず。自ら用て堰蹇（えんけん）として、常に当に爾なり。亦復、憂哀の心無く、恐懼の意を知らずして、憍慢（きょうまん）なること是の如し。

天神、之を記す。其の前世宿命に頗る福徳を作すに、小善扶接（ぶしょう）し営護（ようご）して、之を助く。今世に、悪を作り、諸善を盡儩（じんし）（ラッキーなことと）して日に去り、悪を見ては之を追ひ、身独り空しく立ちて、復依る所無し。重き殃讁（おうちゃく）を受けて、寿命終るとき、身の衆悪、繞り帰して自然に迫促（はくそく）す。当に往いて追逐して、止息するを得ざるべし。自然の衆悪、共に趣き乏（とぼしき）に頓（いた）る。其の名籍（みょうじゃく）神明の所に在ること有り。殃咎引牽（おうくいんけん）して、当に値相（もうあ）ひ自然の趣向を得べし。過の讁罰（ちゃくばつ）を受け、身心摧砕（ざいさい）し、神形の苦極まりて、離却（りきゃく）することを得ず。但前みて行いて其の火鑊（かご）（火あぶり、火刑）に入ることを得。是の時に当りて悔ゆとも、復何の益かあらん。当に復何ぞ及ぶべし。天道自然にして蹉跌することを得ず。

故に、自然の泥犁（ないり）・禽獣（きんじゅう）・薜茘（へいれい）・蜎飛（えんぴ）・蠕動（ぜんどう）之属有り。其の中に展転して、世世累劫にも、出づる期有ること無く、解脱を得難し。痛、言ふ可（べ）からず。

是を四の大悪と為し、四の痛と為し、四の焼と為す。

P---P. 42

勤苦、是の如し。比へば、火の起りて劇しく人の身を焼くが若（ごと）し。人能く自ら其の中に於て、心を一にして意を制し、身を端しくし行を正しくして、独り諸善を作して、衆悪を為さざれば、身独り度脱して其の福徳を得、長寿・度世・上天・泥洹（ないおん）の道を得可（べ）し。是を四の大善と為す。」

▽以降、無量寿経Ｌ段「（一切の）世の人々への説教、第二幕。《この世間》【五悪】の中で獲（う）べし。」⑹「五悪。教えられてもボケーッとして信じられない。」（真聖73頁）に相当しています。

仏、言はく。

「其の、五悪とは、世人徙倚懈惰（しいけだ）にして、肯て善を作さず。生を治せんことを念はず。妻子飢寒し、父母倶に然なり。呵（か）して其の子を教へんと欲すれば、其の子悪心にして、目を瞋（いか）らし応怒し言令に従はず、違戻反逆（うれ）して野人よりも劇し、比へば怨家の若（ごと）し。子無きに如かず。妄りに遍く仮貸し、衆共に患へ厭ふ。尤も復報償の心有ること無し。窮貧困乏すれども、復得ること能はず。辜較（こうこう）諧声し、放縦に遊散す。数（たびたび）唐（いたず）らに得るに患ひて、自ら用て賑給（しんきゅう）す。防禁を畏れず、飲食極無く、酒を喫し美を嗜み、《P．315a》出入り、期度有ること無し。魯扈抵突（ろこていとつ）にして、人情を知らず。壮叶（そうう）強制にして、人の喜有るを見ては憎妬（ぞうと）して之を恚る。義無く礼無く、自ら用て識当（しきとう）して諌暁（かんぎょう）す可（べ）からず。

亦復、父母・妻子の有無を憂念せず。又復、卒に父母の徳に報ゆることを念はず。亦復、師の恩好を念はず、心に常に悪を念じ、口に常に悪を言ひ、身に常に悪を行ひ、日も成就（たら）ず。道徳を信ぜず。賢明先聖有ることを信ぜず。善を作し道を為せば度世を得べきことを信ぜず。世間に仏を有(い)ますことを信ぜず。羅漢を殺し比丘僧を闘はしめんことを欲し、常に人を殺さんことを欲し、父母・兄弟・妻子・宗親・朋友を殺さんと欲す。父母・兄弟・妻子・宗親・朋友、憎み悪(にく)みて、之を見て、之をして死せ使めんと欲す。仏の経語を信ぜず。人の寿命終り盡き死して、後世に復生ずることを信ぜず。善を作せば善を得ることを信ぜず。悪を作せば悪を得ることを信ぜず。是の如き曹(ともがら)の人、男子・女人、心意、倶に然なり。違戻反逆、愚癡蒙篭、瞋怒嗜欲にして、識知する所無し。自ら快善を用て大に智慧と為し、亦、従来する所の生と、死して趣向する所を知らず。肯て慈孝ならずして、天地に悪逆す。其の中間に於て僥倖(ぎょうこう)を望求す。長生を得て不死を射呼せんと欲すれども、会(かなら)ず、当に、生死の勤苦、善悪の道に帰就すべし。身に作る所の悪、殃咎(おうきゅう)の衆趣、度脱を得ず。亦、降化す可からず。善を作さ令めんとして、慈心もて教語し、死苦善悪の趣向する所、是有ることを、開導すれども、復、之を信ぜず。然して苦心(ねんごろ)に与に語りて度脱せ令めんと欲すれども、益無し。其の人、心中閉塞して、意に開解せず。大命将に至り至らんとする時、皆悔ゆ。其の後に乃し悔ゆとも、当に復何ぞ及ぶべき。予め

P---P. 43

計りて善を作さず、窮まるに臨みて、何の益かあらん。

天地の間、五道各（々）明かにして、恢曠窈窕(かいこうようちょう)、浩浩汗汗(こうこうかんかん)たり。転(うた)た相承受して、善悪の毒痛、

身自ら之に当りて、代る者有ること無し。道の自然なり。其の所行に随ひて、命を追ひて生ずる所、縦捨(じゅうしゃ)することを得ず。善人は善を行じて慈孝なれば、楽従り楽に入り明従り明に入る。悪人は悪を行じて苦に従ひ冥に従ふ。誰か能く知る者あらん。独り仏の見知したまへるのみ。人民を教語したまへども、信用する者は少し。死生休まず。悪道絶えず。是の如きの世人には、悉く道説すべからず。

故に、自然の、泥犁(ないり)・禽獣(きんじゅう)・薜茘(へいれい)・蜎飛(えんぴ)・蠕動(ぜんどう)之属有り。其の中に展転して、世世《「P.315b》累劫にも、出づる期有ること無く、解脱を得難し。痛、言ふべからず。是を五の大悪・五の痛・五の焼と為す。勤苦を為すこと、是の如し。比へば、火の起りて人の身を焼くが若(ごと)し。人能く自ら其の中に於て、心を一にして意を制し、身を端しくし行を正しくして、言行相副(かな)ひ、作す所至誠に、語る所語の如く、心口転ぜず、独り諸善を作して、衆悪を為さざれば、身独り度脱して其の福徳を得、長寿・度世・上天・泥洹(ないおん)の道を得可し。是を五の大善と為す。」

▽以降、無量寿経L段「(一切の)世の人々への説教、第二幕。《この世間》【五悪】の中で獲(う)べし。」(7)「罪悪の招くところ」(真聖75頁)に相当します。

仏、阿逸菩薩等に告げたまはく。

「我皆若曹(なんじともがら)に語る。是の世の五悪勤苦、是の如し。五痛を起さ令めて、五焼を起さ令めて、展転して相生ず。世間の人民、肯て善を作さずして、衆悪を作さんと欲す。敢て此の諸の悪事を犯さんと欲する者は、皆悉く自然に、当に具に更歴(こもごも)て、悪道の中に入るべし。或は、其の今世に先づ病殃(びょうおう)を被り、死生得ず、衆に示して之を見せしむ。寿終りて、至極の大苦に趣入し、愁憂酷毒、自ら相焦然(しょうねん)し、転(うた)た相焼滅して、其の然る後に至りて、共に怨家と作りて、更(さら)相に傷殺す。小微従り起りて、大困劇に至る。皆、財色を貪婬し、肯て忍辱して施与せざるに従りてなり。各（々）自ら快くせんことを欲して、復、曲直無く、健名を得んことを欲すれども、癡欲の為に迫(せ)め所れ、心に随ひて思想すれども、復得ること能はず。憤りを胸中に結びて、財色に縛束せられ、解脱有ること無く、厭足(えんそく)を知らず、己を厚くし欲を諍ひて省録する所無し。富貴栄華なれども、時に当りて、忍辱して、善を施すことを知らず、威勢幾くも無し。悪名に随ひて、身を焦し、労苦に坐し、久しくして後、大に劇(はげ)し。自然に随逐し、解け已むこと有ること無し。王法施張(せちょう)し、自然に糺挙(きゅうこ)し、上下相応して、羅網綱紀、煢煢忪忪(けいけいそうそう)として、当に其の中に入るべし。古今是有り、痛ましいかな、傷むべし。都て義理無く正道を知らず。」

▽以降、無量寿経L段「(一切の)世の人々への説教、第二幕。《この世間》【五悪】の中で獲(う)べし。」(8)「善を為せ」（真聖76頁）に相当します。

仏、阿逸菩薩等に語りたまはく。

「若し世に是有らんに、仏皆、慈愍して之を哀みたまふ。威神摧動して、衆悪諸事、皆之を消化す。

P－P．44

悪を去りて善に就き、所思を棄捐し、経戒を奉持し、経法を承受し施行せざるは莫く、敢て度世・無為・泥洹の道を違失せず、善を快み楽を極むることを得令む。」

仏、言はく。

「若曹、諸天・帝王・人民及び後世の人、仏の経語を得て、熟々之を思惟し、能く自ら其の中に於て、心を端しくし行を正しくすべし。其の主上、善を為して其の下を率化し撿御して、衆を教へて、転た相勅令し、転た共に善を為し、転た相度脱せよ。各（々）自ら端しく守り、慈仁愍哀して、《「P．315c》身を終るまで怠らず。聖を尊び孝を敬ひ、通洞博愛にして、仏語の教令、敢て虧負すること無く、当に度世・泥洹の道を憂へよ。当に死生の痛痒を断截し、悪の根本を抜かんことを憂へよ。当に泥犁・禽獣・薜茘・蜎飛・蠕動・悪苦の道を断絶せんことを憂へよ。当に仏世に曼びて、堅く経道を持ちて、敢て違失すること無かるべし。」

仏、言はく。

「若曹当に信ずべき者は云何、第一急に当に自ら身を端しくすべし、当に自ら心を端しくすべし、当に自ら目を端しくすべし、当に自ら耳を端しくすべし、当に自ら鼻を端しくすべし、当に自ら口を端しくすべし、当に自ら手を端しくすべし、当に自ら足を端しくすべし。能く自ら撿斂して、妄りに動作すること莫く、身心浄潔にして倶に善と相応し、中外約束して嗜欲に随ふこと勿く、諸悪を犯さざれ。言色、当に和すべし。身行、当に専なるべし。行歩・坐起の所作、当に安らかなるべし。事を作せば為す所、当に先づ熟々思慮して之を計るべし。才能を揆度し、円規を視瞻し、安定にして徐に之を作為せよ。事を作すこと倉卒にして予め計熟せず、之を為すに諦かならざれば、其の功を亡ふ。夫れ敗悔後に在れば、唐らに苦しみて身を亡ぼす。至誠忠信にして道を得て絶去すべし。」

仏、言はく。

「若曹、是に於て益（々）諸の善を作して、恩を布き徳を施して、能く道の禁忌を犯さず、忍辱・精進・一心・智慧、展転して、復、相教化し、善を作し徳を為せ。是の如きの経法、慈心専一にして、斎戒清浄なること、一日一夜（無量寿経L段世の人への説教第二幕⑻善を為せ　真聖77頁）（注1）なれば、阿弥陀仏の国に在りて善を作すこと、百歳なるに勝れり。所以は何ん。阿弥陀仏の国は、皆、積徳衆善、無為自然にして、求索する所に在りて、諸悪の大きさ、毛髪の如くなるもの有ること無ければなり。」

仏、言はく。

「是に於て善を作すこと、十日十夜（無量寿経L段世の人への説教第二幕⑻善を為せ　真聖77頁）なれば、其の徳、他方仏国の中の人民の善を作すこと、千歳なるに勝れり。所以は何ん。他方仏国は、皆悉く善を作すに、善を作す者は多く、悪を為す者は少し。皆自然の物有り、求作を行ぜずして、便ち自ら之を得ればなり。是の間は、悪を為す者は多く、善を作す者は少し。求作を行ぜざれば、得令むること能はず。世の人、能く自ら端しく制して善を作し、至心に道を求む。故に能く爾るのみ。是の間は、自然有ること無し。

P－P．45

自給すること能はず。当に求索を行じて勤苦して、生を治むべし。転た相欺殆して、調詐きて悪を好み、其の財物を得て、妻子に帰給す。毒を飲み食ひ心を労し身を苦しむ。是の如くにして竟に至り、心意専ならず、愡恫として安からず。人能く自ら安静にして善を為し、徳に精進す。故に能く爾るのみ。」

仏、言はく。

「我皆、《「P．316a》若曹及び諸天・帝王・人民を哀みて、皆教へて、諸善を作し衆悪を為さざら令む。其の所能に随ひて、輒ち道を授与し、教戒開導して、悉く之を奉行せしむ。即ち、君は率化して善を為し、臣下に教令して、父は其の子に教へ、兄は其の弟に教へ、夫は其の婦に教へ、家室・内外・親属・朋友、転た相教語して、善を作し道を為し経を奉じ戒を持ち、各（々）端しく守りて、上下相撿め、尊と無く卑と無く、男と無く女と無く、斎戒清浄にして歓喜せざるは莫し。義理に和順にして、歓楽慈孝、自ら相約撿(けん)す。其れ仏の経語を得ることと有らば、悉く持ちて之を思へ。当に、作す所而も犯して之を為すべからず。即ち、自ら過を悔い、悪を去りて善に就き、邪を棄てて正を為し、朝に聞きて夕に改して、経戒を奉持すれば、劇愚も宝を得。仏の所行の處、所在の郡国に、輒(すなわ)ち経戒を授与す。諸天・日・月・星辰・諸神・国王・旁臣・長吏・人民・諸龍・鬼神・泥犁(ないり)・禽獣(きんじゅう)・薜荔(へいれい)・蜎飛(えんぴ)・蠕動(ぜんどう)之属も、慈心開解せざる者莫し。皆悉く敬事して、仏に従ひ経道を稽受して、承けて之を奉行す。

即ち、君、改化して善を為し、斎戒精思して、浄く自ら湔(すす)ぎ洗ひ、心を端(ただ)しくし行を正しくせん。位に居して厳慓(げんひょう)に教勅し、衆を率(ひき)ヰて善を為し、道禁を奉行して、言令をして正しから令む。臣は、其の君に孝し、忠直に令を受けて敢て違負せず。父子は、言令孝順に承受し、兄弟・夫婦・宗親・朋友は、上下相令して、言に順ひ理に和す。尊卑・大小、転(うた)た相敬事するに、礼を以てし義に如(かな)ひ、相違負せず。往を改して来を修し心を洗ひ行を易(をさ)め、端正中表にして、自然に善を作し、願ふ所輒(すなわ)ち得、咸(ことごと)く善く自然の道に降化す。求めて不死を欲すれば、即ち長寿を得可し、求めて度世を欲すれば、即ち泥洹(ないおん)の道を得可し。」

仏、言はく。

「仏は、威神尊く徳重くして、悪を消し善に化して、度世せずといふこと莫し。今我、天下に出でて、是の悪の中に在りて、苦の世に於て仏と作り、慈愍哀傷し教語開導す。諸天・帝王・

旁臣（ぼうしん）・左右・長吏・人民、其の心の願楽する所に随ひて、皆道を得令む。仏の諸の所行の處、経過し歴（へ）る所の、郡国・県邑・丘聚（くじゅ）・市里、豊熟せざるは莫し。天下太平にして、日月の運照倍益明かに好く、風雨時節あり、人民安寧ならん。

P--P. 46

強きは弱きに臨まず、各（々）其の所を得、《「P. 316b》悪歳・疾疫無く、病痩する者無く、兵革起らず、国に盗賊無く、寃枉（えんごう）有ること無く、拘閉する者有ること無けん。君臣人民、喜踊せざること莫く、忠慈至誠にして、各（々）自ら正しく守り、皆自ら国を守り、雍和（ようわ）孝順にして、歓喜せざるは莫けん。有無相与（とも）にし、恩を布き徳を施して、心歓楽し、与に皆敬愛して、義を推し譲り、前後に謙遜して、礼を以て敬事すること、父の如く子の如く、兄の如く弟の如くにして、仁賢・和順・礼節ならずといふこと莫けん。都て違諍無く、快善、極無からん。」

　仏、言はく。

「我、若曹（なんじがともがら）子を哀みて、之を度脱せんと欲ふこと、父母の子を念ふよりも劇し。今、八方・上下の諸天・帝王・人民及び蜎飛（えんぴ）・蠕動（ぜんどう）之類、仏の経戒を得て、仏道を奉行し、皆、明慧を得、心に悉く開解して、憂苦を過度し解脱することを得ざる者莫し。

　今、我、仏と作り、五悪・五痛・五焼の中に在りて、五悪を降化し、五痛を消盡し、五焼を絶滅し、善を以て悪を攻め、毒苦を抜き去りて、五道を得令め、五善を得て明かに好く、焼悪をして起らざら令む。我、般泥洹(ないおん)し去りて後、経道、稍(ようやく)断絶し、人民諛諂(ゆてん)にして、稍(ようやく)、復、衆悪を為(つく)り、復、善を為さざれば、五焼、復、起り、五痛の劇苦、復、前の法の如く、自然に還復し、久しくして後、転(うた)た劇しからん。悉く説くべからず。我、但、若曹(なんじがともがら)が為に、小しく之を道(い)ふのみ。」

仏、阿逸菩薩等に告げたまはく。

「若曹(なんじがともがら)、各(々)思ひて之を持せよ。展転して相教戒し、仏の経法の如くにして、敢て違犯すること無かれ。」

注1　阿弥陀経には、「若一日、……、若七日」「一心」（真聖129頁）とあります。観無量寿経には、「一日乃至七日」とあります。ただし、観無量寿経は、阿弥陀経の影響によるものでしょう。

大阿弥陀経は、紀元前後から紀元後100年までの100年間のインド世界（中央インドと西北インド）での状況が反映されています。阿弥陀経は、紀元150年から200年までのインド世界（主に中央インド）での状況を表しています。

阿弥陀経の「若一日、……、若七日」の主な意味は、やはり、「この世界で、ほんの少しの時間でも阿弥陀仏の名前を保っていれば」という意味なのでしょう。副次的な意味として、「この世界で保つのは大変なのだが、」が隠されていることは、否定はしません。

100年前に比べて、これが実に見事に入れ替わっているのです。

100年前の大阿弥陀経においては、「一日一夜」、「十日十夜」というのは、この世界で、善行をなすことは、阿弥陀仏の世界で一万年善行をなすより難しい、という意味なのです。主題は、この世界の「大変さ」にあるのです。

▽以降、無量寿経L段「(一切の)世の人々への説教、第二幕。《この世間》【五悪】の中で獲べし。」(9)「弥勒。その通りにします」(真聖79頁)に相当します。

阿逸菩薩、長跪叉手して言さく。

「仏の道記、甚だ苦痛なり。世人悪を為すこと、甚だ劇しきこと是の如し。仏、皆、慈哀して悉く之を度脱したまふ。皆言く、『仏の重教を受けて、請ふ、展転相教へて、敢て違犯せず』と。」

▽ここ(真聖79頁)までが、サンスクリット本にない部分です。

▽以降、無量寿経M段「阿難、仏に見える」(真聖79頁)に相当します。ここからは、基本的にサンスクリット本に存在している部分となります。

仏、阿難に告げたまはく。

「我、若曹を哀みて、悉く、阿弥陀仏及び諸の菩薩・阿羅漢、所居の国土を見令めん。若、之を見んことを欲するや不や。」

阿難、即ち大に歓喜し、長跪叉手して、言さく。

「願はくは、皆、之を見んことを欲す。」

仏、言はく。

「若起ちて、更に袈裟を被て、西に向ひて拝し、日の没する處に、阿弥陀仏の為に礼を作し、頭脳を以て地に著け、『南無阿弥陀三那三仏檀』（注1）と言へと。」

阿難、言さく。

「諾。」

教を受けて即ち起ち、更に袈裟を被て、西に向ひて拝し、日の没する處に当りて、弥陀仏の為に礼を作し、頭脳を以て《P．316c》地に著けて、「南無阿弥陀三那三仏檀」と言ふ。

阿難、未だ起たざるに、阿弥陀仏、便ち大に光明を放ちて、威神、則ち、八方・上下の諸の無央数の仏国に遍し。諸の無央数の諸天地、即ち皆為に大に震動し、諸の無央数の天地、

P---P．47

須弥山羅宝・摩訶須弥大山羅宝、諸の天地、大界・小界、其の中の諸の大泥犂・小泥犂、諸の山林・渓谷・幽冥の處、即ち、皆、大に明かにして、悉く大に開闢す。

即ち時に、阿難、諸の菩薩・阿羅漢等、諸天・帝王・人民、悉く皆、阿弥陀仏及び諸の菩薩・阿羅漢、国土の七宝を見、已りて、心大に歓喜し踊躍して、悉く起ちて阿弥陀仏の為に礼を作し、頭脳を以て地に著けて、皆「南無阿弥陀三那三仏檀」と言ふ。

阿弥陀仏の国より放てる光明威神を以て、諸の無央数の天・人民及び蜎飛・蠕動之類、皆悉く阿弥陀仏の光明を見たてまつりて、慈心歓喜せざる者莫し。諸有泥犁・禽獣・薜荔、諸有考治勤苦の処、即ち皆休止して、復治せず、憂苦を解脱せざる者莫し。諸有盲者は、即ち皆、視ることを得。諸有聾者は、即ち皆、聴くことを得。諸有暗者は、即ち皆、能く語る。諸有僂者は、即ち、申ぶること得。諸の跛癖蹇なる者は、即ち皆、走り行く。諸有病者は、即ち皆、愈えて起つ。諸の尩（身体が弱い）者は、即ち皆、強健なり。諸の愚癡なる者は、即ち、更に黠慧なり。諸有婬者は、皆是に梵行す。諸の瞋怒者は、悉く皆、慈心にして善を作す。諸有毒を被る者は、毒皆行らず。鍾磬（つりがねとけい）・琴瑟（こととおおごと）・箜篌、楽器諸伎は鼓せざるに皆自ら五の音声を作す。婦女の珠環は皆自ら声を作す。百鳥畜狩は皆自ら悲鳴す。是の時に当りて、歓喜善楽して過度を得ざる者莫し。

即ち爾の時に、諸仏国中の諸天・人民、天上の華香を持ちて来り下り、虚空の中に於て悉く皆、諸仏及び阿弥陀仏の上に供養し散ぜずといふこと莫し。諸天、各（々）共に、大に万種自然の伎楽を作して、諸仏及び諸の菩薩・阿羅漢を楽しましむ。是の時に当りて、其の快楽言ふ可からず。

▽以降、無量寿経のN段「仏智疑惑（胎生）。」に相当します。とは言っても、全く内容的には異なっています。ここには、「仏智疑惑」も「胎生」、「化生」もありません。しかし、この部分が萌芽となって、「仏智疑惑（胎生）」が生まれてきたものと私は思っています。

そして、その元になった考え方が、「阿弥陀仏国では、どんな人々が住んでいるのだろう」ということであったのだろうと私は考えています。その思考の過程は、「阿弥陀仏国に生まれる三種の人々（三輩）」に蓄えられています。長年の議論と思索の結果だと思います。（無量寿経F段「彼の国に生まれる」(2)「上中下、三種類の人々」上輩（真聖44頁）に相当します。大阿弥陀経では、真聖全29頁以降にあります。）

仏、阿難・阿逸菩薩等に告げたまはく。

「我、阿弥陀仏及び諸の菩薩・阿羅漢、国土の自然の七宝を説くに、儻しは《「P．317a》異有ること無きや（乎）。」

阿難、長跪叉手して言さく。

「仏、阿弥陀仏の国土の快善なることを説きたまふ、仏の言ふ所の如く一も異有ること無し。」

仏、言はく。

「我、阿弥陀仏の功徳、国土の快善を説かんに、昼夜一劫を盡くすとも、尚復未だ竟へず。我但、若曹(なんじがともがら)が為に、小しく之を説くのみ。」
▽以降、無量寿経の○段「十方仏国土の菩薩等が往生する。」に相当します。
阿逸菩薩、即ち長跪叉手して、仏に問ひたてまつりて言はく。

「今、仏の国土は、是の間従り、当に幾何(いくばく)の阿惟越致の菩薩有りてか、阿弥陀仏の国に往生すべし。願はくは、之を聞かんと欲ふ。」

仏、言はく。

P---P.48
「汝知らんと欲はば、明かに聴きて心中に著(つ)けよ。」

阿逸菩薩、言さく。

「教を受けん。」

仏、言はく。

「我が国従り、当に七百二十億の阿惟越致の菩薩有りて、皆当に阿弥陀仏の国に往生すべし。

一の阿惟越致の菩薩は、前後無央数の諸仏を供養し、次を以て弥勒の如く、皆当に作仏すべし。及び其の余の諸の小菩薩の輩は、無央数にして復計ふべからず。皆当に阿弥陀仏の国に往生すべし。」

仏、阿逸菩薩に告げたまはく。

「但、我が国中の諸の菩薩の、阿弥陀仏の国に往生べきのみにあらず。他方異国に復、仏有まして、亦復、是の如し。

第一の仏を、頭樓和斯と名く。其の国に百八十億の菩薩有り。皆当に阿弥陀仏の国に往生すべし。他方異国の第二の仏を、羅隣那阿竭と名く。其の国に九十億の菩薩有り。皆当に阿弥陀仏の国に往生すべし。他方異国の第三の仏を、朱蹄彼会と名く。其の国に二百二十億の菩薩有り。皆当に阿弥陀仏の国に往生すべし。他方異国の第四の仏を、阿蜜蔡維薩と名く。其の国に二百五十億の菩薩有り。皆当に阿弥陀仏の国に往生すべし。他方異国の第五の仏を、樓波黎波□（足偏＋蔡）と名く。其の国に六百億の菩薩有り。皆当に阿弥陀仏の国に往生すべし。他方異国の第六の仏を、那惟于蔡と名く。其の国に万四千の菩薩有り。皆当に阿弥陀仏の国に往生すべし。他方異国の第七の仏を、維黎波羅潘□（足偏＋蔡）と名く。其の国に十五の菩薩有り。皆当に阿弥陀仏の国に往生すべし。他方異国の第八の仏を、和阿蔡と名く。其の国に八の菩薩有り。皆当に阿弥陀仏の国に往生すべし。他方異国の第九の仏を、尸利群蔡と名く。其の国に《「P．317b》八百一十億の菩薩有り。皆当に阿弥陀仏の国に往生すべし。他方異国の第十の仏を、那他蔡と名く。其の国に万億の菩薩有り。皆当に阿弥陀仏の国に往生すべし。他方異国の第十一の仏を、和羅那惟于□（足偏＋蔡）と名く。其の国に万二千の菩薩有り。皆当に阿弥陀仏の国に往生すべし。他方異国の第十二の仏を、沸覇圖那蔡と名く。其の国に諸の菩薩有り。無央数にして復計ふべからず。皆、阿惟越致なり。皆、智慧勇猛にして、各（々）無央数の諸仏を供養し、一時を以て、倶に心に願じて往かんと欲すれば、皆当に阿弥陀仏の国に生ずべし。他方異国の第十三の仏を、

P---P．49

随呵閦祇波多蔡と名く。其の国に七百九十億の菩薩有り。皆当に阿弥陀仏の国に往生すべし。」

仏、言はく。

「是の諸の菩薩は、皆、阿惟越致なり。諸の比丘僧の中、及び小菩薩の輩、無央数なり。皆当に阿弥陀仏の国に往生すべし。独り是の十四仏国中の諸の菩薩の往生すべきのみにあらず。都て八方・上下の無央数の仏国の諸の菩薩の輩、各（々）是皆、当に阿弥陀仏の国に往生すべし。甚だ無央数なり。都て共に往いて阿弥陀仏の国に会す。大に衆多にして計ふ可からず。我但、八方・上下の無央数の諸仏の名字を説かんに、昼夜一劫すとも尚未だ竟へず。我但復、諸仏国の諸の比丘僧、衆の菩薩の、当に阿弥陀仏の国に往生すべき人数を説かんに、之を説くこと、

一劫にして休止せざるも、尚未だ竟へず。我但、若曹(なんじがともがら)が為に、總攬して都て小しく之を説くのみ。」

▽以降、無量寿経のP段「この経」に相当します。

仏、阿難・阿逸菩薩等に語りたまはく。

「其れ、世間の帝王・人民・善男子・善女人、前世宿命に、善を作して致す所の相禄巍巍として、乃ち当に阿弥陀仏の声を聞く（注1）べき者、甚だ快し。善いかな、之に代りて喜ばん。」

仏、言はく。

「其れ、善男子・善女人有りて、阿弥陀仏の声を聞き、慈心歓喜して、一時に踊躍し、心意浄潔に、衣毛為に起ちて、涙即ち出づる者は、皆、前世宿命に、仏道を作せるなり。若しは他方の仏、故(もと)菩薩にして凡人に非ず。

其れ、人民・男子・女人有りて、弥陀仏の声を聞きて、有りと信ぜざる者は、経の仏語を信ぜず、比丘僧有ることを信ぜず。心中に狐疑して、都て信ずる所無き者は、皆故(もと)悪道の中従り来り生じて、愚癡にして解らず、《P．317c》宿命の殃悪未だ盡きず、尚未だ当に度脱すべからず。故に心中に狐疑して、信向せざるのみ。」

仏、言はく。

「我、若曹（なんじがともがら）に語らん。若曹（なんじがともがら）当に作すべき所の善法は、皆当に奉行して之を信じ、疑を得ること無かるべし。我、般泥洹（ないおん）し去りて後、若曹（なんじがともがら）及び後世の人、復、我、阿弥陀仏の国有ることを信ぜずと言ふこと（注2）を得ること無かれ。

我、故（ことさ）らに若曹（なんじがともがら）をして、悉く阿弥陀仏の国土を見せ令む。当に為すべき所の者は、各（々）之を求めよ。

我、具に若曹（なんじがともがら）が為に、経戒慎法を道説す。若曹（なんじがともがら）、当に仏の法の如く之を持つべし。毀失（きしつ）を得ること無かれ。我、是の経を持ち、以て若曹（なんじがともがら）に累（つた）ふ。若曹（なんじがともがら）、当に堅く之を持つべし。妄りに是の経法を増減為ることを得ること無かれ。（注5）

我、般泥洹（ないおん）し去りて後、経道留止せんこと千歳せん。千歳の後、経道断絶せん。我皆慈哀して是の経法を持ち留めて止住せんこと百歳せん。（注3）百歳の中に竟らん。乃し休止し断絶せん。心の所願に在りて、皆道を得べし。」

P┆P．50

仏、言はく。

「師は、人を開導するに、耳目・智慧明達にして、人を度脱して、善く泥洹（ないおん）の道に合ふことを得令む。常に当に、仏に孝慈すること父母の如くすべし。常に当に、師の恩を念ずべし。常に念じて絶えざれば、即ち道を得ること疾からん。」

仏、言はく。

「天下に、仏、有ませども、甚だ値ひ難し。（注4）若し沙門有らば、師の如くすべし。人の為に経を説く者、甚だ値ひ難し。（注4）」

注1　無量寿経では、「かの仏の名号を聞く」（真聖86頁）となっています。

注2　無量寿経では、「疑惑」（真聖87頁）となっています。

注3　無量寿経では、「我慈悲哀愍をもって特にこの経を留めて止住すること百歳せん。」（真聖87頁）となっています。

注4　無量寿経では、「如来の興世、値い難く見たてまつり難し。」（真聖87頁）、「善知識に値い、法を聞きて能く行ずること、これまた難しとする。もしこの経を聞きて信楽受持すること、難きが中に難し、これに過ぎて難きことなし。」（真聖87頁）となっています。無量寿経では、信じることの吟味が究極まで進んでいることが分かります。

注5　これらの記述から、経典、つまりテキスト（この場合、記憶上のテキストも含めています）の、毀失、コラプトが初期から起こっていたことが確認できます。この大阿弥陀経の記述は、紀元前後から紀元後100年頃までの出来事と推測します。大乗仏教経典が経典化される最初期の記述にあることが

重要なのです。漢訳の最初は、紀元100年代中頃、第2期は紀元200年代前半、第3期は、紀元200年代中頃です。その第2期、第3期資料にこの記述があるのです。学者によっては、大阿弥陀経を第1期に持ってくる方もおられます。漢訳の最初を紀元後1世紀に持ってくることも多いです。私には、その可能性は少ないように思われます。

もっと重大なことがあります。「妄りに是の経法を増減為ることを得ること無かれ。」とあるのです。妄りに経典の増広(ぞうこう)、除減(じょげん)がすでに行われていることが分かります。この増広、除減とは、経典の量を増やす目的のために増やすこと、経典の量を減らす目的のために減らすことを言います。

▽以降、無量寿経の〇段「終章」に相当します。

仏、是の経を説きたまふ時、即ち、万二千億の諸天・人民、皆、天眼（注1）を得て徹視し、悉く一心に皆菩薩の道を為す。即ち、二百億の諸天・人民、皆、阿那含道（注2）を得、即ち、八百の沙門は、皆、阿羅漢道（注3）を得、即ち、四十億の菩薩は、皆、阿惟越致（注4）を得たり。仏、経を説き已りたまふに、諸の菩薩・阿羅漢・諸天・帝王・人民、皆大に歓喜し、起ちて仏の為に礼を作し、遶ること三匝(さんぞう)して、前みて、頭面を以て仏足に著けて、去りにき。（注5）

（旧字体は、新字体に変更してあります）

阿弥陀経巻下

P－－－P．51

注1　「天眼」　すべてを見通せる能力。

注2　「阿那含道」　生まれ変わった次の生では、必ず仏陀になれる境地。

注3　「阿羅漢道」　あらゆる者から供養される、一つの最高の境地。

注4　「阿惟越致」　「不退転」ともいう。

注5　経典の終わり方に興味を持ちました。無量寿経では、「仏、経を説きたまうこと已りたまいしに、弥勒菩薩および十方来のもろもろの菩薩衆、長老阿難、諸大声聞、一切大衆、仏の所説を聞きたまえて歓喜せざるはなし。」（真聖88頁）となっています。阿弥陀経では、「仏、この経を説きたまうことを已りて、舎利弗および諸の比丘、一切世間の天・人・阿修羅等、仏の所説を聞きたまえて、歓喜し、信受して、礼を作して去りにき。」（真聖134頁）となっています。大阿弥陀経との三者を比較してみると、面白いことが分かります。最も古いものには、仏のもとを去る時にも、三匝後の接足礼をもって礼としています。それが、礼の記述が次第に簡素になってきます。最後には礼の記述はなくなります。

5 漢訳無量寿経の出現

（ここに述べたものの中には、筆者の個人的な見解が含まれています。なぜ、そうなのかは、少しだけ意見が添えてあります。）

㋑ いつ

421年（藤田宏達先生の説に拠っています。先生が提示された年の中で、私が最も確率の高いと思われる年をここに書きました。）

㋺ どこで

中国の、現在の南京の郊外、揚子江の北岸、南京中心部から車で1時間から2時間ぐらいで行ける、小さな山が連なるその山の麓にあるお寺（六合山寺）で、宝雲による訳経の大部分は行われました。その後の仏陀跋陀羅（ブッダバドラ）による監修は、南京市内の道場寺で行われました。

この当時も、さらに特に唐以降は、訳経は国家が行う事業として行われていました。この、国家が事業として行った訳経と、個人が自発的に行った訳経では、その質が根本的に異なるものと私は思っています。

個人が自発的に行った訳経の中の代表作が、この『漢訳無量寿経』だと思います。この『漢訳無量寿経』は大体、公からの要請の比重が1割ぐらい、自発的要請が9割ぐらいでなされたものだと思います。

中国の最高の翻訳家、鳩摩羅什（くまらじゅう）（350～409）の場合、公からの要請が5割ぐらい、自発的要請が5割ぐらいです。

中国で最も有名な訳経僧、唐の玄奘（げんじょう）（602～664）の場合は、公からの要請が8割ぐらい、自発的要請が2割ぐらいでしょう。

それ以外のほとんどの場合、公からの要請が9割以上です。

膨大な、漢訳された経典・論書の8割以上が、公からの要請が9割、自発的要請1割ぐらいだと私は思っています。

ここで言う「公からの要請」とはほとんどの場合、国家または為政者からの依頼、命令によるものですが、それだけのことではありません。特に紀元400年より以前は、遡れば遡るほど、商品化としての訳経が行われていたと、私は思っています。つまり、訳経してから、それを中国の国家に持ち込んで売り込みにはかる、というものです。つまり、その当時、商人がこれを訳経すれば売れるであろうと判断した経典などを翻訳して、それを中国の商人なり、中国の国家なり、中国の為政者に売るということをしていたと私は考えています。

このことをもって、その当時の訳経は質が落ちるなどということを言いたいのではありません。私は、その正反対のことを思っています。商品としての訳経がなされたのは、すごいことだと思います。中国人が欲しいと思う内容のものを、インド世界の仏教は提供していたのですから。

その当時の仏教経典は、翻訳をすれば、中国人は高いお金で買ってくれる。それだけの価値があったということです。最終的には、その当時の有名な訳経僧の所へ持ち込まれ、その訳経僧の訳として世に出回る、ということになったと考えられます。

実は、商品としての価値があったのは、佛教経典だけではありませんでした。お坊さんそのものも、それだけの価値があったのだと思います。西域のオアシス都市、クチャから漢人に強制的に河西回廊まで連れてこられ、その後、西安まで移動させられ、紀元４００年頃に訳経をされた鳩摩羅什の例を見れば、そのことがよく分かります。その当時の高僧は、雨乞いをする能力があったと見られていました。

㈧　誰が

この漢訳無量寿経の翻訳者は､経典の最初に添えられている翻訳者名からすると､康僧鎧（こうそうがい）（生

没年不詳、252年、洛陽にて訳経）となります。

しかし、他のもっと信頼される資料（経録など）からすると、【中国人の宝雲と、インド人の仏陀跋陀羅】の共訳ということになります。この間の詳細は、藤田宏達先生の著書をお読み下さい。この宝雲、仏陀跋陀羅（以下、ブッダバドラ）の共訳説は、ほとんどの学者が承認しています。

この、中国人とインド人の共訳ということは、記録上、残っているものはあまり例がありません。どのように翻訳がなされたのでしょうか。

㈡　どのように

この辺りは、筆者の推測に基づいているところが多々あります。その根拠は、漢訳無量寿経そのものの私流の読解によるものです。実際の史実と遊離している可能性はあります。

宝雲（375〜449）は、かの有名な高僧、法顕（生没年不詳）(注)と同じ時期に、インド世界の、カシミール、ガンダーラに行き、その後しばらくして、中国に戻ってきた僧侶です。中国では南朝（揚子江流域、中心地は今の南京）にて、経典翻訳をしていました。宝雲は、純然たる中国人です。そして、仏教に関心を持ち、インドにまで足を運んで仏教の勉強をされたのです。インドにおられたのは、1、2年です。中国に戻ってからは、自分のなじみの地にて、仏教経典翻訳などの活動をされました。

これらのことから、宝雲は、個人的に仏教に強い関心を持っておられたということ、そして、彼の周りには、仏教に心を寄せる、多くの人がおられたのであろうという推測ができます。そして、もう一つ言えば、その当時のインド世界には、彼の関心にまともに応えることができるものは、存在していなかった。彼はそれに出会えなかったという推測ができます。

注　法顕は、中国東晋時代の僧。399年、60歳前後にて、長安を出発。インド、スリランカに滞在。南海を経由して、414年、南京に戻る。416年、道場寺にて、ブッダバドラと共に『摩訶僧祇律』を訳した。

ブッダバドラ（359〜429）は、インド（カシミール、ガンダーラ）の仏教僧です。インド人です。彼は、『摩訶僧祇律』、『六十巻華厳経』などの翻訳を中国でされています。

ブッダバドラの人となりを見るのに、非常に興味深い話が伝わっています。ブッダバドラが、中国に来ることになったのは、法顕と同時期にインドへ行った仏教僧たちの招聘があったと考えられます。それに応えて、中国へ行く決心をしたのだと思われます。最初にとどまったのは、今の西安です。つまり、北朝（今の西安、長安を中心とする黄河流域の王朝）の要請に応えて、北朝の中心地に来たということです。そこには、既に、鳩摩羅什（西域クチャの人）という高僧がおられました。鳩摩羅什（以下、クマラジュー）は中国の翻訳僧としては、最高峰の僧侶です。

ブッダバドラは、そのクマラジューと一悶着があったようなのです。ブッダバドラが西安へやって来た時（406?）には、クマラジュー（401、西安に入る）は、既に多くの翻訳をしており、その翻訳は中国人から見ても素晴らしいものであったので、その名声は中国全土に広まっていました。そこへ、ブッダバドラは、やって来たのでした。ブッダバドラからすると、招聘されたのでわざわざ高地、砂漠地帯を乗り越えてやって来たのに（3年かかった）、到着してみれば、それほど歓待される感じもないことに、非常に戸惑ったのでしょう。別に歓待そのものを、望んでいたわけではないのですが、遠いところをよく来ていただきました、ぐらいの感じは何となく期待しておられたのでしょう。

そして、たぶん、ブッダバドラの方から、クマラジューを訪ねて行かれたのでしょう。そして、中国での仏教経典の翻訳の実情を、第一人者から聞きたかったのだろうと思います。当然、その地で最高の評価を受けているクマラジューの、仏教僧としての評価を、自分の目で確かめたかったのだろうと思います。

ブッダバドラは、インドでは、経典のマスターでした。インドの言語の知識について、自分より優れた者は中国にはいない、と思っていました。その通りだったと思います。ただし、クマラジューも、クチャ（タクマラカン砂漠の北のオアシス都市）での100年余りの研鑽の歴史に培われた知識を持っていました。それなりに自信を持っていました。

もう一つ、大事なことがあります。それは、ブッダバドラは、禅観のマスターでもあったということです。禅観とは、精神集中のことです。禅観とは、お釈迦さま当時から、仏教の代表的な修行方法でした。

ブッダバドラから見ると、クマラジューは、インド言語の知識はあるにはあるが、自分ほどではない。禅観に関しては、自分の足元にも及ばない。そのことを周りの人々に言うと、クマラジューに対するねたみ、ひがみと捉えられてしまう。

そして、次第に、クマラジューの周囲にいる人々によって、ブッダバドラ排斥の動きにまでなってしまいました。この辺りのことに私は、ブッダバドラに対して同情の念を禁じ得ません。

結局、ブッダバドラは西安を追われるように、南へ、最終的には、南朝（南京を都としている。揚子江流域の国家）の庇護下で翻訳にいそしむことになります。

㋭ 作ったのか

中国人、宝雲は、自らの仏教に対する信頼は揺るぎないものでした。その上で、今現在中国には、自分のこれこそ仏教であると思える教えはまだ到着していないけれど、これこそ、仏教であると自然に納得させられる教えが必ずあるはずだと考えて、インドまで行って、尋ね歩きました。そうして、インドにあったのか、途中の砂漠地帯にあったのかは分かりませんが、もしかしたら、これこそが自分の求めていたものかもしれない、というものに出会い、それらの周囲の資料をも収集して本国に持ち帰りました。それが、何々信仰と呼ばれているものとは次元の違う、純粋なる信仰、阿弥陀仏信仰に関するものだったのです。そして、仲間の手助けもあって、中心経典である「無量寿経」の翻訳に取りかかったのでした。

すなわち、この漢訳無量寿経は、誰か他の者の要請によってなされたものではないということです。【宝雲その人の強固な意志によってなされた翻訳】であるということです。

だから、この漢訳無量寿経は、後世の自動翻訳のような訳とは全く違うのです。原文の詳細な分析を行いながら、経典の原意を確かめ確かめ、翻訳されたものであった、ということです。だから、何カ月かで翻訳がなされたというものではありません。少なくとも2、3年はかかっていたと思われます。実際はもっと時間をかけて、読解、翻訳がなされたように思われます。5、6年ぐらいが妥当な期間だと思います。

宝雲が翻訳をしていた時、その周りには、新しくやって来た仏教の話にわくわくしている普通の人たち、同じような志（こころざし）を持っている同志のような友人たち、仏教の教えに心を懸けている商人、貴族、官僚たち、それらの人たちが、陰(かげ)になり陽(ひなた)になり、支援していたのであろうと思われます。彼らの中には、廬山(ろざん)の慧遠(えおん)の阿弥陀仏信仰(注1)を受け継ぐ者もおられたのであろうと思われます。そして、インド世界、西域で会われた、阿弥陀仏信仰の人たちも、数は少ないと思いますが、おられたような気がします。

全く希有な人たち、希有な時間、希有な空間(インド世界、中央アジア、中国西域、中国南朝)、人類の記年歴史の中でも、最高に素晴らしい瞬間(時間)であったと思います。私は、その時間の中に生きたかったと真剣に思っています。

ブッダバドラは、西安から、追われるようにして、南の荊州に行き、そして、揚子江をはるか下って、南京、その当時の名前は、南朝、宋の都、健康に、訳経の大師として尊敬をもって遇されていました。宝雲は、訳経の際の疑問点が出てくると、ブッダバドラに対して師父の礼を尽くして、教えを請われたと思われます。ブッダバドラは、それに対して、丁寧に答えたと考えられます。ブッダバドラは、仏教の流れの基礎の上に立った修行を成した、素晴らしい僧侶です。素晴らしい翻訳家、仏教徒であったと言いたいと思います。

宝雲は、無量寿経の翻訳が出来上がると、それを持って、ブッダバドラを訪ねて、監修の要請をしたのだろうと思います。ブッダバドラは、仏教経典というものの成立の事情について豊富な知識がありました。それで、訳文にその当時の伝来の原文と違うところがあっても、宝雲の、そこに至った判断についての議論の説明がされると、納得できることは、これでよいとはっきり承認されたのだと思います。このブッダバドラが、承認、監修をされたということが、非常に重要な事だと思います。

注1　宝雲は、西域へ出発する前に、廬山（ろざん）に遊学された、とされています。廬山は、南京から見て、揚子江を遡った所にある道教の修行の山、神仙の住まう山です。その麓に、仏教の高僧が多く住むようになりました。【廬山の慧遠】は、402年、同志123人と、白蓮社を結成して、念仏に努めました。支謙訳『般舟三昧経』に基づく、阿弥陀仏信仰がこの地にあったのです。同じ年、鳩摩羅什が長安で『阿弥陀経』を漢訳しておられます。『無量寿経』が漢訳される19年前に当たります。

宝雲は、インド行きの前から阿弥陀仏信仰には触れています。それは、阿弥陀仏の出現を願う素朴な信仰でした。その上で死後、阿弥陀仏の国土に生まれることを願ったのかもしれません。

つまり、宝雲は、阿弥陀経や、無量寿経が出現する以前の阿弥陀仏信仰に触れているだけなのです。さらにこの奥に、もっと自分を納得させてくれる何かがあると思われたのかもしれません。それが、その当時最大の困難を伴う旅であった、インド行きを決意する動機であったのかもしれません。

第2節　漢訳無量寿経の特異な点

1　三毒・五悪段

「三毒段」と伝統的に名付けている部分は、私の区切りの、Kに当たる部分です。「五悪段」と伝統的に名付けている部分は、私の区切りの、Lに当たる部分です。一般的に、K、L合わせて、「三毒・五悪段」と呼ばれています。私も、この部分を「三毒・五悪段」と呼ぶことにします。

三毒・五悪段の重要性について

この、三毒・五悪段といわれる部分は、無量寿経の中でどういう意味、意義を持っているのか、議論されることがあります。これは、現代でも、学者、教学者、僧侶の中でされることがあります。

多くの方の意見は、特に浄土真宗に属しておられる方の意見は、大体こういうことです。無量寿経の主たる内容は、阿弥陀仏の救いの話です。その救いの大前提としてあるのが、私たちの現実です。その現実についてありのままに説くことは、この経典にとって不可欠のものです。自分が常日頃している行いがどういうものであるのかを確認するために、その中でも特にわが身の中の悪を見つめるために、煩悩性、悪業を赤裸々に説くことに大きな意義があるのです。この部分がなかったら、無量寿経の存在意義そのものが薄れるくらい、重要な部分であるのでないかと仰る方もおられます。

これに対して、ある学者の方の意見はこういうことです。

「三毒・五悪段は、中国で漢訳された時に、付加されたものであって、もとの原文にはなかった。これは、無量寿経の本来のものではなく、中国で、訳者が何らかの伝承を元に、書き加えたものだ。この部分は、無量寿経全体の構成からいっても、本来なかったものである。浄土真宗の開祖、親鸞聖人も『教行信証信巻』に2カ所引用されている所があるぐらいで、この部分はあまり触れておられない。」

私は、両者の意見に同意します。何かとんでもないことを言っているように聞こえるかもしれませんが、両者の仰りたいその趣旨に同意します、ということです。

ただ、後者の方のご意見の中に、三毒・五悪段の重要性は低いとも取ることができる部分は、もしそういうことであるならば、私は納得できません。

まず、歴史上の事実から確認していきます。

「三毒・五悪段」は、最も古く漢訳された無量寿経、『大阿弥陀経』に書かれています。その『大阿弥陀経』の三毒・五悪段の文章は、明らかに他の部分と違い、中国的要素が色濃い訳文になっています。

そして、その次の漢訳、『平等覚経』では、大阿弥陀経の三毒・五悪段の文章がそのまま取り入れられています。

そして、そのまた次の漢訳、『無量寿経』にも、その大阿弥陀経、平等覚経の三毒・五悪段がほとんどそのまま取り入れられます。

その次の漢訳『如来会』、サンスクリット本、最後の漢訳『荘厳經』、チベット訳のどれにも三毒・五悪段はないのです。

これらのことから、大阿弥陀経が訳された時のインド語（ガンダーラ語なのか、何語なのかの知識がないので、このように書きます）の「無量寿経」の原テキストには、三毒・五悪段がなかったのでないか、と考えられます。

それでは、大阿弥陀経の訳者、【支謙は、その訳経】の時、何を手元に置いて訳経したのでしょうか。まず、インド語で書かれた最も主たるテキストがあったのでしょう。インドの地でまだこれからも100年間以上は、書き換え、編集されていく、その元になるテキストがまず手元にあったのでしょう。そういう、インド語で書かれた「無量寿経」のテキストがあったのでしょう。

ここからは、【支謙の翻訳の姿《推測》】です。

主たるテキストの他に副次的なテキストがあったような気がします。具体的には、【メモ的なテキストが20枚弱】ぐらいあり、そのテキストは、先ほどの主たるテキストと同じ所（たとえば、箱の中）に保存されていました。それらは、結構よく読まれて使い尽くされたものでした。そのメモ的なテキストの中身は、無量寿経の説法をする時によく一般の人々にする、つけ加えてするお話のようなものでした。

なぜ、そんな推測が出てきたのかというと、五悪の所には、後ろの方に必ず、3カ所の定型句があるからです。私は、準定型1（報い）、定型2（輪廻）、定型3（悪・善）と呼んでいます。五つの悪について書かれた所に、それぞれほとんど同じ定型句があるのです。

しかも、その定型句は、一般の人々がその当時、最も関心のあったお話である可能性が高いからです。「自分の行いの報いとして、よい所へ生まれることもあるだろうし、悪い所へ生まれることもあるだろう。悪い所へは行きたくないので、よいことをしなくては」と思わせる話なのです。

同じ内容の繰り返しは、初期大乗仏教経典の成立期の後期には、経典の権威を高めるために増広が行われました。その時にはよく行われていました。しかし、この大阿弥陀経が漢訳される時期は、初期大乗仏教経典の成立期の中でも中期に当たります。そういうことではないのです。どうしても、どう考えても、同じ内容のものを入れるべきと判断してなされていることだと思います。つまり、こういう内容の定型句が五つのすべてに繰り返し置かれていることには、とても強い動機があったと考えるべきだと思います。

訳者の支謙には、この部分こそ無量寿経の最も重要な部分である、というぐらいの思いがあったのでしょう。

同じ内容の繰り返しは、記憶されたものがテキスト化される時に、時には、そのテキストが再度、編集にかけられる時によく起こることです。今回の場合は、メモ的なものを使って、確定テキストを作っている作業の中で出てきたことであると思います。

つまり、支謙は漢訳の作業を進めるとともに、このような経典化と言ってよい編集をも行ったのでないかと思います。

そして、もう一つ、もっとも大事なことを私たちは忘れています。支謙の親、祖父の故郷はウズベキスタン、たぶん【テルメズ】です。そして、支謙は僧侶ではありません。「居士」と書かれています。そして、インド世界にいた記憶を受け継いでいる人であることです。どういうことかというと、支謙は、祖父の時代（169〜189）に月支国（ウズベキスタンのテルメズ付近）から中国にやってきたのです。家族で移動してきたのです。祖父から、紀元後1世紀、2世紀頃のテルメズ付近の仏教の状況を聞いていたであろうし、もっと想像をたくましくすると、仏教僧もいっしょに中国へやってきたことも考えられます。しかも、その当時、僧侶たちが日常で使っていたテキストも携えて。このように考えた方が、かえって自然なような気がします。支謙はただの単独の訳経僧とは全く違うことに留意すべきだと思います。

支謙たちは、主たるテキストと同時に招来されたメモ的テキストは、主たるテキストにはなくても、それは、はっきり無量寿経の一部と見なしたのだと思います。支謙と彼のスタッフ、そして、彼の近い所におられる仏教徒たち、そして、彼の知り合いの仏教僧たちすべてが、三毒五悪段部分を無量寿経に入れることに、異論をはさむ人は全くなかったと考えられます。

この頃はまだ、初期の大乗仏教経典が出来上がっていく過程の中期から後期にさしかかる時期に当たります。今まで経典として伝わってきたものだけでは、仏教の本来性がだめになってしまう。新しく経典を作ってもいいんだ、新しく経典を作り上げていこうという気運が、インド仏教の多くの寺院で、多くの拠点でまだ存在していた時期なのです。

そして、それに匹敵するほど重要なことは、次の『平等覚経』の訳者も、その次の『無量寿経』の訳者たちも、『大阿弥陀経』にあった三毒五悪段部分を見て、訳出の際に、それぞれの原テキストに三毒五悪段部分がなかったにも関わらず、大阿弥陀経の三毒五悪段部分をそれぞれの経典に取り込むという決断をしていることです。これは、とても大きな意味をもつ決断だったと思われます。

参照文献
『浄土三部経の研究』藤田宏達　岩波書店　2007年

2　必至補処の願（第二十二願、還相回向の願）
私の願いで生きる

第二十二願を取り上げます。この願のことを親鸞さんは、「必至補処の願」または「還相回向の願」と呼ばれました。この第二十二願は、親鸞さんの教学の中では非常に重要な願文です。

しかし、ここで取り上げましたのは、親鸞さんの教学の話をするためではありません。親鸞さんが、無量寿経の何を見て、そういう教学を立てられたのか、そのことを明らかにするためです。

親鸞さんは、中国の曇鸞（どんらん）さんの『浄土論註（じょうどろんちゅう）』を読んで、ご自分の教学を立てられました。そこで、その曇鸞さんは無量寿経の何を見て、『浄土論註』のクライマックス、「利他教化地（りたきょうけち）」を立てられたのか、そのことも見てみたいと思い、ここで取り上げてみます（親鸞さんの教学の話は、この段の最後に簡単に触れるつもりです）。

実は、本当は、もっと大きな理由があります。

無量寿経を読んでいて、この箇所には、他の思想書、他の宗教書、他の経典にはないものがあると思ったからです。それは、ここにしか、私は見たことがありません。

これがどんなものかを、例えを使って説明してみようと思います。

まず、一つ目の例えです。

A　天地創造の神、全知全能の神、一神教の神、「ゴッド」がおられるとします。そして、ただの人間の「私」がいます。

「ゴッド」は、「私」にあらゆる恩寵（おんちょう）を約束し、それを実行します。ここまでは、宗教によくあることです。しかし、ここでは、「私」が他の人たちの救済のために、「ゴッド」の恩寵の網から抜け出ることを希望するのであれば、それを「ゴッド」があらかじめ私に保証しようと言うのです。

この辺りのニュアンスは厳格に捉えて下さい。そうしないと、誤解が生まれるからです。文字通り、意味を取って下さい。それぞれの所で解釈しようとすると、意味がずれてしまいますから。

このような「神」は、他にはおられないと思います。


次に、二つ目の例えです。

B「あらゆることを知る神」がおられます。そして、ただの人間の「私」がいます。

「あらゆることを知る神」は、「私」を救済するために「私」にとっての理想世界を作って、そこに「私」を招き入れます。これも宗教世界にはよくあることです。

「私」は「神」の世界に生まれてそこにいて、しばらく経ってから、その「神」ではない、他の「あらゆることを知る神」の元へ行って話を聞きたいと願うようになった時、その時、「神」は、それを援助し応援し、そのことができることを保証します。

この辺りのニュアンスも厳格に捉えて下さい。そうしないと、誤解が生まれるからです。

このような「神」は、他にはおられないと思います。

A、B　のような表現は、私は、他では出会ったことがありません。

ただし、この世には、このように、取ってしまえるような表現が、結構あるのです。

ふとした思いつきですが、スマップの歌っていた「世界に一つだけの花」（作詞　槇原敬之）の歌詞の一部を取り出してみます。

……

争うこともしないで

バケツの中誇らしげに

……

一人一人違うのに　その中で

一番になりたがる?

そうさ　僕らは

世界に一つだけの花

……

その花を咲かせることだけに

一生懸命になればいい

……

一つとして同じものはないから

NO．1にならなくてもいい

もともと特別なonly one

……

この歌を最初聴いた時は、自分に対する応援歌のように聞こえます。何か自分を励ましてくれているようなそんな気にさせられます。でも、繰り返して聞いているうちに、ここでは、当たり前のことを、当たり前のこととして歌っているだけなんだと気づいてきます（皮肉に聞こえるかもしれませんが、ここに歌われていることをそのまま書いてみます）。

「あなたが、花屋の店先できれいに咲き誇っている時は、隣の花と争うことはない。あなたは既に一番なんだから、一番ということにこだわることもない。咲き誇っている時が、比べるものがない特別なonly oneなのだ」

身も蓋もありませんね。私はこの歌が嫌いではありません。けっこう好きなのですが。

ただ、先ほどのA、Bとは全く違うものだということを分かってほしくて、取り上げてみました。

ここでの決定的違いとは何でしょうか。

それは、「誰」がこの歌のように思って私に言ってくれているのか、ということです。

スマップの人たちが、この歌に書かれていることをどこまで理解しているのかにかかってきます。ただ何回もこの歌を聴いているうちに何回もこの歌詞を読んでいるうちに、最初感じたことが次第に剥がれてくるような気がします。

この世の中に私たちを慰めてくれるようなもの、励ましてくれるものは、数多くあります。

アニメの中のせりふなんかにも、たくさん出てきます。

でも、それらは、A、Bとは、似て非なるものです。


このA、Bの例えの中の、「ゴッド」、「神」は、アミダ・ブッダ、阿弥陀仏のことを頭に描いて書いてみました。

この場合、その、

「私」のどんな意志でも尊重されるわけではありません。

その人の未来の時間に関わること、他のブッダに親近しようとする時、この二つの場合だけなのです。この二つだけは、当人の意志によって進まなければ、進んだことにならないからなのです。

それが、【「阿弥陀仏の願（願い）より、当事者本人の願（意志）の方を優先する考え方」】です。この考え方は、実は非常に特異なものなのです。絶対的なものより、「私」そのものの方を優先する考え方。普通では、有り得ないことなのです。

それが、無量寿経の中では、3カ所にあります。まずそれを挙げてみます。

かの無量寿如来の国の住人の願いとして出てくる「本願」は、以下の①、②、③の3カ所です。

〈『真宗聖典』①17頁　②18頁　③51頁〉

①【第十五願の読み方】

「設い我、仏を得んに、国の中の人天、寿命能く限量なけん。其の本願、修短自在ならんをば除く。若し爾らずんば（者）、正覚を取らじ。」〈『無量寿経』真宗聖典17頁　第十五願願文〉

ここで言わんとするところは、阿弥陀仏がその国の住人の寿命を永遠にしようとしておられる、そうであるのに、その住人が短い寿命を選ぶのであるなら、そのことの方を優先しようというのです。

ここでは、絶対者の意志より、そうでない者の意志の方が優先される、そういうことが、絶対者の意志なのだということなのです。このことは、絶対者の定義を逸脱することなので、どんな宗教にも有り得ないことなのです。

単純に言えば、そういうことなのだと思います。

この論義は、本当はもっと深く考えるべきなのだと思いますが、ここではそれはいたしません。

もう一つ、記憶に留めておいてほしいことがあります。それは、阿弥陀仏の国の住人の願いを、願文の中で「其の本願」と言っていることです。ここでの「本願」は、絶対に阿弥陀仏の本願ではないはずです。それ以外の理解は有り得ません。

なぜこういうことにこだわるかと言いますと、「本願」という言葉が出てくれば、私たちは自動的に、それは、阿弥陀仏の本願と解釈してしまうからです。「本願」という言葉が、阿弥陀仏以外の者の本願という使い方ができる言葉なのだということに気づいてほしいのです。

無量寿経のその前の異訳、平等覚経には、「我作仏せん時、人民我が国に来生する者あらんに、我が国中の人民の所願をば除き、余の人民の寿命、能く計る者有ること無けん。爾らずば（者）、我作仏せず。」（『平等覚経』第十五願　真宗聖教全書一 79頁　書き下しは筆者）とあります。

平等覚経の棒線部分は、平等覚経のさらにその前の異訳、大阿弥陀経にはありません（大阿弥陀経第二十一願)。

このことから、「阿弥陀仏の願より、当事者本人の願の方を優先する考え方」は、大阿弥陀経の固定化(テキスト化)された時期より後、平等覚経が固定化(テキスト化)された時期より以前に出来上がったと考えられます。非常に仏教にとって重要な時代ということになります。

②【第二十二願の読み方】

書き下し文a

「設い我、仏を得んに、他方の仏土の諸の菩薩衆、我が国に来生して、究竟して必ず一生補処に至らん。其の本願の自在の所化、衆生の為の故に、弘誓の鎧を被て、徳本を積累し、一切を度脱し、諸仏の国に遊んで、菩薩の行を修し、十方の諸仏如来を供養し、恒沙無量の衆生を開化して、無上正真の道を立て使めんをば除かん。常倫に超出し、諸地の行現前し、普賢の徳を修習せん。若し爾らずんば(者)、正覚を取らじ。」(『無量寿経』真宗聖典18頁 第二十二願願文)

書き下し文b

「たとい、われ仏となるをえんとき、他方の仏土のもろもろの菩薩衆、わが国に来生せば、究竟して必ず、一生補処に至らしめん。（ただし）その本願、自在に化（益）せんとするところの、衆生のためのゆえに、弘誓の鎧を被り、徳本を積累し、一切を度脱し、諸仏の国に遊んで、菩薩の行を修し、十方のもろもろの仏・如来を供養し、恒沙の無量の衆生を開化して、無上正真の道に（安）立せしめ、常倫の（菩薩）に超出して、初地の行現前し、普賢の徳を修習せんものを除く。もし、しからずんば、正覚を取らじ。」（『ワイド版岩波文庫　浄土三部経　上』早島鏡正　岩波書店　1991年　158頁　漢文書き下し注）

第二十二願の願文です。a、bの二つの書き下し文を挙げてみました。

書き下し文aは、曇鸞大師の読みを元にして親鸞さんが書き下したものです。（漢文は当たり前のことですが中国語です。それを日本語として読むために、漢文をなるべく触らないようにして読んだのが書き下し文です。だから、当然、中国人の曇鸞の書き下し文は存在しません。ただ、曇鸞自身が、その中国語をどのように読んだかを示唆する箇所（真宗聖典　195頁）があるので、それを参考にして、書き下しをされたのだと思います。）

そして、親鸞さんは、曇鸞さんの文章をそのまま引用されました。つまり、親鸞さんは、曇鸞さんの読み方を承認しておられるのです。

書き下し文bは、漢文（中国語）を素直に読むとこのようになります、という、そういう読みなのです。早島鏡正先生の読みです。私も、無量寿経そのものを読むと、このような読みが普通の読み方なのだと思います。

▼【「阿弥陀仏国土の住人の願い」を意味する語句が出現する所を指摘し、それらを、推測をもとに、時代順に整理してみます。】

㋑ インドにおいて、平等覚経の第十五願に、「除我国中人民所願（我が国中の人民の所願をば除き）（この語句は漢訳のもの）」が入った時。これが、初めての出来事でした。
紀元後１２０年から紀元後１７０年にかけてのことであったと思われます。

○ インドにおいて、平等覚経の第二十願として、「不一生等置是余願功徳（一生に等しくして、是の余願功徳を置かざらん）」が出現しました。この意味は、この仏国土では、一生これ以上の願いを持つことがないだろう、もう十分願いが懸けられていて、それが果たされている、ということです。無量寿経の第二十二願「一生補処の願」とは、ほんの少しですが、意味が通じる所があるようにも感じます。

㋺ インドにおいて、無量寿経の第十四願（漢訳無量寿経の第十五願に相当）に、「誓願の力により、〈寿命を短縮する〉場合は別にして」が入った時。

紀元後200年から紀元後250年にかけて。

(ハ) インドにおいて、無量寿経の第二十一願（漢訳無量寿経の第二十二願に相当）に、「これら菩薩・大士たちの特別な諸誓願を除いて」が入った時。

紀元後220年から紀元後270年にかけて。

(ニ) 中国で漢訳されて、漢訳無量寿経が出来上がった時。漢訳無量寿経の下巻の最初に、第二十二願の成就文が入りました（後の③に挙げてあります）。

241年。

(ホ) 曇鸞は、漢訳無量寿経を読んで、第二十二願の最後の部分を、阿弥陀の本願力に籍るもの、と理解されました。

520年頃。

(ヘ) 親鸞さんは、漢訳無量寿経の第二十二願の解釈について、一切私見を述べておられません。

1232年（親鸞60歳）頃。

参考になるように、書き下し文aの現代語訳を、a、bの2種類挙げておきます。

現代語訳a

「私が仏になる時、他の仏たちの国の菩薩たちが、私の国に生まれてくれれば、必ず（菩薩の最上の位である）一生補処の位に至るでしょう。

ただし、その菩薩の願によってはその限りではありません。すなわち、人々を自由自在に導くため、固い決意に身を包んで多くの功徳を積み、すべてのものを救い、（さまざまな）仏たちの国に行って菩薩として修行し、あらゆる仏・如来たちを供養し、ガンジス河の砂の数ほどの数限りない人々を導き、この上ない覚りを得させようとするものは別であって、菩薩の通常の各段階の行を越え出て、その場で限りない慈悲行を実践することもできるのです。そうでなければ、私は決して覚りを開きません。」

現代語訳ａは、普通の現代語訳です。

現代語訳ｂ

「私が仏になる時、他の仏たちの国の菩薩たちが、私の国に生まれてくれれば、必ず（菩薩の最上の位である）一生補処の位に至るでしょう。

ただし、願に応じて、人々を自由自在に導くため、固い決意に身を包んで多くの功徳を積み、すべてのものを救い、（さまざまな）仏たちの国に行って菩薩として修行し、あらゆる仏・如来たちを供養し、ガンジス河の砂の数ほどの数限りない人々を導き、この上ない覚りを得させることもできます。すなわち、通常の菩薩でなく還相の菩薩として、諸地の徳をすべてそなえ、限りない慈悲行を実践することができるのです。そうでなければ、私は決して覚りを開きませ

ん。」（この二つの現代語訳は、『浄土真宗聖典　浄土三部経　現代語版』本願寺出版社　1996年を参考にしたものです）

現代語訳bを作られた方々は、次のような意図でもって作られたのであろうと思われます。曇鸞が、彼の著書『浄土論註』で明らかにした、第二十二願理解と、さらに親鸞聖人が主著『教行信証』証の巻で、第二十二願を「還相回向の願」とすると言われた、その上に立って、現代の言葉にしようとされたのだと思います。

しかし、このb訳には、気になる言い回しがあります。まず、「願に応じて」です。この時の願は誰の願というのでしょうか？　もう一つは「得させることもできます。」、「実践することができるのです。」という言い回しは、どういう意図があってこういう表現になっているのか、ということです。

結局、ここで言っていることは、阿弥陀仏の本願力によって、私たちはいろいろな世界に行って、多くの衆生を救い取ることができる、ということなのでしょう。

こういう読みが、果たして無量寿経に対する読みとして適切なものであるのでしょうか。私は何か強烈な違和感を覚えるのです。なぜなら、そういうことを意味するのであれば、無量寿経はそのように表現しているはずだからです。
しかし、無量寿経はそのようには言っていません。
★この私の世界での生を、ブッダになるための最後の生にしようという阿弥陀仏の願いがまずあって、【ただし、私の世界にいるうちにも、思い立つ者には、いろいろな世界に行って、多くの衆生を救い取る、そのことを優先させよう。】そして、(私、阿弥陀仏の所でなく、他の)ブッダたちの元で修行して、さらに多くの衆生を救い取る、そのことを優先させよう。そのように言っているのです。

平等覚経の第二十願に、「二十に、我作仏せん時、我が国の諸の菩薩、一生に、等しく、是の余の願の功徳を置かざらん(不)。爾らずば(者)、我作仏せず。」(『平等覚経』第二十願 真宗聖教全書一79頁 書き下しは筆者)とあります。

この願は、「わが国に生まれると、阿弥陀仏の願功徳の世界に充分満足し、一生の間、他の願いを起こすことはない」という意味です。この願は、「一生の間のみ繋がれていて、次生では仏果を得る」、「一生補処」の願ではありません。一生の間、満足することができるという意味であるからです。しかし、この願についての吟味の中から、一生補処の願が生まれてくる可能性はあります。

③「彼の国の菩薩は、皆當に一生補處を究竟すべし。其の本願、衆生の為の故に、弘誓の功徳を以て（而して）自ら荘厳し、普く一切衆生を度脱せんと欲わんをば除く。」（『無量寿経』真宗聖典51頁　第二十二願成就文）

この文章の「其の本願」の意味するところは明白です。「彼の国の菩薩」の本願です。

▼親鸞さんの、第二十二願の理解について

さてそれでは、親鸞さんは第二十二願のことをどのように理解されているのでしょうか。

この第二十二願のことに触れられているのは、主著『教行信証』の証の巻です。教行信証では、親鸞さんの解釈、主張がまずあって、その後に、そのことに関する綿密な引用文が引かれているのが普通です。

その第二十二願の解釈、主張が述べられている所には、第二十二願の本文を、論註の引用文にあるので載せないと言っているのです。「**註論に顕れたり。かるがゆえに願文を出ださず。論の註を披くべし。**」（真宗聖典284頁）

つまり、自らの引用としては、載せない。論註そのものを引用するので、それを見て下さいと言うのです。

そして、第二十二願のことを解釈した言葉は、本当に短いのです。「これ必至補処の願より出でたり。また一生補処の願と名づく。還相回向の願と名づくべきなり」（真宗聖典284頁）それだけなのです。

そして、不思議なことに、その後にある引用文は、曇鸞の書かれた『浄土論註（世親の浄土論の注釈書）』をそのまま長く、証の巻の終わりまで引用しているのです。真宗聖典でいうと、14頁分あります。これだけの長い引用がしてあるのは、『教行信証』の中でここだけです。

このことの意味を考えてみたいと思います。

同じようなことは、親鸞さんの先生の法然上人の『選択本願念仏集』にもあります。法然上人は、自らの師と仰いだ善導大師の『観経疏（かんぎょうしょ）』のある部分を連続で引用しておられます。その箇所は、『選択本願念仏集』の8分の1程度の量です。法然上人の意図ははっきりしています。師善導の著作の一文一句、自らの言葉を差し挟むことは、かえって師の意向を損なう可能性があると考えたのだと思われます。

親鸞さんはどうでしょうか。親鸞さんは、自分の思っていることをそのまま表現される方です。歴史上、最もそのない方だと私は思っています。

教行信証の他の箇所では、これほど長い引用はありません。

親鸞さんが、この証の巻でされたことは、この証の巻の特殊な事情にあると考えます。証の巻は、信心を得た後に、わが身に起こることを表しています。親鸞にとっても、そして私たちにとっても、これからの時間、阿弥陀仏の世界での時間、何が起こるのかは未知のことなのです。だから親鸞はこれからの未知のことは書くことはできないし、書くべきではないという意味で、自らの解釈を載せなかったと考えられます。

長い引用は、曇鸞大師の『浄土論註』の文章です。長い引用文の最後の方の2カ所を挙げてみます。この2カ所は、第二十二願と関わりが最も深いと思われる箇所です。

ａ「『出第五門とは、大慈悲をもって一切苦悩の衆生を観察して、応化身を示して、生死の園、煩悩の林の中に回入して、神通にし、遊戯し、教下地に至る。本願力の回向をもってのゆえに。これを出第五門と名づく』（浄土論）とのたまえり。」（真宗聖典297頁）

ｂ「本願力と言うは、大菩薩、法身の中において、常に三昧にましまして、種々の身、種々の神通、種々の説法を現ずることを示すこと、みな本願力より起これるをもってなり。譬えば阿修羅の琴の鼓する者なしといえども、音曲自然なるがごとし。」（真宗聖典298頁）

そして、その引用（a、b）の後にある、親鸞さんのまとめの言葉（c）も挙げてみます。この部分は、証の巻のまとめであり、しかも、教行信証全体のまとめともなっている箇所です。

c「しかれば大聖の真言、誠に知りぬ。大涅槃を証することは、願力の回向に籍りてなり。還相の利益は、利他の正意を顕すなり。」（真宗聖典298頁）

aとbの所で、注目すべきは、「本願力」という言葉です。

aの「本願力」という言葉は、『浄土論』を書かれた世親菩薩が、「無量寿経（漢訳無量寿経のことではありません。世親がインドでその当時読むことができた無量寿経類のこと）」全体のことを整理された中でできた、要旨書『浄土論』の中で、表現された言葉です。つまり、世親が無量寿経の中で、この言葉を視認したかどうかは分からないと言うしかありません。しかし、世親は断言します。「阿弥陀仏の国に生まれた菩薩は、あまねく苦悩に生きる衆生を救い取るために、それらの衆生の世界へ行って、思いの限り活動し、教え育てようとするのだ」と。そして、当然それはあるんだという主張なのです。しかも、それは「（アミダ・ブッダの）本願力」によって、なのです。

親鸞は、第二十二願の解釈は全くされていませんし、了解の言葉も一言だけです。

この第二十二願は、親鸞が先に投げかけた願なのかもしれません。一人一人の未来に投げかけられた願なのかもしれません。

正確に言うと、あらゆる人々の「現在」の先に、親鸞自身の「現在」の先に、投げかけられた誓願であると考えられたのかもしれません。


私は、もう一歩、穿(うが)った見方をしています。

この願文を見、聞く者に対して、「あなたのこれからのことなので、とやかくは言いません」という形で、親鸞は解釈をしませんでした。そういうことで、実は、この第二十二願には、もう一つの願文(願意)が読み取れるのだということを、親鸞は暗示しているのだと言ってよいような気がしています。

新しい願文(願意)は次のようでしょうか。

「私の国で無上の目覚めに心掛けて修行している人々の中で、私の教え育てから離れて、苦悩に沈む人々を救うために、彼らの世界で活動しようとする願いを持つ者がいたら、その願いは、即、かなえられるであろう。そうでないならば、私はブッダになりません。」

そして、成就文の所では、次のような述懐をされるのでは。

「このような方々のことを、私は、親愛なる『友』と呼ぼう。なぜなら、彼らは、自らの上に敢然として立ったのであるから。もはや彼らはいつでもブッダとなれる境地に至っているのであるから。彼ら一人一人との語り合いは楽しくて仕方がない。」

これは、「それぞれの自らの思いよう」に思いを馳せて、作られた誓願なのです。それが、親鸞のいう「利他の正意を顕（あらわ）すなり。（真宗聖典298頁）」なのだと思います。「正意顕現の願」と名づけることができると思います。

ブッダになるということは、指導者から見れば、カリキュラムのように見えるのかもしれません。だから、カリキュラムであると言えば、言えます。しかし、決まり切ったカリキュラムではなく、自由闊達こそが、本当のカリキュラムなのです。カリキュラムを乗り越えるのが、カリキュラムなのです。カリキュラムを壊すのが、カリキュラムなのです。もう、カリキュラムなんてものは、そこにはないのです。もうそこには、私（阿弥陀）もいないのです。いや、私はいるけれど、その人から見てさっきまでの私ではないのです。もっとも親しい友人としての私が見えるのです。その人のことを大きくなったなと私は思い、今までしてきたことが、すべてよかったなと思えるのです。

3 女人成仏（にょにんじょうぶつ）の願（第三十五願）

次に、阿弥陀仏が立てた四十八の願のうち、三十五番目の願、「女人成仏の願」を取り上げます。これは、古来、いろいろ物議を醸し出している願です。この無量寿経を貶（けな）す時にこの願に触れられることもあります。そして、それに反論するために、この願から離れた所で議論しようとする人もいます。それらすべて含めて、私は【この願の原文、49字の意味の取り方に、誤りがあるのではないか。】そのことを指摘しながら、他の仏教経典とは絶した、傑出した内容を持つものであることを論述していきたいと思います。無量寿経の中の四十八願の中の、第三十五願の読み方、意味の取り方について、私の意見を述べていきます。

さらに、この願は、その先を指し示しているということも述べていきたいと思います。つまり、女性差別でないだけでなく、男性差別もクリアしているという、先進性についても言及していきます。

▽【女人成仏の願、第三十五願の読み方、意味】について

どのように読んだらよいのか？

親鸞さんは、この第三十五願のことを、和讃として、「弥陀の大悲ふかければ、仏智の不思議をあらわして、変成男子の願をたて、女人成仏ちかいたり。」（浄土和讃 大経意 第十首、聖典484頁）と詠んでおられます。

ここで注意していただきたいことは、親鸞さんが第三十五願のことに触れられたのは、ただこの箇所1カ所であることです。後に覚如さんや蓮如さんによって、女人をわざわざ救わんがために、この第三十五願が立てられたとオーバーに喧伝されたので、私たちは、親鸞さんがこの第三十五願を重要視されたのごとく勘違いをしていることが、往々にしてあるのです。このことにも留意していきたいと思います（この和讃の解釈は、「枝葉編 第4章 第2節 第4段」をご覧下さい）。

第三十五願「設我得仏、十方無量、不可思議、諸仏世界、其有女人、聞我名字、歓喜信楽発菩提心、厭悪女身。寿終之後、復為女像者、不取正覚。（たとい我、仏を得んに、十方無量不可思議の諸仏世界に、それ女人あって、我が名字を聞きて、歓喜信楽し、菩提心を発して、女身を厭悪せん。寿終わりての後、また女像とならば、正楽を取らじ。）（真宗聖典21、22頁）」

この漢文の意味は、普通、次のようになります。

「わたしが仏になるとき、すべての数限りない仏がたの世界の女性が、わたしの名を聞いて喜び信じ、さとりを求める心を起し、女性であることをきらったとして、命を終えて後にふたたび女性の身となるようなら、わたしは決してさとりを開きません。」（『浄土三部経（現代語版）』本願寺出版社　１９９６年　36頁）

「たといわたしが仏になったとしましても、十方無量不可思議の諸仏世界に女人が有り、その女人はわたしの名字を聞き、歓喜信楽して菩提心を発し、その女身を厭い悪むであろう。寿終えての後、またもとの女の像であったならば、誓って正覚を取りません。」（『テキスト本願文』宮城顗　大阪教区伝研の会　２０１２年）

訓読を見ても、現代語訳を見ても、意味が取れないところが、実はあるのです。

漢文の「其有女人……厭悪女身」、

訓読の「それ女人有って……女身を厭悪せん。」、

現代語訳の「女性が……女性であることをきらったとして」、

宮城顗氏の現代語訳の「女人が有り、その女人は、……その女身を厭い悪むであろう。」

ということです。

ここの箇所でよく出てくる訳が、「として」という言葉です。この言葉は、厳密に言えば、「というならば」、「という状況であるならば」、「そうであるならば」という意味が奥にはしっかりあると思うのですが、表面的には、「そういうことに一応しといて」、「まあ、そうであって」というような、煮え切らない、意味がほとんど取れない言葉になってしまっているような気がします。

もし「女身を厭悪せん」という訓読にしたがって意味を取るとしたら、宮城顗氏の「厭い悪むであろう」という訳が正しい訳になります。この場合、「女性は……厭い悪むであろう。」ということになり、「女性というものは、……女性の身体を厭い悪むものだ。」という意味に解釈されることになります。宮城顗氏のこの三十五願に関する論説を見てみると、そのように理解されていることが分かります。

私の現代語訳を見て下さい。

「もし、私の名前を聞いて、喜び信じ、覚りを得たいと思い、女性の身体でいることが厭だと思う、そういう女性がおられたなら、死後、次の世界では、男性の身体に変えてあげます。」

このように意味を取るべきであると思います。私は、「厭い悪む」女性は、一般的な女性のことではないと、この漢文は理解されるからです。すべての女性という意味ではありません。訓読も含めて、他の訳者は、ただ、「女人」「女性」としておられます。そのように訳すると「一般的に女性というものは」という意味に解されることになります。
私はこの「女人」の部分は、「一般的に女性というものは」と解されるように訳してはいけないと思います。「ある女性が」、「そういう女性もおられる」という意味に解されるように訳すべきだと思います。
以下に、そのように解すべきである、その理由をお話しします。

▽漢文の「其有女人……厭悪女身」をどのように解したらよいのか?

【「其れ……（者）」の意味】

ここで、私は、「其有女人」の「其」という字について、注目してみました。まず私が日頃愛用しています漢和辞典『漢字海』で調べてみました。

代名詞、「その」「それ」

副詞、「それ」（語気を和らげるはたらきをともなう）

接続詞、「それ」㋑（選択を表す）、㋺（仮定を表す。条件節に置かれる）

助詞、「それ」（言い出し）、（限定の語気）、（リズムを整える）

というようになっていました。

中国語での本当の意味と、私たちが漢文の訓読で感ずる語意とは違っていることがあることは、常に意識していなければなりません。普通、「それ」から感じる意味は、指示代名詞と、語調を調えるものと、それから強意の意味ではないでしょうか。

次に私がやったことは、無量寿経の中で「其」がある所をすべてピックアップすることです。そして、無量寿経における「其」の字の用法、意味を拾い上げることです。

「其」が「それ」と読んである所は、無量寿経全体で23カ所です。指示代名詞が8カ所、助詞が2カ所、接続詞が13カ所です。

そのうち、接続詞で、「其有女人」と同じように、「其」＋「有」＋「節内の主語」となっている箇所を挙げてみます。

「其有衆生、遇斯光者、三垢消滅、身意柔軟、歓喜踊躍、善心生焉。」（真宗聖典30頁）

「其有衆生、生彼国者、皆悉住於、正定之聚。」（真宗聖典44頁）

「其有衆生、欲於今世、見無量寿仏、応発無上菩提之心、修行功徳、願生彼国。」（真宗聖典45頁）

「其有衆生、生彼国者、」（真宗聖典51頁）

「其有菩薩、生疑惑者、」（真宗聖典83頁）

「其有衆生、値斯経者、」（真宗聖典87頁）

13カ所中、7カ所です。三十五願以外で6カ所です。

これらは、訓読で、

「それ衆生有りて、この光に遇う者は、」（※）

「それ衆生有りて、かの国に生まるるものは、」

「それ衆生有りて、今世において無量寿仏を見たてまつらんと欲はば、」

「それ衆生有りて、かの国に生まるるものは、」

「それ菩薩有りて、疑惑を生ずるものは、」

「それ衆生有りて、この経に値うものは、」

となっています。

これらは、すべて仮定の条件節になっています。

これらは、意味を厳密に取れる読みにするならば、最初の例（※）で言うと、「それ衆生有りて、この光に遇う者は、」ではなくて、「それ衆生有りて、この光に遇わば、」と訓読すべきであろうと思います。そして、意味は「ある衆生が、この光に遇うならば、その衆生は、」という意味に取るべきであると思います。

ここでしっかり確認していきたいことがあります。

条件節の中の主語について、「すべての衆生」というような意味は絶対に発生しないことを、分かっていただきたいと思います。

つまり、ここ（※）には、「すべての衆生が光に遇うものなのだ」という意味は全くないのだということを確認していただきたいのです。ここ（※）は、「ある衆生がいて、その衆生が光に遇うということがあったとしたならば、その衆生は、」という意味なのだということなのです。

「其有女人、聞我名字、歓喜信楽、発菩提心、厭悪女身」

の部分を、もう一度繰り返して解釈します。

「ある女性がおられ、私の名前を聞いて、喜び、私のことを信じるようになられて、覚りたいという心が起こり、自分の女性の身体が厭で厭でたまらないと思うならば、その人は、」

どうでしょうか。

第三十五願、全体を訳してみます。

「（阿弥陀仏がブッダになられる前に、師匠〈世自在王仏〉の前で、自分がブッダになるとしたらこういうブッダになりますと誓ったことばです。四十八の誓いのうちの第三十五番目の誓いです。）

『私がブッダになったとしたら、次のようなブッダになります。そうでなかったら、私はブッダになりません。

あらゆる方角にある、計り知れないくらい多くの、想像することができないほど素晴らしい、ブッダたちの世界があります。その世界におられる、ある女性のことです。

その女性が、私の名前を聞いて、喜び、私のことを信じるようになられて、覚りたいという心が起こり、自分の女性の身体が厭で厭でたまらないと思うならば、その女性が寿命が尽きた後、ふたたび女性の身となるようなことは、私の力で絶対にさせません。』」

ここまで、読み取ると、誤解の生じる余地はありません。

まず、大前提が、ブッダたちの世界に女性はおられるということです(注)。

そして、そこには、いろいろな女性がおられます。女性であることを謳歌している女性もおられます。男性、女性に差なんて全くないと思っておられる女性もおられます。女性の方が男性より仏道修行には適していると思われている女性もおられます。

女性は自分の身体のことを厭い悪(にく)むものなのだという、そんな読み方はどこから出てくるというのでしょうか。

そして、この三十五願は、女性であることが厭で、男性になりたいと考えている女性に対しての言葉なのです。

仏教の修道(しゅうどう)上、大変恵まれた環境におられるある女性にとって、どうしても障害になってしまう、ある一つのことがあったのです。お釈迦さま当時から現代に至るまで、そのことで苦しみ悩む多くの女性がおられたのです。

それは、自分が、女性としての身体なのだということです。

そういう女性に対して、阿弥陀仏は、その身体を男性に変えちゃうぞ、と言うのです。そして、厭だという気持ちが変わらないならば、実際、変えてしまうのです。

何という救済の仕方でしょうか。そこまでするのか、という感じです。現代の言葉で言えば、阿弥陀仏は、その女性の染色体を一気に変化させることができ、性器の形状を外科的に変え、男性だけが持っている臓器を幹細胞を使って製造でき、それを移植する。そんなことを、一瞬でやり遂げてしまうということでしょうか。考えるだけでも、すごいことを考えるものだと思ってしまいます。

でも、立ち止まってよく考えると、じんわりと、ゆったりした温かさに包まれてきます。そこまでやるのか、という感じです。そこまでしてもらえるのか、という感じです。

注　少ない人たちですが、阿弥陀仏の世界（浄土、いわゆる極楽）には女性はいない、と言う人たちにたまに会うことがあります。男性の場合でいうと、そんな所には行きたくないと下卑な感じで言うのです。そういう人に会うと、無量寿経にはそんなことは一言も書いてありませんよと言って、分かってもらっています。この世の中には、いわゆるケチをつけることが好きな人が多くいます。

これは、少ないですが、いわゆる学者の先生の中にもおられることがあります。困ったことです。無量寿経をしっかり読んでいない人たちが結構多くおられることが、一因となっています。

▽実は、【第三十五願は、現代、さまざまの差別撲滅にまともに応える誓い】なのです。

この願は、どんどん増殖していきます。まずは、この願の「女性」という言葉を、「男性」に変えた願が自然に出来上がってきます。

男性の身体が厭で厭で仕方がない、男性の身体を、女性の身体に変えてしまう、そういう願が、出来上がってくるのです。

私は、三十五願（ダッシュ願）と呼んでいます。新しい願として、第四十九願としてもいいと思います。

願は、どこまででも増えていってよいものだと私は思います。また、そうすべきだと私は思います。「第4章　第2節　5　親鸞さんは、女性、男性のことをどのように捉え、生きていたのか。女性差別的な表現をどのように捉えるのか」も参考になさって下さい。

第4章　繁る枝葉
親鸞さん

第1節　親鸞さんの、仏教の流れの中の位置、意味

（私は、「親鸞さん」と呼びます。または、時に、歴史的人物ということで、「親鸞」と呼ぶこともあります。この辺りのことは、「第4章　第2節　1　親鸞さんは、『如来』という言葉をどのように受け止めたのか」をご覧下さい。）

1　【親鸞さんの妻帯の公性（おおやけ）がどこにあったのか？】

「愚禿釈親鸞（ぐとくしゃく）」の意味

（「愚禿釈親鸞」とは、親鸞さんが、自著『教行信証』への署名で、ご自分で正式に名告られた名前です。）

親鸞さんには、奥さん（連れ合い、妻）がおられます。名前を恵信尼と言います。そして、その間に子どもが6人ありました。京都時代に2人（女、男）、越後時代に1人（男）、関東時代に3人（男、女、女）です（注1）。

親鸞さんは、妻や子どもがいたことを隠すのではなくて、妻や子どもがあることを世の中に公にしたと、浄土真宗ではよくいわれています（注2）。

さて、それでは、親鸞さんの事跡のどの部分をもって、公にしたと言えるのか。そのことを考えていきたいと思います。

そのことをはっきり論述したものに、これまで出会ったことがありません。

それを明らかにすることは非常に大事であると思われます。

親鸞さんの主著、『教行信証』（正式名称『顕浄土真実教行証文類』）に、親鸞さんが、自分の名前の署名を書いておられます。

「愚禿釈親鸞」。

その「愚禿釈親鸞」いう名前がどういう意味を持っているのか考えてみたいと思います。

そのうちの、「釈親鸞」というのは、一般に、法名（ほうみょう）といわれています。「釈」というのは、4世紀後半の中国の高僧が初めて名告ったものです。その人の名前を釈道安（314〜385）と言います。釈道安は、自分の仏教名「道安」の上に、自分は仏教僧であるからということで、仏教の開祖釈迦の名前の1字、「釈」をもって自分の姓（名字）とするということをされました。そのことをよしとする、後世の仏教者もそれにならって、仏教名の上に「釈」を置くことがなされてきました。つまり、「釈親鸞」というのは、自分は、正しく仏教僧であるということを名告る名前であるということです。だから、その意味は一般的に、「お釈迦さまの弟子、親鸞」ということになります。そして、その言い方は、８００年以上前から伝統的に正しい名告りとされたものなのです。

次に、「愚禿釈親鸞」の「愚禿」は、どういう意味があるのか、考えてみたいと思います。

中国、日本の有名なお坊さんの名前を並べてみます。

廬山（ろざん）の慧遠（えおん）
安居院（あぐい）の法印聖覚（ほういんせいかく）
安国寺恵瓊（あんこくじえけい）
法然房源空（ほうねんぼうげんくう）
善信房親鸞（ぜんしんぼうしんらん）

お坊さんの名前は、一般的に、仏教名を名告ります。これは、普通の名前、出生時などに付けられる名前ではなく、僧侶になった時に付けられる（または、自分で付けた）名前のことです。中国、日本では、漢字2字の名前になります。右の例でいくと、「慧遠、聖覚、恵瓊、源空、親鸞」がそれに当たります。そして、その上に、所属寺、または、所属寺の場所、お坊さんとしての住まいの名前などを付けて、お坊さんの通り名とするということになります。

「愚禿釈親鸞」の「親鸞」は仏教名です。「釈」は、先に言いましたような理由から、仏教名の一部と考えていいと思います。

その上の「愚禿」は、「愚かな」、「ちゃんとしたお坊さんではないけど、お坊さんのような格好をした者」という意味です。「ちゃんとしたお坊さん」というのは、戒律を正式に受け、それを守っているお坊さんという意味です。

「愚禿」とは、お坊さんの通り名の時、仏教名の前に付けるものとは全く違うということは分かってもらえるでしょうか。「愚禿」は、所属寺の名前ではありません。住まいの場所の名前でもありません。住まいそのものの名前でもありません。

そうすると、これは、一体何なのでしょうか。

現代では、これを「雅号」的に解釈する人も多くおられます。雅号は、飾り的に付けるものです。この「教行信証」の署名で、雅号的なものを付けることは考えられません。

私は、この「愚禿」を、一般人の姓、名字と考えます。名字を名告ることは、お坊さんは、誰もしたことのなかったことでした。なぜなら、名字を名告ることは、お坊さんでないと言っているのと同じことになってしまうからです。

姓は、家を表します。姓は、一族を表します。お坊さんは出家僧です。家を出た、家を捨てた人間なのです。だから、お坊さんになる時には今まで名告ってきた姓を捨て、名前も新しく仏教名を名告るということが行われてきたのです。

親鸞は一生をかけて、「教行信証」を完成させました。それは、「仏教の教えとは何なのか？」、「仏教において私たちがすべきことは一体何なのか？」など、最も大事なことを主張し、論証した素晴らしい著作でした。形の上だけでも、それは完璧な仏教論書の体裁を取っています。その当時の最高の引用文を付けて論証した、他に類のない画期的なものでした。

親鸞はその「教行信証」に、自分の名前を署名しました。それが「愚禿釈親鸞」です。その中の「愚禿」なのです。

繰り返しますが、私は「愚禿」を一般人の名字と同じものと取ります。そのことが、どれほど仏教界にとって重大なことか。まず、大体、このようなことをした仏教僧は、それまで1人もいませんでした。出家僧と一般人とに、はっきり二つに分かれていたのです。そのことに疑問を持ったりする人は1人もいませんでした。ましてや、異議をはさむ者など皆無でした。

親鸞さんは、そのことを、「自分は『愚禿』さんです。つまり、一般人です。だから当然、正式な仏教僧（出家僧）ではありません。そして、自分は『釈親鸞』です。つまり、本当のお釈迦さまの弟子です。私は、まさにプロ中のプロのお坊さんです」と言っているのです。自分は、出家僧でないお坊さんなんだと言っているのです。

このことは、仏教全体から言うと、仏教の流れを大きく変えている出来事なのです。しかし本当は、仏教の本流、お釈迦さまから連なる流れが、ますます、はっきり、くっきりとなった瞬間なのです。

お釈迦さまから現在までの仏教の歴史の中で、二つの大きな出来事がありました。一つが、「初期大乗仏教経典の出現」です。もう一つが、この【「親鸞さんによる、仏教僧侶一般人宣言」】なのです。

皆さんは、それはちょっと言い過ぎじゃないのと言われそうですが、私は、確信をもって言いたいと思います。

注1　親鸞さんの妻は、恵信尼1人とします。その2人の間に、京都在住時代に2人（小黒女房、善鸞）の子どもが生まれ、越後在住中に1人（信蓮房）、関東在住中に3人（有房、高野禅尼、覚信尼）が生まれたとします。『日野一流系図』にある「範意とその母である九条兼実公女」はカウントしていません。その存在を匂わせるものすら、確かさの上位の資料の中に存在しないからです。それで、カウントしな

いことが妥当であると判断しました。

注2　このことの根拠として、本願寺の歴史を思い浮かべる人もいます。親鸞の法統が、本願寺では、血筋をもって受け継がれたことを言います。親鸞から、娘の覚信尼へ、覚信尼からその孫の覚如へ。その覚如が曾祖父の親鸞の廟所（宗派ではこういう言い方はしませんが、墓所のこと）を本願寺とする訳です。そして、その留守職（住職のこと）は、代々、その血統の者がしてきました。

しかし、これは、親鸞没後のことであって、親鸞自身の妻帯の表明ではありません。親鸞自身による妻帯の表明はどこにあるのでしょうか。

2　僧の姿の者が妻帯することを、普通のこととすることは、仏教にとってどういう意味を持つことなのか？

①　現在、日本でほとんどの僧侶が妻帯し、子どもを持っています。妻帯することを当たり前のこととしているのは、どこから起こったのでしょうか？

これは、どこかから起こったのではなく、自然発生的に起こったのだという意見の人もおられます。確かに、平安時代後期からは、日本の仏教僧の多くが妻帯をし、子どもも持っていたことが確かめられています。

しかし、私が言いたいことは、妻帯の事実、子どもの存在の事実のことではありません。そのことをすべきでないこととする自覚があるのか、ないのかということなのです。してはいけないことをしているという、自覚があるのか、ないのかということです。

大体、明治時代に入るまでは、僧侶の妻帯は、公には認められてはいませんでした。明治6年発布の太政官布告「僧侶神官肉食妻帯許される事」によって、国からそのことを咎められることはなくなりました。それ以前、特に江戸時代は、妻帯を公にすることは幕府の処罰の対象となっていました。

しかし、一つの教団だけは妻帯が黙認されていたのです。それは「本願寺教団」です。太政官布告が出されるようになったのも、はっきり、妻帯が黙認されていた「本願寺」の存在が大きいと思います。

本願寺がこの特異な、妻帯ということを、当たり前の事として世の中に認めさせることができたのは、本願寺が日本の中で歴史上唯一、時の権力者と武力でもって互角の戦いをしたことが、非常に大きな意味を持っていると思います。織田信長と、石山本願寺（今の大阪城）で、10年間（1580～1590）戦い続けましたが、石山本願寺は、落城しなかったのです。最後は和睦をして、坊主衆は石山本願寺から退去したということはありましたが、武力でもって駆逐されたのではないということが重要なのです。

そして、現在の状況は、日本のほとんどの僧侶が妻帯し子どもをもうけています。事実上、浄土真宗の僧侶になったことを意味しています。

例えば、天台宗のお坊さんは、天台宗開祖、最澄さんのように、お坊さんをしているのでしょうか？ 真言宗のお坊さんたちは、真言宗開祖、空海さんのように、お坊さんをしているのでしょうか？ 浄土宗のお坊さんは、浄土宗開祖、法然さんのようにお坊さんをしているのでしょうか？ 臨済宗のお坊さんは、臨済宗開祖、栄西さんのようにお坊さんをしているのでしょうか？ 曹洞宗のお坊さんは、曹洞宗開祖、道元さんのようにお坊さんをしているのでしょうか？ 日蓮宗のお坊さんは、日蓮宗の開祖、日蓮さんのように、お坊さんをしているのでしょうか？

こういうことを言うことは、普通、【タブー（禁忌）】とされていることです。

こういうことを言うと、いや、そういうことではないと、お坊さんたちに反論されることがあります。

それは、明治何年に出された太政官布告で、僧侶の妻帯が認められたからだ、と。待って下さい。僧侶が妻帯しないのは、法律で禁止されているからなのですか？ 違うでしょう。このことは、仏教にとってものすごく重大なことなのです。

こういうことを言うと、妻帯している者が偉そうなことを言うんでない、とか言われそうです。私は、頭を垂れ沈黙します。しばらくしてから、同じ立ち位置に立っていると認めていただいてありがとうございますと言います。そして、対話、応答が始まれば、とても心地よい時間になります。

② 仏教にとって、出家僧とは、どういう意味を持っているのか？

私は、妻帯していない出家僧には、最大の敬意を払います。私は、彼らがどれほど困難な道を歩んでおられるかを微かながら知っているからです。

私は、妻帯していない出家僧の方々に、接足の礼をここでいたします。

（接足の礼というのは、仏教における最大級の尊敬の念を表す礼拝の仕方です。相手の足に私のおでこをくっつけてする礼拝の仕方です。）

私の生涯の中で、4回したことがあります。

インドのアラハバードの西の仏教遺跡のある場所の近郊の村で、1人で小さなお寺を作っていたお坊さん。

スリランカの南の磨崖仏のあるところで小さな庵を作ってお勤めをしていたお坊さん。

中国の五台山の中心寺院を拝観した後、誰も通らない参道を下っていくと、そこを力強く登ってきた、チベット仏教の学院の先生、そのことは後から名刺をもらってから分かったことです。その時は、最初に出会って、世間話から仏教の現状、互いに仏教の素晴らしさを語り合っている中(うち)に、もううれしくてうれしくて、私は涙があふれてきました。こんなことが起こるなんて、全く想像もしていませんでした。その後、自然に接足の礼を彼にしていたのです。彼もその意味を理解していたのでしょう。私にもしてくれました。通訳を介しての二、三十分の出来事でした。でっかい声で励ましの言葉を贈り、その場を後にしました。

もう1回は、中国の蘭州から南東に200キロ行ったところ、石窟寺院の中に住んでいた女性の僧侶です。その石窟の中をしっかり見終わって、その窟だけが仏塑像がぎりぎりというか、しっかり残っていたので、そのことを話して確かめると、そして、残っている塑像の素晴らしさを彼女に伝えると、そんなにすごいのかと何度も何度も確かめるように聞かれました。そのうち彼女の目には涙があふれて、こちらは何のことか分からないで混乱していました。そのうち、私の通訳が彼女に結構長くその事情を聞いてくれました。それを聞くと、彼女は文化大革命の時、その窟をただ1人で守ったそうです。通訳の意見では、たぶんこの女性はこの辺りの人々によほど信望がある人じゃないかと思う、ということでした。その時、隣の大きな窟（内部は完全に破壊されていました）では、どこから来たか分からない若い坊さんが2人、でっかい音で、伴奏付き、ナムアミダブ讃歌のカセットを鳴らしていました。全くうるさい、どうしようもないものでした。そのことを私が彼女に言うと、顔は少し暗くなりました。その時です。私が彼女に自然に接足の礼をしたのは。彼女は、最初、一瞬戸惑いの表情を浮かべられたので、私は動作をすごくゆっくりにしました。彼女も、私が何をしようとしているのかを理解されたのでしょう。じっとしておられました。接足作礼（せっそくさらい）した後、合掌（がっしょう）して、「私はあなたのことをこの地球上の誰よりも尊敬しております」と言いました。通訳がそれを伝えてくれると、私の手を取って喜んでくれました。

今まで私がお会いした出家僧の方々の姿を思い描きながら、そして、この道をこれから歩んでいこうとされている方々に対しても、接足の礼をいたします。最大限の尊敬の念を表します。出家僧の皆さんたちの、その困難な歴史を少しでも辿ると、涙が出てきます。その上で、今の仏教があるからです。

私たちは、出家ということがどれほど重要なことなのかに、思いを致さなくてはいけないと思います。そして、お釈迦さまの偉大さにも思いを馳せてほしいと思います。

今ここでは、その困難さについて述べることはしません。一つだけ言っておきたいことがあります。それは、お釈迦さまが生きておられる時の出家と、お釈迦さまが亡くなられてから多くの時間が過ぎてからの出家とは、全く違うということです。

お釈迦さま在世時の出家は、「楽」、「安らぎ」という言葉で表すことができると思います。

現在の出家の中のほとんどの人、偽物の出家は、「権威への迎合」「しがみつき」、「保身」、「地位」、「名誉」で表すことができるような気がします。

現在の出家の中の、もしおられるとするならば、本物の出家は、「困難」、「意地」、「ひたむき」、「いのちを捧げる」という言葉で表すことができるような気がします。さらにそれが「楽」の方に少しでもつながっていれば、本来の本物の出家なのでしょう。

同じ出家という形を取っていても、お釈迦さま当時とは全く、事情が違ってきているのです。

ただ、ここで、はっきり言っておきたいことは、ある困難さから逃れるために、妻帯するのではないということです。そして、その困難さに本当に飛び込むには、それ以外の選択肢がないから、妻帯するのです。

何を格好つけて言っているのかと言われそうですが。その通りです。格好つけて言っています。でも、この表現の中に真実があるとも思っています。

【テーラワーダに心酔している人たち】

日本でテーラワーダ、上座部に心酔している人たちがおられます。その人たちの中で、大変だなあと思われる人たちがいます。これは、テーラワーダの教えを信じている人たちのことではありません。ただ、お釈迦さま当時の経典が伝えられているということで、その正当性を信じきってしまっている人たちのことです。自分の選択を、自分の態度を、権威あるものの前に委ねるというあり方です。

テーラワーダの人々の中に、こういう人たちがいます。

自分たちは、昔お釈迦さまから言われたことを守っている。「生活上のことで、このようにしたほうがいいですよ。このようにすれば、修行がスムーズにいきますよ」と言われたことをひたすら守っている。「ああしなさい。こうしなさい」と言われたこととして、守っている。守ることに命を懸ける。それを誇りにする。それで、そうしない人々を、自分たちとは違った者と見る。そうしない人をお釈迦さまの言うことが守れない人と見る。守っていない者と見る。

やはり、そういった人々は大変だなあと思います。

私は、お釈迦さまのおっしゃった修行生活上の決め事を守っておられる方々を尊敬しています。そのことを清浄なることとして、讃（たた）えたいと思っています。

しかし、お釈迦さまは修行生活上の決め事の話だけをされたわけではありません。お釈迦さまが語られたことの大部分は、修行生活上の決め事ではありません。しかし、残された一部のお弟子さんたちにとっては、このことが最も関心のあることになっていったのだと思います。これも、一つの自然の流れだと思います。

ただ、私は、大変だなあと嘆息するしかありません。

3　親鸞さんの著作、『教行信証（きょうぎょうしんしょう）』の意味

『教行信証』の正式な名称は、『顕浄土真実教行証文類』。親鸞さんの主著とされているものです。

「浄土の真実の教・行・証を顕（あき）らかにする文類」、その意味を私なりに解釈してみます。

「浄土」とは、普通は、阿弥陀仏のおられる所、仏国土のことを言います。それが、わざわざ「浄土」という言葉になっているのには、意味があります。浄土の「浄」は、ただ単に「きよらかな」、「清浄な」という意味なのではありません。「効果がある」という意味なのです。その国土は、そこに住む人々にとって、「効果がある」国土なのです。その世界は、人々にとっ

て裏切られることのない世界なのです。願いがかなえられていることが実感できる世界なのです。

ここで言う「真実」というのは、真理、宇宙、絶対という概念の対極にあるものです。全く異なるものです。

「真実」とは、その人その人にあることなのです。一人一人にあることなのです。「真実」ということがあるということは、その人に何かが起こっていることなのです。「真実」が成立しているということは、その人にそのことが今起こっていることを意味します。今、ここで、「その人」とは、今この文章を読んでおられる「あなた」のことです。「何か」とか、「そのこと」と言っていることは、あなたが、今、気にしているそのことのことです。

「教」とは、ブッダになるための教えのことです。

「行」とは、その教えを聞いて理解得心して、自ら行おうとし、行うことです。

「証」とは、教えを聞き得て、自ら行動を起こし、その結果が現れることを言います。

「文類」とは、それらのことが明かされている、お釈迦さまをはじめ、多くの先生たちが話され書かれた典籍のことを言います。

つまり、『顕浄土真実教行証文類』とは、次のような意味を持って、親鸞さんは名付けられたのだと、私は思っています。

「最初は私の理想、想像の世界であったものが、現実のものとなる、そういう世界の中で生きていく。そういうことが私の中で起こっている。

こういうことが、私の中で起こっているのは、お釈迦さまから流れている本物の教えの流れ、それを聞き、それに触れることができたことが、最初の契機でした。そして、私はそれに促されるように、いろいろなことをしました。そのうち、少しずつ、一つのことに収まっていくことを感じていました。そして、その促し(うながし)の主(あるじ)を感じるようになり、その方との信頼感が確立した時、私は、私のすべての思いが現実感を持って、果たされていくのを感じているのです。そして、これからの私の行く末が、その方との信頼感の中に包まれているのが分かります。こういうことが起きる転機となったさまざまな典籍に、いくら感謝を捧げても感謝の念が尽きることはありません。それをみなさんの前に披瀝いたします。」

これが「顕浄土真実教行証文類」という題名に親鸞さんが込められた意味でないかと、私は思います。

ここまで、「真実」に忠実な著作は、歴史の中に存在しないと私は思います。

親鸞さんは、本当の仏教の流れを追っています。お釈迦さまから営々と流れている本当の教えの流れを追っておられます。

『教行信証』は、単なる自説の論、単なる自説の論証ではありません。『教行信証』の中で親鸞の自説が述べられている箇所も、親鸞の自説というよりも、親鸞さんが本当の教えの流れの中にしばし立ち止まられ、足元にあるもの、そこから見た周囲の風景を描かれた、そんなもののようであると思います。

第2節　親鸞さんの、仏教の流れの中での受け止め

1【親鸞さんは、「如来」という言葉をどのように受け止めたのか】

親鸞さんの開かれた浄土真宗は、阿弥陀仏に信頼を寄せる、という教えです。どんなところでも、阿弥陀仏がおられます。親鸞さんも、阿弥陀仏のことを普通、「阿弥陀仏」と仰います。

ただ、親鸞さんに特徴的なことは、阿弥陀仏であることが分かっている時に、阿弥陀仏のことを、ただ「如来」と言われることがとても多いのです。だから、親鸞さんの書かれた著作を見ると、「如来」という言葉が本当に多く使われているという印象を受けます。

親鸞さんが阿弥陀仏のことを仰る非常に大事な場面で、「仏」ではなく、「如来」を使われ

ていることがあります。例えば、最も有名な「正信偈」の冒頭は、「帰命無量寿如来」です。「如来」となっています。

名号で最も多く書かれたのは、「帰命尽十方無碍光如来」です。もう一つ、親鸞在世当時から制作された名号は、「南無不可思議光如来」です。両方とも「如来」が使われています。

「仏」という言葉は、仏教の中では、ブッダを表すのに、最も公式的な表現です。もともと、「ブッダ」というインドの言葉の音を写した言葉です。だからこの言葉の解釈は、する必要が全くありませんでした。親鸞さんも「仏」ということについて、何かを仰るということもありませんでした。

それに対して「如来」という言葉は、インド語の「タターガタ」という言葉を中国語に訳した言葉です。「タターガタ」の意味を受け継いでいる言葉なのです。親鸞さん当時の日本で、「如来」という言葉の解釈は、「真如より来生したる者」という解釈しかありませんでした。これは、現在でも似通った状況です。

それでは、親鸞さんが「如来」のことを解釈したとされている箇所を次に挙げてみます。ここはとても有名なところで、教行信証の証の巻の冒頭の部分です。

「煩悩成就の凡夫、生死罪濁の群萌、往相回向の心行を獲れば、即の時に大乗正定聚の数に入るなり。正定聚に住するがゆえに、必ず滅度に至る。必ず滅度に至るは、すなわちこれ常楽なり。常楽はすなわちこれ畢竟寂滅なり。寂滅は……無上涅槃……無為法身……実相……法性……真如……一如なり。しかれば弥陀如来は如より来生して、報・応・化種種の身を示し現したまうなり。」（『教行信証　証巻』親鸞　真宗聖典280頁）

この部分の、「如より来生して」の部分をもって、親鸞聖人は、如来のことを、如より来生したる（もの）と仰っていると、ほとんどの方々が言われているのです。

つまり、阿弥陀仏は、真如（という、姿、形のない真理の世界）からやって来て、形を表して、阿弥陀仏になったのだ、という理解を主張する根拠となる箇所なのです。

それを補うように引用されるのが、次の箇所です。

「一如宝海よりかたちをあらわして」（『一念多念文意』親鸞　真宗聖典543頁）

「一如よりかたちをあらわして」（『唯信鈔文意』親鸞　真宗聖典554頁）

そうして、こうした部分を引用しながら、結局、何を主張するのかというと、こういうことです。

「阿弥陀如来は、姿、形もない、真理の世界からやって来られて、あらゆる衆生を救うために、姿、形をとられて、阿弥陀仏となられたのである。だから報身と言われ、あらゆる神々より、他のブッダたちより優れている。これこそが親鸞聖人の開顕された真実の教えである」と。

多くの真宗の僧侶、門信徒の方々はこのように思っておられるし、このように教えとして説かれているし、それを聞いて何の疑問も持っていないのです。

しかし、ちょっと待って下さい。本当にこういう理解が正しいものなのでしょうか。こういう主張は、本当に成立するものでしょうか。こういう主張は、本当は意味が全くないものなのではないでしょうか。

これを読んでおられる方の中には、気づかれた方もおられるでしょう。

つまり、こういう主張をする人たちは、自分たちこそが、この深遠なる真理の世界に触れた者であり、自分たちこそが、親鸞聖人の教えを本当に理解しているのだ、ということを言いたいだけのことなのでないかということです。私には、そのように思えて仕方がありません。

少し箇条書き的に整理してみます。▼から▲までの部分です。

▼阿弥陀如来は、如来である。

如来であるから、真如より来生したる者である。
親鸞聖人も、「弥陀如来は、如より来生して」と仰っておられる。
真如という真理の世界からやってこられたから、阿弥陀如来は尊い。
これが、親鸞聖人の教えの神髄である。▲

これがおかしいことは一目瞭然です。なぜなら、この論理で言えば釈迦如来も、薬師如来も、大日如来も、阿弥陀仏と同じくみんな尊いことになってしまうからです。

阿弥陀仏が他のブッダたちより、私たちにとって優れていると思えるその部分について、全く意識していません。

親鸞さんは、そのようなことを本当に仰ったのでしょうか。もう一度、その箇所を確認してみましょう。まず、後ろの二つの文章をもう一度見てみます。

「一如宝海よりかたちをあらわして」（『一念多念文意』親鸞　真宗聖典543頁）

「一如よりかたちをあらわして」（『唯信鈔文意』親鸞　真宗聖典554頁）

ここでは、「一如」と仰っています。

親鸞さんは、言葉をものすごく厳密に使われます。曖昧な所は1カ所もありません。この「一如」は、先の証の巻の「一如」であることは、明らかです。

それでは、先の証の巻の部分をもう一度見てみます。

「煩悩成就の凡夫、生死罪濁の群萌、往相回向の心行を獲れば、即の時に大乗正定聚の数に入るなり。正定聚に住するがゆえに、必ず滅度に至る。必ず滅度に至るは、すなわちこれ常楽なり。常楽はすなわちこれ畢竟寂滅なり。寂滅は……無上涅槃……無為法身……実相……法性……真如……一如なり。しかれば弥陀如来は如より来生して、報・応・化種種の身を示し現したまうなり。」（『教行信証　証巻』親鸞　真宗聖典280頁）

ここは、まず、「如来」解釈の場ではありません。このことをまず確認していただきたいと思います。

この箇所の最初には、浄土真宗、親鸞さんの教えの要の部分があります。

「煩悩成就の凡夫、生死罪濁の群萌、往相回向の心行を獲れば、即の時に大乗正定聚の数に入るなり。正定聚に住するがゆえに、必ず滅度に至る。」

この部分は、親鸞さんの教え、浄土真宗の教えの根幹をなす部分なのです。現代の言葉に直してみます。

「流れに身を任せて生きていくのではなく、大地をしっかり踏みしめて生きていこうとすればするほど、自分の中にある汚れにまみれていることに気づきます。

私たちは、そういうどうしようもない普通の人間です。阿弥陀さまのどこまでも私たちに付き合って下さる、その思いが、私たちの所に顕(あら)わになった時、私たちは必ず救われる身になっているのです。

その、必ず救われる身になる、とは、必ず阿弥陀さまと同じく、ブッダになって涅槃に至る、ということです。」

どうでしょうか。これが、親鸞さんの教えです。この証の巻までの、教の巻、行の巻、信の巻のすべてを表した文章なのです。この一文で、親鸞さんの教えの7割以上を表しています。

そして、最後のところでは、「必ず滅度に至る」ということが主題になっています。これこそが、この証の巻の主題なのです。

その後、「必ず滅度に至る」ということの言い換えが、順々に行われていきます。ここで出てくる用語は、重要経典の核になっている言葉です。しかも、その経典のバックグラウンドになっている言葉なのです。そして、最後、「一如」ということになります。

どうでしょうか。「一如」とは何のことでしょうか。お分かりでしょうか。

それは、「必ず滅度に至る」のことです。「必ず滅度に至る」の言い換えで、「一如」にまで来たのです。「一如」とは、「必ず滅度に至る」のことです。

そして、「しかれば弥陀如来は如より来生して、報・応・化種種の身を示し現したまうなり。」となります。

ここも、現代の言葉に直してみます。

「そうであるので、阿弥陀さまは、如、すなわち、『必ず、あらゆる人々を、私と同じ境地、目覚めた人（ブッダ）に成して、最高の人生（涅槃）に至るようにする』という思いから、完全なブッダの姿、どんな人の声にも応えるブッダの姿、私たちが会いたいと願うさまざまな姿を、私たちにお示しになるのです。」

親鸞さんの「如」は、「必ず滅度に至る」なのです。親鸞さんの「如」は、具体的なのです。

曖昧な抽象的な概念とは、全く正反対のものなのです。

親鸞さんの「如」とは、「必ず滅度に至る」なのです。そして、それこそが、「一如」なのです。先ほどの「真如という真理の世界からやってこられたから、阿弥陀如来は尊い」というような、何となくの「真如」というのとは、全く違います。雲泥の差なのです。同じ土俵に乗せて比べることなど全くできないものなのです。それ以上、比較することすらできないものなのです。全く異なるものです。

ただ、「真如という真理の世界からやってこられたから、阿弥陀如来は尊い」というのは、抽象的な表現ができることで何かすごいことが分かったように思い込んでしまった、赤子の戯言です。

結局、何も分かっておられないのです。

2【「親鸞聖人」、「親鸞」、そして「親鸞さん」。呼び方について】

浄土真宗の方は、私の「親鸞さん」という呼び方に、違和感を持たれる方も多いと思います。普通、私たちは、「親鸞聖人」（注）とお呼びしています。このように、知らない間に、敬語を使っています。この本の中では、私は「親鸞さん」と呼びます。

この本は、親鸞さんが最も迫りたかったことの、さらにその先へ進んでいこうとしている本なのだ、というのが私の思いです。こういう言い方をすると、「おまえごときが、なんと大それたことを言っているのだ」と言われそうなのですが。

いいえ。いつも、陰で言われています。面と向かって言っていただける人は、ほとんどおられません。言っていただきたいのですが。

最も親しい人なので、私は、最も尊敬する人を普通に呼びたいだけなのです。普通に呼ぶと、「親鸞さん」なのです。親鸞さんのことを親鸞聖人と呼んだら、「竹市くん、親鸞でいいよ」と言われるような気がします。

時々、掌を合わせて「親鸞さま」と言っている時があります。そんな時は、しばらくしてから親鸞さんに怒られます。「『親鸞さま』は、気持ち悪いよ」と。

注　この「聖人（しょうにん）」という言葉は、加古（かこ）の教信沙弥（きょうしんしゃみ）のような「聖（ひじり）」を表す言葉なので、敬語の意味はないと言われる方がおられるかもしれません。「聖」とは、俗人のような生活をする仏教僧のことを言います。ちなみに、教信沙弥は、加古川の渡し守をしていました。

親鸞さんも法然上人のことを、「聖人」と仰っています。覚如上人も親鸞聖人のお弟子方も、源空聖人と仰っています。真宗門徒にとっては、事実上、本願寺創始者、覚如の言った「本願寺聖人」という言葉に由来します。そうだとすると、この「聖人」という言葉は、もともと敬称として使われていることになります。私たちが現在感じている敬語としての雰囲気は、誤りではないことになります。

3【親鸞さんにとって、「救い」とは、どんなものなのか】

まず、お断りしておきたいことがあります。それは、ここに挙げました「救い」(注1)という言葉は、親鸞さんは一切使われていないということです。しかし、私はここに「救い」という言葉で、親鸞さんの落ち着きどころ、心の安寧点がどこにあるのかを考えてみたくて、それらを表す言葉として、「救い」という言葉を使わせてもらいました。それしか思い浮かばなかったということです。

この段の話を進める上で、私たちは素晴らしい資料を手にしていることを喜びたいと思います。それは、親鸞さん自身の書かれたお手紙、「消息(しょうそく)」のことです。それらが、現存しているのです。ほとんどは、親鸞さんの直弟子が集録した「消息集」(注2)の形で残されています。その中には、42通集録されています。真蹟も11通残されています。

この段では、浄土真宗の公の教義の上での「救い」の話にはほとんど触れません。現在の浄土真宗の教団で語られている教義についても、触れるつもりは全くありません。

私が関心を持っているのは、親鸞さん在世当時、親鸞さんが世間の普通の人々に語られた「救い」とは、どんなものだったのかということです。

もう一つは、親鸞自身が人に語りかける時、自分自身で感じていた「救い」とはどんなものだったのかということです。そういうことを考える上で、最高の手がかりが用意されているのです。それが、親鸞さんの書かれたお手紙（消息）なのです。

(1) 親鸞さんが、世の人々に【勧められた「救い」】とはどういうものなのか。

① 親鸞さんがおられた、鎌倉時代前半の人々の願いとは何だったのでしょうか。

そのことが分かるお手紙（消息）がありますので紹介いたします。

「明法御坊の往生のこと、おどろきもうすべきにはあらねども、かえすがえすうれしうそうろう。鹿島・行方・奥郡、かようの往生ねがわせたまうひとびとの、みなの御よろこびにてそうろう。また、ひらつかの入道殿の御往生とききそうろうこそ、かえすがえす、もうすにかぎりなくおぼえそうらえ。めでたさ、もうしつくすべくもそうらわず。おのおの、いよいよみな、往生は一定とおぼしめすべし。さりながらも、往生をねがわせたまうひとびとの御なかにも、御こころえぬことどももそうらいき。」（『御消息集広本』第一通　真宗聖典560頁）（親鸞80歳）

親鸞の直弟子、明法坊と、ひらつかの入道が亡くなられた知らせを受けて、その返信として、親鸞さんが出されたお手紙です（同じ内容を含んでいるお手紙があと2通あります。『御消息集広本』第二通、第三通、真宗聖典563頁）。

当時、親鸞さんは京都におられました。お弟子さんの大半は関東におられました。京都と関東のお弟子さん方との間で手紙のやり取りをしておられたのです。42通ほど残っています。亡くなられたお二人は、親鸞さんが大変信頼されていた方々です。信心が決定していること間違いなしと思われていたお二人です。つまり、阿弥陀仏の世界、極楽浄土に往生することは間違いないのだと思われていたお二人です。

現代の感覚からすると、奇異に映るかもしれません。ご自分の最も信頼するお弟子さんの1人と、信頼できるお弟子さんであり支援者でもある方の2人の訃報を聞いて、その返事の第一が、「かえすがえすうれしうそうろう（本当にうれしく思っております）」であり、「めでたさ、もうしつくべくもそうらわず（素晴らしさは、言葉で言い表すことができません）」であるのです。

しかも、親鸞さんが仰るだけではないのです。関東の周囲の人々も、このようでありますね。「みなの、御喜びにてそうろう（皆さんの喜びでもありますね）」ということなのです。

この当時、本当に多くの人々が、死後、「いいところ」に行けることが最大の願いであったことが分かります。人々の頭の中で「いいところ」とは、阿弥陀仏の極楽浄土のことでした。そこに行くことを「往生（おうじょう）」と言っていました。極楽浄土へ往生することが、最大の願いであり、往生できるか、できないかが最大の関心事だったのです。

②　親鸞さんの晩年、お手紙の中で、最も多く、強調しておられたこととは何だったのでしょうか。

「願成就の文に、『十方恒沙の諸仏』とおおせられて候うは、信心の人とこころえて候う。この人はすなわち、このより如来とひとしとおぼえられ候。」（『御消息集善性本』第一通　真宗聖典588頁）（親鸞85歳頃のお手紙。第五通　591頁との対比によって同じ頃と推定しました）。

「如来の誓願を信ずる心のさだまる時と申すは、摂取不捨の利益にあずかるゆえに、不退の位にさだまると御こころえ候うべし。真実信心さだまると申すも、金剛信心のさだまると申すも、摂取不捨のゆえに申すなり。さればこそ、無上覚にいたるべき心のおこると申すなり。これを、不退のくらいとも、正定聚のくらいにいるとも申し、等正覚にいたるとも申すなり。このこころのさだまるを、十方諸仏のよろこびて、諸仏の御こころにひとしとほめたまうなり。このゆえに、まことの信心の人をば、諸仏とひとしと申すなり。また、補処の弥勒とおなじとも申すなり。」（『御消息集（善性本）』第一通　真宗聖典588頁）（親鸞85歳頃）

「『華厳経』に、『信心歓喜者与諸如来等』というは、信心をよろこぶひとはもろもろの如来とひとしというなり。如来とひとしというは、信心をえて、ことによろこぶひとは、釈尊のみことには、『見敬得大慶　則我善親友』（大経）とときたまえり。また、弥陀の第十七の願には、『十方世界無量諸仏　不悉咨嗟称我名者　不取正覚』とちかいたまえり。願成就の文には、よろずの仏にほめられ、よろこびたまうとみえたり。すこしもうたがうべきにあらず。」（『御消息集（善性本）』第八通　真宗聖典591、592頁）（親鸞85歳）

この三つのお手紙は、★【「如来とひとし」】ということを仰っているお手紙です。

「如来とひとし」は、

『浄土和讃』 487頁 1カ所、
『広本』十五 580頁 4カ所、
『広本』十八 581頁 1カ所、
『善性本』一（85歳頃）583頁 2カ所、
『善性本』一 586頁 1カ所、
『善性本』二 588頁 1カ所、
『善性本』五（85歳）591頁 3カ所、
『善性本』六（85歳頃）592頁 3カ所あります。
「仏とひとし」は、
『善性本』二 589頁 1カ所、
『血脈文集』一（83歳）「弥勒仏とひとしき人」595頁 1カ所、
『末灯鈔』十八 608頁 2カ所あります。
「諸仏とひとし」は、
『一念多念文意』538頁 1カ所、
『唯信鈔文意』555頁 1カ所、
『善性本』二 588頁 1カ所、

『末灯鈔』十八　608頁　1カ所あります。

この「如来とひとし」ということに触れているお手紙は、親鸞さんが85歳ごろから急に多くなっています。そのころに書かれた手紙にはほとんどに「如来にひとし」くなることが書かれています。

それまでは、信心が決定した（さだまった）人は、正しく覚りに行くことが定まっている人（正定聚）、正しい覚りへ行くことから退くことはない人（不退転）であるということは盛んに書かれていますが、その人のことを「如来とひとし」い人とまでは書かれていません。

この転換の大きな理由の一つは、関東におけるお弟子さんたちの動揺にあったと考えられます。親鸞さんが70歳代から80歳代前半の頃のことです。教えを「言い惑わしている」人がいること、そして、その間違った教えを信じている人がいることが、手紙の中に度々出てきます。そして、親鸞さんは、非常に嘆かわしいことであると仰って、もう一度、今まで書き送った書物、手紙をよくよく読み返して、本願の教えを聞き直してほしいと願っておられました。分からないことがあったら、私に手紙で尋ねてほしいと度々書いておられます。

そのような時期の後に、「如来にひとし」の話が出てくるようになるのです。

それまでの「信心よろこぶ」、「信心が定まる」という表現では、一般の人には自分がそうなっているのかどうなのか分かりにくいということがあるのではないかと思われたのでしょう。そこに、悪意のある者に惑わされる要因があったと判断されたのだと思います。「ひとびとの信心のまことならぬことをあらわれてそうろう。よきことにてそうろう。」（『御消息集広本』真宗聖典577頁）」

親鸞さんらしい表現です。

もう一段レベルを上げた表現、「正しく覚りに行くことが定まった人（正定聚）」、「正しい覚りから退かない人（不退転）」だと、もっと実感し難くなっています。あまりに抽象的な表現です。専門用語を出しているだけになってしまいます。一般の人には、よけいにちんぷんかんぷんになってしまいます。

それで、トーンをもう数段上げて、「如来とひとし」ということを仰るようになったのではないかと思います。

この言葉を初めて聞く仏教徒にとっては、真宗は「仏教ではない。邪教だ」と言われそうな表現です。そのことは分かった上で、どうしても言うべき時なので、それで仰ったのではないかと思います。

私はこの表現を、10年ぐらい前までは言い過ぎだろうと思っていました。せめて「弥勒菩薩と同じ境地（次如弥勒）（『善性本』真宗聖典591頁）」ぐらいまでしか許されないだろうと思っていました。

しかし、今は、こういう表現もありと思えるようになりました。ただ、無茶苦茶ヤバい表現なのです。現在も過去もこの言葉を取り上げられたのは、親鸞さんだけなのかもしれません。この表現を使うことに対して、自分の所で責任を取れないのです。これを言うには、厳格な経典解釈ができていることが必要なのです。親鸞さんはお手紙の中でも、それをしておられます（『善性本』第五通、第六通　真宗聖典591、592頁）。

親鸞さんは、「救い」ということを、限界までその表現を尽くして、私たちに語りかけられていたのです。

この「如来とひとし」という表現の是非について論じる能力は私にはありません。しかし、私にも論ずることのできることがありますので、たどたどしくも示したいと思います。

『華厳経』にある「信心歓喜者与諸如来等」（信心をよろこぶひとはもろもろの如来とひとし）という言葉、『漢訳無量寿経』にある「見敬得大慶　則我善親友」（信心をえて、ことによろこぶひとは、私の親友である）という言葉は、お釈迦さまの仰ったものとなっています。

こういう表現は、お釈迦さまの生の声の中にはあるはずがありません。たとえ、お釈迦さまの生涯で5、6回言われたにしても、これが残されるはずはありません。なぜなら、お弟子さんたちにとって、お釈迦さまははるかな高みの人であったからです。たとえ言われても、冗談だろうぐらいにしか思われなかったのです。

こんなことを考えていると、かえって、お釈迦さまが在世時、「あなた、私と同じですよ」、「あなた、すごいじゃない」みたいなことを言われたような気がますますしてきました。

初期大乗仏教経典は、お釈迦さまの生の声に匹敵するくらいのものであると、私は評価しています。当然、お釈迦さまの方がはるかに上ですが。初期大乗仏教経典ほど、仏教徒が練り上げた経典はないと思っています。

初期大乗仏教経典の中にこのような表現があるということに、なぜかうれしくなります。それは、紀元前1世紀から紀元4世紀のインドで、お釈迦さまのことを親しく慕う人たちがおられたことに、私は勇気づけられるからです。こういう表現が出現するには、お釈迦さまに対して身近さを感じている人たちがおられたこと、そして、その人々による、お釈迦さまの実像に対する真摯な肉迫があったからだと考えられるからです。

「また、弥陀の第十七の願には、『十方世界無量諸仏　不悉咨嗟称我名者　不取正覚』とちかいたまえり。願成就の文には、よろずの仏にほめられ、よろこびたまうとみえたり。すこしもうたがうべきにあらず。」（『御消息集善性本』第六通　真宗聖典591、592頁）（親鸞85歳）

もし私が「如来とひとし」と言われるだけでなく、「あらゆるブッダに誉められ、喜ばれる」としたら、これほどの栄誉、喜びはありません。想像の世界、ファンタジーの世界に入って、一人悦に入っています。

(2)【親鸞さんにとって「救い」とは】、どんなものなのか？

①「救い」は、いつやってくるのか？

㋑ 死後の「救い」

㋺ この世での「救い」

㋩ 今の「救い」

この三つの時、すべての時に「救い」はやってくるのです。やってくるというよりは、今「救われている」ということがあって、今、願いが叶えられているし、この生涯、願いが叶えられているのであり、自分が死に行く時、願いが叶えられているのです。

浄土教（浄土真宗）の「救い」の基本は、死後往生です。このことはこの段の最初に挙げた手紙の中で明らかです（『御消息集広本』第一通　真宗聖典560頁）（親鸞80歳）。

【「往生」】は死後のことであるというのが、経典上においても、親鸞さんにおいても、一貫していることです。

「往生」ということは、現在のことである、と言う人が時々おられます。

「現在ただ今にこそ、往生があるのであって、それは死後のことではない。」

このように。

そのように言っている箇所が経典上にあるのであれば教えてもらいたいです。親鸞聖人の著作上にあるのであれば教えていただきたいです。今までそのようにお尋ねしても満足に答えられた方は1人もありませんでした。

なぜこのようになっているのでしょうか。

それは、死というものに対する忌避感が強烈にすり込まれているからです。死後のことは世迷い言であって、迷信であって、考えることすらすべきでないとすり込まれているからだと思います。しかもそれは、完全に無意識下においてです。これこそ、本当の迷信です。死を考えないようにするのはやめよう、と言っているのです。死後のことを考えないようにするのはやめよう、と言っているのです。なぜなら、誰もが一度は、誰から何も言われなくても考えたことがあることだからです。無理に考えなくするのはおかしいと言っているのです。

【即得往生（そくとくおうじょう）】

ここでは、無量寿経の「即得往生」の言葉に注目したいと思います。親鸞さんの和文で書かれた著作の中にも出てきます。

「『即得往生』というは、『即』は、すなわちという、ときをへず、日をもへだてぬなり。また即は、つくという。そのくらいにさだまりつくということばなり。『得』は、うべきことをえたりという。…おさめとりたまうとき、すなわち、とき・日をもへたてず、正定聚のくらいにつきさだまるを、往生をうとはのたまえるなり。」（『一念多念文意』真宗聖典535頁）

この「即得往生」という言葉は、あらゆる人々の「救い」を阿弥陀仏が誓われた「第十八願」の中にある、まさに、私たちの「救い」の根幹を表す言葉なのです。そして、私たちの「救い」の瞬間を表す言葉なのです。

親鸞さんは、この「即得往生」のことを「とき・日をもへたてず、正定聚のくらいにつきさだまる」と仰っているのです。つまり、「今、現在、覚りにつく身に定まる」、そのことを、「如来にひとし」というように後に言われるようになるのです。

②「救い」は、誰にやって来るのか？

あらゆる人にやってくるのです。

無量寿経の中で、阿弥陀仏は「十方衆生（あらゆる方角におられる生きとし生けるものよ」（第十八願、第十九願、第二十願）と、呼びかけておられます。阿弥陀仏が誰を相手にしておられるのかといえば、「十方衆生よ」と、自らの言葉で言っておられるのです。阿弥陀仏自身が、ご自分の口からご自分の言葉を、仰っているのです。ブッダが自らの言葉で仰っているということがとても大事なことです。

あらゆる人々とは、男女、貴賤、老少、善悪を選ばない、すべての人々のことを言います。善悪を選ばないというのは、善きことをしている人も、悪いことをしている人も、同じく救いにあずかる、というのが、もともとの意味です。本義です。

ただし、親鸞さんは、

「凡夫はもとより煩悩具足したるゆえに、わるきものとおもうべし。また、わがこころよければ往生すべしとおもうべからず。」（『血脈文集』真宗聖典594頁）

と仰って、阿弥陀仏の「救い」は、「悪いことしかできない人間（煩悩具足の凡夫）」のためのものであるとも言っておられます。

これは、その当時の人々が、自らのことを悪しか作れない者であって「救い」にはあずかることができないと、頑として思い込んでいたということもあるからなのです。それと同時に、ご自分が自省する時、そこには善なるものは一片だになく、悪しかなかった、という自己観察によるものが大きかったのでしょう。

「念仏せさせたまうひとびとのこと、弥陀の御ちかいは、煩悩具足のひとのためなりと、信ぜられそうろうは、めでたきようなり。ただし、わろきもののためなりとて、ことさらに、ひがごとをこころにもおもい、身にも口にももうすべしとは、浄土宗にもうすことならねば、ひとびとにもかたることそうらわず。」（『御消息集広本』真宗聖典572頁）

「悪人こそが救われる」ということだけ頭の中に残ると、「自分は悪人だから救われるんだ。さらには、どんな悪いことをしても自分は救われるんだ。だから、なんでもやってやろう〈本願ぼこり〉。」ということになっていきます。このような人たちは、関東で親鸞さんが70代の時、次第に増えていきました。それを見て、周囲の人たちが顔を背けるような事態になっていきました。それに対して、親鸞さんは、度々手紙を出して、それは誤った考え方なのだと諭してお
られます。

「煩悩具足の身なれば、こころにもまかせ、身にもすまじきことをもゆるし、口にもいうまじきことをもゆるし、こころにもおもうまじきことをもゆるして、いかにもこころのままにあるべしともうしおう（合）てそうろうらんこそ、かえすがえす不便（ふびん）におぼえそうらえ。えい（酔）もさめぬさきに、なおさけ（酒）をすすめ、毒もきえやらんものに、いよいよ毒をすすめんがごとし。くすりあり毒をこのめ、とそうろうらんことは、あるべくもそうらわずとぞおぼえそうろう。」（『御消息集広本』第一通 真宗聖典561頁）

「救われるんだから、悪いことをしてもいいんだろう。悪いことをしてやろう」というのは、酔いも消えないうちに酒をすすめるようなものだ。毒が消えようとしているのにそれにも増して毒をすすめるようなものだ。薬があるから、毒を好んで食べなさいと言っているようなものだ。

③「救い」は、どうすれば得られるのか？

どうすれば得られるというような、救われるための条件みたいなものは全くありません。救いに条件はありません。ここで私が条件と言っているのは、「何かをしなければ」救いを得られないとするなら、その「何かをしなければ」の部分のことです。そういう意味の、救いの条件は全くありません。

もし、全くの無条件の救いであるのなら、あらゆる人は既に救いにあずかっているのでないかというように考える人も出てきます。

しかし、それは誤りです。なぜなら、救われたいと思う多くの人がおられるからです。

それでも、長い歴史の中のある時には、「あらゆる人は既に救われている」というような考えに陥ることはよくあることなのです。

そこに陥った人は、救いを求めることさえ許されません。永遠の牢獄に繋がれるようなものです。

②の「悪人こそが救われるので、自分はどんな悪いことをしてもよい」と考えるのとよく似ています。自分よがりで、暗闇に突き進んでいくようなものです。

救われる人には、ある状況があるのです。次の二つのことがそろっている人に、「救われる」が、起こるのです。

次の二つだけです。この二つが必要というよりも、「救われる」の前には、この二つのことが必ずあるのです。

㋑ 阿弥陀仏の名前を聞く。

㋺ 自分も言ってみる。

「アミダさま」。「なんか照れくさいなあ」。「アミダさん」。「おはようございます。アミダさま」。「アミダさま、よろしくお願いいたします」。「アミダさま、こんにちは」。「アミダさま、ありがとうございます」。「ナムアミダブツ」。「アミダさま」。「よろしくお願いいたします」。

たまには、阿弥陀さまの方からこんなことを言われるかもしれません。

「だいじょうぶだよ」。「分かっとるがぁ」。「(微笑んで)……(無言)……」。

(「……十方世界の無量の諸仏、悉く咨嗟して、我が名を称せずんば、……」『大経』第十七願18頁)

④ 親鸞さんにとって、「救われる」とは、どういうことなのか?

歴史を眺めると、浄土教の「救い」の変遷を見て取ることができます。それは、「死後の往生」から、「現在、今の救い」へという動きです。

その動きがあることで、「死後の往生」がなくなったということではありません。現在も、「死後の往生」という「救い」は厳然として浄土教にはあるのです。というより、「死後の往生」という「救い」は、浄土教のいのちなのです。「死後の往生」という「救い」が厳として存在することが、「現在、今の救い」があるということなのです。

浄土教の「救い」は、「往生」という言葉で言い尽くせます。「往生」という言葉は、それほど重い言葉なのです。

「往(ゆ)いて生まれる」、「今のここから離れて、どこかへ行って、そこに生を受ける」、「行った所で、精一杯の人生を歩む」。

私は、「往生」という言葉は、究極の言葉のような気がしています。

この言葉は、現在、末香臭い、得体の知れない言葉に成り下がっています。ですが、人生を考える上でこれほど深く考えさせてくれる言葉はないなと思います。

（「即ち往生を得て、不退転に住す〈即得往生、住不退転〉」『無量寿経』第十八願成就文44頁）

「往生」ということは、願いがかなうということ。どんな願いもかなうということ。そこには、究極のポジティブさがあります。

（「……諸の功徳を修して、……ずんば、……」『大経』第十九願18頁）

（「……諸の徳本を植えて、……果遂せずんば、……」『大経』第二十願18頁）

（「衆生の願楽する所、一切能く満足す。」『願生偈（浄土論）』136頁）

そして、

究極のポジティブさの先には、

「必ず、目覚める」ということがあるのです。

（「……定聚に住し、必ず滅度に至らずんば、……」『大経』第十一願17頁）

「目覚め」とは、仏教の最高到達地点、まさしくゴールなのです。人間の究極の目標と言ってよいものだと思います。

注1　親鸞さんが、「救い」、「すくい」という言葉を使われなかったのは、阿弥陀仏にしていただけること（親鸞さんにとって最も大事なこと）について、真実と齟齬があってはいけないと考えられたからだと思います。この姿勢のおかげで、現在までその教えが正しく伝えられることができたのだと思います。それに対して、蓮如さんは、「すくい」という言葉をたくさん使われています。誤解されるのはあらかじめ分かっていても、聞いている人に、すぐその意味が分かってもらえるような言葉遣いは、蓮如さんの真骨頂です。

（『正信偈大意』759頁『御文』762、787、795、799、800、801、802、803、816、831、833、835、836頁『御一代記聞

書』888頁）

注2　重複しているものを取り除くと、御消息集（広本）18通、御消息集（善性本）6通、血脈文集3通、末灯鈔9通、御消息拾遺6通、計42通残されています。本願寺派の方では、善性本第2通を2通に分けて、43通としています。その中で、親鸞聖人の真蹟が残されているのは11通です。

4【親鸞さんが言われる「悪人」という言葉は、どういう意味なのか】仏教の中で、「悪」という言葉の意味

日本の歴史のテストの中で、「親鸞の教えは一言で言ったら何というか」という問題があったら、「悪人正機説」と答えると正解になります。『歎異抄』の中に説かれている思想は何かと問われたら、また「悪人正機説」で正解となります。そのように、「悪人正機説」という言葉は有名です。

しかし、親鸞聖人の教えを代表する言葉になっている「悪人正機」という言葉は、親鸞さんの著作には全く出てこないのです。しかも、『真宗聖典』（東本願寺発行）にも全く出てこないのです。後代、『歎異抄』の言葉を解釈する上で出てきた言葉なのです。ただし、「悪人」という言葉は親鸞さんが使っておられます。そして、「正機」という言葉は本願寺の第3代の覚

如さんが使っておられます。

ここでは、親鸞さんが使っておられる「悪人」という言葉をどのように理解したらよいのかを吟味したいと思います。

▽まず初めに、お釈迦さま在世時から4、500年の間は、**【「悪」、「善」】**（注1）ということをどのように捉えていたのかについて、お話しします。

『ダンマパダ』（183）（パーリ語）に、次のような偈頌（げじゅ）があります。

「すべての悪しきことを為さず、
善きことを行い、
自己の心を浄めること、
これが、ブッダたち（諸仏）の教えである。」（注2）

同じ偈頌が、『法句経』（漢訳）には、次のようになっています。

「諸（もろもろ）の悪を作すこと莫（な）く、
衆（もろもろ）の善を奉行し、
自ら其の意（こころ）を浄くすること、

是、諸の仏の教えなり。」

この偈頌は日本でも有名です。仏教の教えは何かと聞かれたら、この偈頌を指し示すお寺さんも多いのです。

ここに書かれている「悪」と「善」とは、どのような意味なのでしょうか。現代の私たちが普通に了解している意味でよいのでしょうか。分け入って、その当時の意味を私なりの解釈で明かしてみたいと思います。

キリスト教やイスラム教などの一神教では、神が善しとすることが善であり、神が悪しとすることが悪なのです。それに対して、仏教では、他の宗教のように、これこれのことが「悪」で、これこれのことが「善」です、というような定義をすることは本来ありませんでした。まさに親鸞さんが言うように、「善悪のふたつ総じてもって存知せざるなり(『歎異抄』640頁)」なのです。その意味は、仏道を歩むにおいて、私たちの常識の上での善、悪は、役に立つか障害になるか分からない、ということです。

「悪」や「善」をこれこれのものであると定義しないことこそ、仏教の本義なのです。定義すると、誤ることがあるからです。例えば、物を盗むことは「悪」であると定義すると、自分の命を繋ぐための盗みも「悪」であるということになってしまいます。他の人の命を繋ぐための盗みも「悪」ということになってしまいます。仏教は、悪でない盗み、悪でない命を奪うことも、非常に少ないけれど有り得ると考えます。仏教の表現（言葉遣い）は、非常に厳密なのです。これはお釈迦さまが、そのような正確な言葉遣いをされたことによります。

結論を先に言います。

「悪」とは、「悪しきこと」であり、さらに言うと、「（自分にとって）なすべきでないこと」であり、それは「（その行いをした人に）苦しみをもたらすもの」なのです。

「善」とは、「善きこと」であり、「（自分にとって）なすべきこと」であり、「（その行いをした人に）楽をもたらすもの」なのです。

これが、仏教の本義なのです。

現代の私たちは、言葉の、これほどの厳密な使い方をすることはありません。私たちは、自分自分の「悪」、「善」がすでに自分の中に定義されていることが多いのです。こういうことは、一人一人の中にだけあることではありません。国全体の中に、自分の周囲の人たちの中に、「善悪」の定義、意味の固定が起こっていることはよくあることなのです。私たちはそれによって行動が知らず知らずのうちに影響を受けていることがあるのです。現在の日本で言えば、コロナウイルスに感染しない、させないために、マスクをしていることが善で、していないことが悪であると、知らず知らずに思っていることがあります。このことでトラブルが起きることもあります。一概に、マスクをすることが善でマスクをしないことが悪であるとは言えないのです。そのことは、意に留めておかなければならないことなのです。社会で知らず知らず蓄積されてきた「善悪」の概念、それが私たちの暮らしを歪(いびつ)にすることがあるのです。

仏教は、そういう意味の固定化を極力廃しようとします。仏教は、その人が自分で判断することを最優先します。だから、「善悪」もあらかじめの意味の定義、意味の固定化をしないようにするのです。

▽『真宗聖典』には、「悪人」という言葉は42カ所に出てきます。
それをすべて、抜き書きしてみました。

① 仏説無量寿経 巻下（75頁）
「善人は善を行じて、楽より楽に入り明より明に入る。悪人は悪を行じて、苦より苦に入り冥より冥に入る。」

ここにある「悪、善」は、正しく仏教の本義に基づくものです。

② 仏説観無量寿経（90頁）

「時に阿闍世、この語を聞き已りて、その母を怒りて曰わまく、『我が母はこれ賊なり、賊と伴たり。沙門は悪人なり。幻惑の呪術をもって、この悪王をして多日、死せざらしむ。』」

③ 仏説観無量寿経（92、93頁）

「唯、願わくは世尊、我がために広く憂悩なき処を説きたまえ。我当に往生すべし。閻浮提・濁悪世をば楽わず。この濁悪処は地獄・餓鬼・畜生盈満して、不善の聚多し。願わくは我、未来に悪声を聞かじ、悪人を見じ。いま世尊に向かいて、五体を地に投げて、求哀し懺悔す。唯、願わくは仏日、我に清浄の業処を観ぜしむることを教えたまえ」と。

④ 顕浄土真実教行証文類 行巻（167、168頁）

「一つには、外道の相（しょう）修習の反 善（ぜん）は菩薩の法を乱る。二つには、声聞は自利にして大慈悲を障う。三つには、無顧の悪人、他の勝徳を破す。四つには、顛倒の善果よく梵行を壊す。五つには、ただこれ自力にして他力の持つなし。これ等のごときの事、目に触るるにみな是なり。

たとえば、陸路の歩行はすなわち苦しきがごとし。」

ここにある「悪人」は、「私に、または、他の人に、苦しみを与える人」の意味です。これも「悪」の本義を表す、言葉の使い方です。

⑤　顕浄土真実教行証文類　行巻（188頁）

「『観経』には、『極重の悪人、他の方便なし。ただ弥陀を称して極楽に生まるることを得』と。已上」

⑥　顕浄土真実教行証文類　行巻（189頁）

「明らかに知りぬ、これ凡聖自力の行にあらず。かるがゆえに不回向の行と名づくるなり。大小の聖人・重軽の悪人、みな同じく斉しく選択の大宝海に帰して、念仏成仏すべし。」

⑦　顕浄土真実教行証文類　行巻（207頁）

「極重の悪人は、ただ仏を称すべし。我また、かの摂取の中にあれども、煩悩、眼を障えて見たてまつらずといえども、大悲倦きことなく、常に我を照したまう、といえり。」

⑧　顕浄土真実教行証文類　信巻（238頁）

「屠は謂わく殺を宰どる、沽はすなわち醞売、かくのごときの悪人、ただ十念に由ってすなわち超往を得、あに難信にあらずや、と。」

⑨　顕浄土真実教行証文類　信巻（253頁）

「もろもろの悪友に近づきて、これよく提婆達多悪人の言に随いて、正法の王に横に逆害を加す。」

⑩　顕浄土真実教行証文類　信巻（268頁）

「その時に悪人提婆達多、また過去の業因縁に因るがゆえに、また我が所において不善の心を生じて、我を害せんとす。すなわち五通を修して、久しからずして、善見太子と共に親厚たることを獲得せり。」

⑪　顕浄土真実教行証文類　化巻本（330、331頁）

「『観経』の定散諸機は『極重悪人唯称弥陀』と勧励したまえるなり。濁世の道俗、善く自ら己が能を思量せよとなり。知るべし。」

⑫　顕浄土真実教行証文類　化巻本（332頁）

「『汝是凡夫心想羸劣』と言えり、すなわちこれ悪人往生の機たることを彰すなり。」

⑬　唯信鈔文意（552頁）

「『不簡破戒罪根深』というは、『破戒』は、かみにあらわすところの、よろずの道俗の戒品をうけて、やぶりすてたるもの、これらをきらわずとなり。『罪根深』というは、十悪五逆の悪人、謗法闡提の罪人、おおよそ善根すくなきもの、悪業おおきもの、善心あさきもの、悪心ふかきもの、かようのあさましき、さまざまのつみふかきひとを、『深』という。ふかしということばなり。」

ここにある「悪人」は、「自他に苦しみを与えるもの」という意味です。ただし、その程度がひどいものという意味で、「極重の悪人」という言い方になっているところがあります。ここまでは、仏教の本義に基づく「悪人」の使い方になっています。ただし、⑬唯信鈔文意は唯信鈔の解釈なので、具体的に「十悪五逆、謗法闡提」という言葉が付属しています。

⑭　歎異抄（627、628頁）

「（3章）一　善人なおもて往生をとぐ、いわんや悪人をや。しかるを、世のひとつねにいわく、悪人なお往生す、いかにいわんや善人をや。この条、一旦そのいわれあるににたれども、本願他力の意趣にそむけり。そのゆえは、自力作善のひとは、ひとえに他力をたのむこころかけたるあいだ、弥陀の本願にあらず。しかれども、自力のこころをひるがえして、他力をたのみたてまつれば、真実報土の往生をとぐるなり。煩悩具足のわれらは、いずれの行にても、生死をはなるることあるべからざるをあわれみたまいて、願をおこしたまう本意、悪人成仏のためなれば、他力をたのみたてまつる悪人、もっとも往生の正因なり。よって善人だにこそ往生すれ、まして悪人はと、おおせそうらいき。」

⑮　歎異抄（637頁）

「（16章）（中略）

くちには願力をたのみたてまつるといいて、こころには、さこそ悪人をたすけんという願、不思議にましますというとも、さすがよからんものをこそ、たすけたまわんずれとおもうほどに、願力をうたがい、他力をたのみまいらするこころかけて、辺地の生をうけんこと、もっともなげきおもいたまうべきことなり。」

『歎異抄』は、弟子唯円が親鸞聖人の話などを書き留めたものです。親鸞の著作ではありません。このことを心に留めて読むことが必須のことだと思います。つまり、『歎異抄』の中に書かれてあることは、親鸞さんの仰ったことなのかもしれませんが、親鸞さんが、多くの方々に読んでもらうために作られた著作ではないということなのです。

『歎異抄』は奥が深いとよくいわれます。でも、奥が深いというよりも、その表現が私たちに奥が深いと感じさせるだけのことなのです。本当はそれだけのことです。

本当に、『歎異抄』は扱いが難しいです。

なぜなら、仏教の本義（そのものが本来持っている意味内容）を、私たちが日頃使っている言葉で表現してしまっているからです。

『歎異抄』からは、「悪人」の意味ががらりと変わっていきます。自分のことを「悪人」であって、どうしようもない自分であると思っている個々人に向かって発せられた、そういう言葉なのです。

『歎異抄』とその後の覚如さんの著作とでは、決定的に違う点があります。

『歎異抄』に描かれている親鸞さんは、目の前で尋ねている2、3人のお弟子さんに向かって対(こた)えておられる姿なのです。

その時仰ったのが、「善人なおもて往生をとぐ、いわんや悪人をや」という言葉なのです。自分のことを悪人と思っている人に向かって、しかもそのことを確かめた後に、その方に向かって仰った言葉なのだと思います。

この後、覚如さん、存覚さんの文章の中に出ている「悪人」は、お二方の意図、本心が見えてしまっているので、扱いは簡単です。この当時の、自分のことを「悪人」であると信じ込まされている人々に向かって、阿弥陀仏の救いの本当の対象は、「悪人」です、と言い切ってしまう。みんな、これには「まいりました」となります。本当に商売上手です。悪人こそが、阿弥陀さんの救おうとしておられる相手【(正機)】なのだと言い切ってしまうのです。

本当の教えは、そういうことではありません。善人であるとか、悪人であるとか、そういうことには、全くこだわらずに救い遂げるというのが、阿弥陀仏の救いなのです。自分のことを善人であると思っている人も、自分のことを悪人だと思っている人も、そのことに関係なく同じように救い遂げようとするのが阿弥陀仏の本願なのです。

親鸞さんの基本的な立場は、本当の教え(本義)にあります。そして、公(おおやけ)になる著作、手紙の中には、あれだけ膨大なものにもかかわらず、本当の教え(本義)の立場を崩すところは皆無です。

しかし、自分の前に来て、真剣にどうしたら救われるのかを問い続ける人に向かっては、相手の強固な思い込みを崩すために、表現だけ見れば、本義とは外れていると思われるような言葉を仰ったのだと思います。

「あなたは、自分のことを悪人であると思っておられます（本当は思い込みに過ぎないのですが）。阿弥陀仏はあなたのような悪人をこそ救おうとされているのです（本当は、悪人をこそ救おうとしておられるのではありません。そうではなく、あなたをこそ救おうとしておられるのです）。」


蓮如さんの文章、事跡の記録には、覚如、存覚の影響を受けている所と、数は少ないですが本義を載せてある所もあります。蓮如さんには、両者の間の正しい理解があったのかもしれません。しかし、蓮如さんの著作、発言の中には、その違いをはっきりと指摘してある箇所はありません。読み手が、蓮如さんの言葉のままに理解することに、蓮如自身、何ら抵抗はなかったと言わねばなりません。本当の教え（本義）とは違ったように理解されても、それはそれで構わないと思っておられたようです。この辺りは、蓮如理解の大きな分岐点になるところです。

⑯　執持鈔　覚如（644頁）

「このこころは、『善人なればとて、おのれがなすところの善をもって、かの阿弥陀仏の報土へうまるること、かなうべからず』となり。悪人またいうにやおよぶ。おのれが悪業のちから、三悪四趣の生をひくよりほか、豈、報土の生因たらんや。しかれば、善業も要にたたず、悪業もさまたげとならず。善人の往生するも、弥陀如来の別願、超世の大慈大悲にあらずは、かないがたし。悪人の往生、また、かけてもおもいよるべき報仏・報土にあらざれども、仏智の不可思議なる奇特をあらわさんがためなれば、五劫があいだこれを思惟し、永劫があいだこれを行じて、かかるあさましきものが、六趣四生よりほかはすみかもなく、うかぶべき期なきがために、とりわきむねとおこされたれば、悪業に卑下すべからずと、すすめたまうむねあり。」

⑰　口伝鈔　覚如（653頁）

「しかるに、善機の念仏するをば、決定往生とおもい、悪人の念仏するをば、往生不定とうたがう。本願の規模、ここに失し、自身の悪機たることをしらざるになる。（中略）

　また、悪業はもとより、もろもろの仏法にすてらるるところなれば、悪機また悪をつのりとして、その土へのぞむべきにあらず。しかれば、機にうまれつきたる善悪のふたつ、報土往生の得ともならず、失ともならざる条、勿論なり。」

⑱　口伝鈔（668頁）

『観無量寿経』は、機の真実なるところをあらわせり。これすなわち実機なり。いわゆる五障の女人韋提をもって対機としてとおく末世の女人、悪人にひとしむるなり。」

⑲　口伝鈔（672頁）

「本願寺の聖人、黒谷の先徳より御相承とて、如信上人、おおせられていわく、世のひと、つねにおもえらく、悪人なおもて往生す。いわんや善人をやと。この事、とおくは弥陀の本願にそむき、ちかくは釈尊出世の金言に違せり。そのゆえは、五劫思惟の劬労、六度万行の堪忍、しかしながら、凡夫出要のためなり。まったく聖人のためにあらず。しかれば、凡夫本願に乗じて、報土に往生すべき正機なり。」

⑳　口伝鈔（673頁）

「これも悪凡夫を本として、善凡夫をかたわらにかねたり。かるがゆえに、傍機たる善凡夫、なお往生せば、もっぱら正機たる悪凡夫、いかでか往生せざらん。しかれば、善人なおもて往生す、いかにいわんや悪人をやというべしと、おおせごとありき。」

㉑　改邪鈔（かいじゃしょう）　覚如（690頁）

「『観無量寿経』は機の真実をあらわして、所説の法は定散をおもてとせり。機の真実と云うは、五障の女人・悪人を本として、韋提を対機としたまえり。」

㉒　浄土真要鈔　末　存如（711頁）

「散機のなかに二種のしなあり。ひとつには善人、ふたつには悪人なり。その善人は三福を行ずべし。悪人はこれを行ずべからざるがゆえに、それがために十念の往生をとくとこころえられたり。しかるに、この悪人のなかにまた長命・短命の二類あるべし。長命のためには十念をあたう。至極短命の機のためには一念の利生を成就すとなり。」

㉓　正信偈大意　蓮如（752頁）

「『一切善悪凡夫人　聞信如来弘誓願　仏言広大勝解者　是人名分陀利華』というは、一切の善人も悪人も如来の本願を聞信すれば、釈尊はこのひとを『広大勝解のひと』（如来会）なりといい、また「分陀利華」（観経）にたとえ、あるいは『上上人』なりといい、『希有人』なりとほめたまえり。

『弥陀仏本願念仏　邪見憍慢悪衆生　信楽受持甚以難　難中之難無過斯』というは、弥陀如来の本願の念仏をば、邪見のものと憍慢のものと悪人とは、真実に信楽したてまつること、かたきがなかにかたきことこれにすぎたるはなしと、いえるこころなり。」

㉔　正信偈大意（758頁）

「『極重悪人唯称仏』というは、極重の悪人は他の方便なし、ただ弥陀を称して極楽に生ずることをえよ、といえる文のこころなり。」

㉕　御文第一帖（771頁）

「そのうち第十八の願において、一切の悪人・女人をたすけたまえるうえに、なお女人はつみふかくうたがいのこころふかきによりて、またかさねて第三十五の願になお女人をたすけんといえる願をおこしたまえるなり。」

㉖　御文第二帖（785頁）

「そもそも、その信心をとらんずるには、さらに智慧もいらず才学もいらず、富貴も貧窮もいらず、善人も悪人もいらず、男子も女人もいらず、ただもろもろの雑行をすてて正行に帰するをもって本意とす。その正行に帰するというは、なにのようもなく、弥陀如来を一心一向にたのみたてまつることわりばかりなり。」

㉗ 御文第四帖（816、817頁）

「しかれば、諸仏の本願をくわしくたずぬるに、五障の女人、五逆の悪人をば、すくいたまうことかなわずときこえたり。これにつけても、阿弥陀如来こそ、ひとり無上殊勝の願をおこして、悪逆の凡夫、五障の女質をば、われたすくべきという大願をばおこしたまいけり。」

㉘ 御文第五帖（835頁）

「この和讃の心は、『五濁悪世の衆生』というは、一切我等女人悪人の事なり。」

㉙ 御文第五帖（843頁）

「19 それ、末代の悪人・女人たらん輩は、みなみな心を一つにして、阿弥陀仏をふかくたのみたてまつるべし。そのほかには、いずれの法を信ずというとも、後生のたすかるという事ゆめゆめあるべからず。」

㉚ 蓮如上人御一代記聞書（882頁）

「俗典に云わく、『人の善悪は、近習による』と。また、『その人を知らんとおもわば、その友をみよ』といえり。『善人の敵とはなるとも、悪人を友とすることなかれ』という事あり。」

㉛　蓮如上人御一代記聞書（912頁）
「304　一　同じく仰せに云わく、『悪人のまねをすべきより、信心決定の人のまねをせよ』と、仰せられ候う云々」

㉜　後世物語聞書　隆寛（といわれている？）（931頁）
「あやまりて、『法華』の、諸教にすぐれたりというは、五逆の達多、八歳の龍女が仏になるとくゆえなり。この念仏もまたしかなり。諸教にきらわれ、諸仏にすてらるる悪人・女人、すみやかに浄土に往生してまよいをひるがえし、さとりをひらくは、いわば、まことにこれこそ諸教にすぐれたりともいいつべけれ。」

▽【正機（しょうき）】
『真宗聖典』には、「正機」という言葉は、7カ所に出てきます。
それをすべて、抜き書きしてみました。

① 顕浄土真実教行証文類 化本（332頁）
「『若仏滅後諸衆生等』と言えり、すなわちこれ未来の衆生、往生の正機たることを顕すなり。」

② 愚禿鈔 上（431、432頁）
「また傍正ありとは、一に菩薩大小　二には縁覚　三には声聞辟支等　浄土の傍機なり。四には天　五には人等なり。浄土の正機なり。」

親鸞さんも「正機」という言葉を使っておられます。ここで注意していただきたいことがあります。それは、どういう人のことを「正機」と言っているのかということです。①では、「未来の衆生」、②では「天、人等」のことを「正機」と仰っています。決して、「悪人」、「善人」のことを持ち出して「正機」であるとかないとか、親鸞さんはそのようなことは仰っていないのです。

これから後に引用しました覚如さんの文章では、全く異なっています。覚如さんの文章では、基本的に「悪人」をもって「（本願の）正機」としているのです。

しかも、先にも書きましたように、覚如さんは、あらゆる人々に向かって次のように言っておられます（要旨だけにしました）。

「この世の中に生きている者は、自分のことを悪しか作れない者であると思っておられるでしょう。阿弥陀仏の最高の願いは、そのような悪人をこそ救い取る、そういうものなのです。だから、あらゆる人は阿弥陀仏の本願を頼りにすべきなのです。」

ここには、いわゆる「悪人正機」が語られています。

覚如さんの語られ方は、『歎異抄』の中に記述されている語られ方とは、全く異なっています。

③ 口伝鈔　覚如（669頁）

「仮令かくのごときらの死の縁にあわん機、日ごろの所存に違せば、往生すべからずとみなおもえり。たとい本願の正機たりというとも、これらの失、難治不可得なり。いわんやもとより自力の称名は、臨終の所期、おもいのごとくならん定、辺地の往生なり。」

④ 口伝鈔（671頁）

「往生の一大事をば、如来にまかせたてまつり、今生の身のふるまい、心のむけよう、口にいうこと、貪・瞋・痴の三毒を根として、殺生等の十悪、穢身のあらんほどは、たちがたく、伏しがたきによりて、これをはなるること、あるべからざれば、なかなかおろかにつたなげなる煩悩成就の凡夫にて、ただありに、かざるところなきすがたにてはんべらんこそ、浄土真宗の本願の正機たるべけれ、と、まさしくおおせありき。」

⑤　口伝鈔（672頁）

「そのゆえは、五劫思惟の劬労、六度万行の堪忍、しかしながら、凡夫出要のためなり。まったく聖人のためにあらず。しかれば、凡夫本願に乗じて、報土に往生すべき正機なり。凡夫もし往生かたかるべくは、願、虚説なるべし、力、徒然なるべし。」

⑥　口伝鈔（673頁）

「御釈にも、『一切善悪凡夫得生者』（玄義分）と等、のたまえり。これも悪凡夫を本として、善凡夫をかたわらにかねたり。かるがゆえに、傍機たる善凡夫、なお往生せば、もっぱら正機たる悪凡夫、いかでか往生せざらん。しかれば、善人なおもて往生す、いかにいわんや悪人をやというべしと、おおせごとありき。」

⑦　安心決定鈔　末　著者不詳（960頁）

「『観仏三昧経』にのたまわく、『長者あり。一人のむすめあり。最後の処分に閻浮檀金をあたう。

穢物につつみて、泥中にうずみておく。（中略）』穢物につつみて泥中におくというは、五濁の凡夫、穢悪の女人を正機とするにたとうるなり。」

▽最後にどうしても指摘しておかなければならないことがあります。

この第3段には多くの引用がしてあります。『真宗聖典』の中から、「悪人」と「正機」の二つの言葉のある箇所をすべて抜き書きしました。

この中には、ある特徴的なことがあります。「悪人」と、「女人」とが並べて書いてある箇所が多く見受けられるのです。「悪人」の言葉がある箇所では、⑰口伝鈔、㉑改邪鈔、㉕御文、㉖御文、㉗御文、㉘御文において見受けられます。「正機」の言葉がある箇所では、⑦後世物語聞書において見受けられます。

これを見ると、親鸞在世当時の巷（ちまた）において、そして覚如さん、蓮如さんが特徴的に、悪人、女人の並記（へいき）をされています。そこに書かれてあるのは「悪人と言えば、それは女人のことであり、女人と言えば、それは悪人のことである」という具合なのです。

これらの箇所は、はっきり女性差別的な表現であることは指摘しておきたいと思います。

また、後代（現代）からの指摘からすると、「法華経の龍女の成仏の話（㉜後世物語聞書）」も、女性差別的な表現であると思われます。

私がここで女性差別的な表現と言っていますのは、これらの箇所を読んで「私たち女性を男性より下に見ているから、こういう表現がされているのだ」と思われる方々がおられるからです。だから、悪人、女性の並記が無自覚に行われているのであって、悪人、男性の並記が行われている箇所がないことが、それを物語っているのだと指摘されます。

ここで私が女性差別的表現と言っている中にも、いろいろな場合があることはご理解下さい。その言葉を発した人に、差別の意志があった場合、差別の意志がなかった場合、差別解消の意志の元に発した言葉である場合。まずはいろいろな場合があることだけはご理解下さい。

このことは、この本の「幹編　第6章　第2節　⑷　女性差別を、厳しい苦闘の後、完全にクリアしています」のところ、「枝葉編　第3章　第2節　3　女人成仏の願（第三十五願）」も参考になさって下さい。「枝葉編　第4章　第2節　**5　親鸞さんは、女性、男性のことをどのように捉え、生きていたのか　女性差別的な表現をどのように捉えるのか**（このすぐ後の項です）」も参考になさって下さい。

注1　「悪」は何で、「善」はこれこれです、と書かれている所では、次のように書かれてあることが

多いです。

十悪業は、殺生、偸盗、邪淫（以上、身業）、妄語、綺語、悪口、両舌（以上、口業）、慳貪、瞋恚、邪見（以上、意業）の10です。十善業は、十悪業にすべて「不」をつけたものです。仏教では、身、口、意の中では、意業を最も重いものとします。しかし大抵の場合、悪業と言うと、事実上、身業でイメージされています。悪い行いとイメージされます。

注2　この偈頌は、七仏通誡偈といわれることがあります。七仏通誡偈は、釈尊以前に存在したとされる6人の仏と、釈尊を含む7人の仏（過去七仏）が共通して説いた教えを一つにまとめたとされている偈です（実際そういうことがあったとは考えられません。そういう伝説があった、ぐらいにしておいて下さい。私は、そのように判断しています）。

『法句経』（漢訳）などに収録されています。

諸悪莫作
　もろもろの悪を作すことなく、
衆善奉行
　もろもろの善を行い、

自浄其意（じじょうごい）　自ら其の意（こころ）を浄くすること、
是諸仏教（ぜしょぶっきょう）　是、もろもろの仏の教えなり。

パーリ文（『ダンマパダ』183偈）では、

Sabba papassa akaraṇaṃ　すべての悪しきことを為さず、
kusalassa upasampada　善きことを行い、
Sacitta pariyodapanaṃ　自己の心を浄めること、
etaṃ buddhana sasanaṃ　これが、ブッダたち（諸仏）の教えである。

と、なっています。

この偈頌は、ダンマパダにあるからお釈迦さま当時まで遡れるくらい古いものである、と思われる方もあるのかもしれませんが、ダンマパダの中では比較的遅い時期のものだと思われます。

これは、はっきり、諸仏（過去七仏）信仰のための偈頌であるからです。紀元前200年から150年までに所収されたものであると私は推定します。お釈迦さまが亡くなられてから約200年後のことです。

5 親鸞さんは、女性、男性のことをどのように捉え、生きていたのか 女性差別的な表現をどのように捉えるのか

▽親鸞さんが、女性、男性のことをどのように捉えていたのか、私なりの結論を最初に提起します。

《女性であって、女性であろうとする人たちを、そのまま受け止め、
男性であって、男性であろうとする人たちを、そのまま受け止め、
そして、男性であって男性であろうとする自分を、そのまま受け止め、
そのようにして、自然に生きていくことは、人間のいのちの自然（自由）な発露である。》
と、親鸞さんは考えられたのだと思います。

《女性であって、男性であろうとする人たちを、そのまま受け止め、男性であって、女性であろうとする人たちを、そのまま受け止め、そのようにして、自然に生きていく。》

と、このように親鸞さんは考えられたのかもしれません。このように考えられたであろうと私は判断します。これは、無量寿経の女人往生の願の熟味から来ていると思います。

このように結論づけた、最も大きな要因は、親鸞さんが、生涯の半分以上の期間を過ごされた「家庭生活」にあります。

しかも、その家庭生活をしていることを仏教界に公言したということが重大なことです。

親鸞の妻帯の公(おおやけ)性については、この本の「第4章　第1節　1　親鸞さんの妻帯の公性がどこにあったのか？　愚禿(ぐとくしゃく)釈親鸞の意味」をご覧下さい。

▽女性、男性のおかれた社会的状況は、太古から現代までさまざまに移り変わり、さまざまな様態を取ってきました。その中で類型できるものとして、次の三つを上げたいと思います。

①　戦乱期　武力が、その社会を動かす最大の要因である時代。

②　拡張期　支配勢力が確立し、その元で、生産力が増大するなどの社会の拡張が起きた時代。

③　社会安定期　支配、被支配が固定し、揺るがない時代。

（段末の注3のところに、実際の時代における例示をしました。）

戦乱期が最も女性が虐げられる時だと私たちは思い込んでいますが、それは、大きな誤解であると私は思っています。

戦乱期とは、最も流動的な時代なのです。被支配に入った男性は、殺されるか、奴隷として使役されるかです。女性、子どもは、財産とみなされ、保全の対象になります。

実際は、社会安定期の方が、女性は虐げられていると言えると思います。社会が安定するということは、社会構造が固定化されることを意味しています。強者、弱者といったものも、固定化されるのです。

太古のことは分かりません。歴史時代になってからは、女性の地位が平均より高いということが、システム（法律、社会正義、慣習）上、認められていない限り、女性は常に弱者の方に位置すると見なされてきました。そして、この社会安定期は、社会構造を変革しようとする動きに対して、見事に残酷に無視、あるいはその動きを斬滅してきました。

社会拡張期、生産力の拡大期こそが、女性がその力を謳歌する時であると思います。女性は社会をふっくらとさせます。女性は自分を含めた周囲を豊かにしようとします。そして、社会全体は、女性のその傾向を、自然な流れとして、尊重しようとします。

①　戦乱期　女性、子どもが保護される時代
②　社会拡張期　生産力の拡大期　女性がその力を謳歌する時代
③　社会安定期　女性、子どもの自由さが制限される時代
（③の「女性、子ども」は、「社会的弱者」と言った方が正確です。）

実際の歴史の中で、これら、①、②、③が順に現れてくるとは限りません。また、現在の中国のように、③と②が重なっている時代というものも存在しています。現在のアメリカ、日本、ロシアは、③の時代に属しています。
③の社会安定期が、最も厄介な時代です。人間にとって良質なものが損（そこ）なわれる時代なのです。このことは、仏教についても言えます。現代は、「本当の仏教」にとって最も居辛（いづら）い時代なのです。
▽浄土真宗の教団内での、差別問題に関する最も常識的な解答をここに提示します（ただし、ここに提示したものは、私が想定したものです）。
浄土真宗の教団内で課題としているのは、大きく言うと、集落差別と女性差別の二つです。

《集落差別》

「仏教は本来、差別を否定するものであったが、日本では、仏教伝来以来、時の権力者の側に立ち、身分差別を容認してきた。

そうした中で、親鸞聖人は、善悪、貴賤をえらばず、あらゆる人々を平等に救済する阿弥陀仏の本願こそ真実であると主張された。それによって、身分や、職業の貴賤による差別を乗り越えられたのである。

仏教界では古来、『業』、『業報』の思想が説かれてきた。本来の意味ではなく、現実の貧しさ、障害や病気、事故や災害をその当事者の責任に転嫁するために、使われたのである。このことは、差別を助長するものとして、しっかり自覚しなければならない。

仏教界は、インドにおいて、『母を殺すような者は旃陀羅である』というような言葉で、虐げられてきた人々をさげすむことをしてきた。中国、日本でも全く同じようなことをしてきた。差別法名をつけたり、集落差別を助長する法話をしたりしてきた事実に目を向け、厳しく反省をしなければならない。

現代においては、こうした問題を自分とは関わりのないこととして過ごすことの危うさに気づくことが、人間としての責務である。」

《女性差別》

「釈尊は、悟りを開くのに男女の差別がないことを説いておられた。しかし、後代では、女性は『五障三従(注)』の身であるとして、仏になれないとしたのである。

親鸞聖人は、『男女老少をえらばず』として、阿弥陀仏は、男女区別なく、救済すると、明らかにされたのである。女性を罪深く、不浄であるとする考えは、現在もまだ残っているが、これは男性中心のものであり、女性差別の考え方である。これは大いなる誤りである。」

注 「五障」とは、女性は梵天、帝釈天、夜摩天、転輪聖王、仏陀にはなれないという思想。「三従」は「さんしょう」とも読む。女性は、父、夫、息子に従うものだという思想。「五障」は、インド起源。「三従」は、インド起源ともいわれるが、私は中国起源とします。

▽浄土真宗の教団内で、女性差別であると指摘されている経典、著作があります。真宗聖典(注)の中から代表的なものを取り出してみます。

注 『真宗聖典』(東本願寺出版部発行)、『浄土真宗聖典』(本願寺出版社発行) の両者に共通して掲載されている経典、著作の中に限定しています。なお、ここに引用、掲載しました文章は、厳密に読めるようにするために、私が少し手を加えた部分があります。《》は、私が補った部分です。ページは、『真宗聖典』（東本願寺出版部発行）のものです。

【親鸞さん以前】

仏説無量寿経
「設い我、仏を得んに、十方無量不可思議の諸仏世界に、其れ女人有りて、我が名字を聞きて、歓喜信楽し、菩提心を発して、女身を厭悪すれば、寿終わりての後、復女像と為《ることはない。そのようにならないな》者、正覚を取らじ。」（第三十五願）（21頁）

阿弥陀仏がブッダになる前に、私はこういうブッダになるのだと誓いを立てました。その48の誓いの中の35番目の誓いです。

古来、そして現在も、「……女性は、……女性の身体を厭い悪むので、……死後極楽では男性の身体に変えるのだ」と解釈しています。これは、漢文の読みを正確にしていないと私は思います。

「……ある女性が、……女性の身体を厭い悪むということがあるならば、その女性を死後極楽では男性の身体に変えるのだ」という意味に取るべきだと思います。つまり、「女性は、女性の身体を嫌うものだ」という意味は、そこには存在していないのです。そして、「女性の身体を厭だと思う女性だけを男性に変える」と言っていることになります。

この願は、女性を男性に置き換えることが可能な願です。そうすると、この願は積極的にLGBTの問題に答えようとする願であることが分かります。詳しくは、この本の「枝葉編第3章　第2節　3　女人成仏の願」をご覧下さい。

願生偈（浄土論）世親

「大乗善根の界、
　等しくして譏嫌の名なし、
　女人、及、根欠、
　二乗の種、生ぜず。」（136頁）

この文章は、「女人（女性）と根欠（知覚障害者、精神障害者、身体障害者）と二乗の種（声聞乗と独覚乗）は、譏嫌（譏り嫌うもの）である」と言っています。1600年ほど前のインドにおける文章ですが、現在の感覚で言えば、確実に女性差別的表現です。

阿弥陀仏の世界の優れたことを書こうとしたという動機は理解できます。しかし現実世界には、女性も（男性も）障害者も（健常者も）おられます。そういう人々がこの表現をどのような気持ちで読まれるのかという想像力（優しい気持ち）が希薄なのです。欠如していると言ってよいです。

私はこれを書いた人を信頼できません。これを書いた人が「世親（天親）」ということも考えられますが、私はどちらかと言うと、「世親学派の誰か」がこれを書き、先生である「世親」の著作ということにしたと考えています。

▼浄土和讃（大経一〇）親鸞

「弥陀の大悲ふかければ、
仏智の不思議をあらわして、
変成男子（へんじょうなんし）の願をたて、
女人成仏ちかいたり。」（484頁）

高僧和讃（善導三）　親鸞

「弥陀の名願（みょうがん）によらざれば、
百千万劫（ひゃくせんまんごう）す（過）ぐれども、
いつつのさわり（五障）はな（離）れねば、
女身をいかでか転ずべき。」（495頁）

親鸞さんの書かれたものの中では、この2カ所だけが女性差別的表現とされています。

最近、東本願寺の方では、お葬式の時に使う勤行本からこの2首を削除することにしました。

私の亡くなった母親の意見もありまして、私は、この和讃は女性差別の表現ではないと思います。母は生前中、「この二つの和讃はとても好きだわ。読んでいると、気持ちが軽くなる」とよく言っていました。


さて、この2首の和讃をどのように読んでいったらよいのでしょうか。

先の和讃は、無量寿経の第三十五願を読んだものです。ここには親鸞さんの第三十五願理解が表されています。

まずはほとんどの人がする解釈を紹介しましょう。

「阿弥陀仏のあらゆる人々を救い遂げようという（第十八願の）御心が余りにも深いので、特に女性を哀れに思し召して、男性の身体に変えようという願いを立てられました。このことは、阿弥陀仏の私たちを見通す知恵から発せられたものです。そして、そのことは女性の完全なる救済（成仏）を誓われたものなのです。」

私の言葉を交えながら述べさせてもらいました。

要するに、第十八の願で、あらゆる者の救済を誓われたのに、ここで、わざわざ女性の救済を誓われていることを、親鸞聖人は和讃の中で、「仏智の不思議」と述べられたのだということです。

次に私の解釈を紹介します。なんだ、先の解釈と同じじゃないかと思われるかもしれませんが、両者は全く異なります。

「阿弥陀仏のあらゆる人々を救い遂げようという（第十八願の）御心は、本当に深いのです。女性の身体が厭でたまらない、そういう女性がもしおられたなら、その女性の身体を男性の身体に変えようとされる、そのように誓われたことは、私の想像力をはるかに超えておられること（「仏智の不思議」）なのです。そのようにして、（女性の身体が厭でたまらない）その女性の完全なる安息への道が開かれるのです。」

「不思議」という言葉に慣れてしまってはいけません。「不思議」は、仏教の専門用語で、本願を表現する時に使われる言葉なのです、というような杓子定規(しゃくしじょうぎ)の語義解釈なんてどうでもいいです。何の役にも立ちません。

「不思議」は、私の想像力をはるかに超えている時、何でそんなことが起こったのか訳が分からない時、発せられる言葉なのだと思います。

私たちは、文章の意味を取る時に、よくする過ちがあります。それは、自分が理解していると思っている所だけで、意味を取ろうとすることです。ここの場合で言えば、「仏智の不思議をあらわして」と、「女人成仏ちかいたり」が分かっていると思われている所で、「変成男子の願をたて」が、よく分からない所となります。もしそうだとすると、何が起こるのかと言いますと、女人成仏を誓っておられるから不思議なのだということになります。そして、変成男子のことは、頭から離れてしまいます。離れるくらいならいい方で、「変成男子」を貶(おとし)めることまでするのです。女性差別的表現であるとして、そこの本意を見ないようにすることまで起こるのです。

親鸞さんは、第三十五願を本当に読まれた時、第三十五願に真向かいになられた時、身震いされたのだと思います。

「この願は、第十八の願で十分なのに、女性を救うためにわざわざ別願（特別な願）を作られた、そのように思っていたのですが、そうでないことにただ今気づきました。この第三十五願は、自分の身体、女性の身体がいやでいやでたまらない、そういう所におられる、たった1人の女性のために立てられた願なのですね。しかもそういう所から抜け出すことからしか、何も始められない、そういう女性に、こんな（男性の身体に変える）ことまでされるのですか。（アミダさまは）何というお方なのですか。」

変成男子することであらゆる女性を救おうということではないのです。変成男子することによってしか、救いの道に入ってもらえない女性がおられるということなのです。この三十五願は、そういう女性のための願なのです。そこまで一人一人の女性のことを見ておられ、その女性のための手立てを用意された。しかも、その手立ては、世間一般の常識をはるかに超えているものなのです。

この和讃の「仏智の不思議をあらわして、変成男子の願を立て、」を、みなさん方に、もう一度、読んでいただきたいと思います。

▽次に、二つ目の和讃に移ります。

「弥陀の名願（みょうがん）によらざれば、
百千万劫（ひゃくせんまんごう）す（過）ぐれども、
いつつのさわり（五障）はな（離）れねば、
女身をいかでか転ずべき。」（495頁）

この和讃については、まず私の解釈を先に述べたいと思います。

「阿弥陀仏の名号、願いによらなければ、女性の身体を男性に変えるということは有り得ないことなのです。

永遠と言ってよいほどの長い時間（百千万劫）ブッダになるための修行をしても、女性がブッダになれないという常識（五障〈注1〉）に囚われて、それから離れることができない、そういう女性のための名号、願いなのです。」

この和讃を解釈する前に、この和讃が、高僧和讃の善導讃の和讃であるということに、注意しなければなりません。つまり、この和讃は、親鸞さんが善導さんを讃えるために作られた和讃であるのです。この和讃を作るに当たっての、元になる善導さんの文章があります。それを親鸞さんは見て、この和讃を作られたのです。

ちなみに、善導さんという方は、親鸞さんの先生、法然上人が全幅の信頼を寄せた中国の高僧なのです。

善導さんの文章をここに抜き書きします。

「弥陀の本願力によるがゆえに、女人、仏の名号を称すれば、まさしく命終の時すなわち女身を転じて男子となることを得。（中略）一切の女人もし弥陀の名願力によらずは、千劫・万劫・恒河沙等の劫にも、ついに女身を転ずることを得べからず。」（『浄土真宗聖典七祖篇』本願寺出版社1996年 632頁）

この文章は、『観念法門』の「摂生増上縁」というところにあって、十八願、十九願、二十願、その後に、三十五願があって、その三十五願の説明として善導が書いたものです。つまり、善導の三十五願の解釈なのです。

第三十五願「設我得仏、十方無量、不可思議、諸仏世界、其有女人、聞我名字、歓喜信楽、

発菩提心、厭悪女身。寿終之後、復為女像者、不取正覚。（たとい我、仏を得んに、十方無量不可思議の諸仏世界に、それ女人あって、我が名字を聞きて、歓喜信楽し、菩提心を発して、女身を厭悪せん。寿終わりての後、また女像とならば、正覚を取らじ。）（聖典21、22頁）」

ここにある善導の三十五願解釈は、普通の解釈としては、100%正しいものです。しかし、漢訳無量寿経の第三十五願の文意の奥底まで解釈されているかと言えば、そうではないと私は言いたいのです。

ここで、三十五願の構文の解釈の二つのパターンを提起します。

①「もし、私が仏になった時、〈女人が、……再び女性の身体になることはない。〉そうでないならば、仏陀にならない。」

善導は、〈〉内の解釈を、単文で、「主部＋述部」として解釈しているのです。それが、先の善導さんの二つの文章です。中国語は複雑な構文を作りにくい言語なので、こういった解釈は妥当なものと言えます。

②「もし、私が仏になった時、《女人が、……女性の身体を厭い悪むならば》……再び女性の身体になることはない。〉そうでないならば、仏陀にならない。」

この解釈は、私の解釈です。〈〉の中に、条件節《》があると解釈をするのです。キーになるのは、「其」という字の存在です。「其」という字の意味解釈（注2）によっています。
このあたりの詳しい説明は、この本の「枝葉編　第3章　第2節　3　女人成仏の願」をご覧下さい。
こういうことで、先に度々披露している、私の解釈になるのです。

注1　五つのさわり（五障）とは、梵天に、転輪聖王に、帝釈天に、第六天の魔王に、仏陀に、女性はなれないというインドの女性観のことを言いますが、ここでは、ブッダになれない意と取ってよいと思います。

注2　「其」の字を、安易に解釈してはいけないと思います。この字を強意の意味に取る方がおられますが、この字に強意の意味はほとんどありません。特に、無量寿経では皆無です。

【親鸞さん滅後】

口伝鈔　覚如

「『観無量寿経』は、機(き)の真実なるところをあらわせり。これすなわち実機(じっき)なり。いわゆる五障の女人、韋提(いだい)をもって対機(たいき)として、とおく末世(まっせ)の女人、悪人にひとしむるなり。」（668頁）

改邪鈔(かいじゃしょう)　覚如

「『観無量寿経』は機の真実をあらわして、所説の法は定散(じょうさん)をおもてとせり。機の真実と云うは、五障の女人、悪人を本として、韋提を対機としたまえり。」(690頁)

覚如さん(本願寺第三代住持)から、女性に対する認識は、ガラッと変わっていきます。「女性(女人)には、仏陀になれないという障害(五障)があるものだ。女性(五障の女人)は、悪しか作れない者(悪人)であるのだ。」という具合です。

さらに、「だからこそ、女性は、阿弥陀仏の誓願にすがりつかなければならない。」となるのです。覚如さんの、女性に対する認識は、女性差別的と言わざるを得ません。たとえ、女性を救うための言辞だとしても、です。

○御文　蓮如

「(多屋の坊主達の内方(ないほう)とならん人は)

こたえていわく、『まことにこの不審肝要のことなり。おおよそ当流の信心をとるべきおもむきは、まずわが身は女人なれば、つみふかき五障三従(ごしょうさんしょう)とてあさましき身にて、すでに十方の如来も、三世の諸仏にも、すてられたる女人なりけるを、かたじけなくも弥陀如来ひとり、かかる機をすくわんとちかいたまいて、すでに四十八願をおこしたまえり。そのうち第十八の願において、一切の悪人・女人をたすけたまえるうえに、なお女人はつみふかくうたがいのこころふかきによりて、またかさねて第三十五の願になお女人をたすけんといえる願をおこしたまえるなり。かかる弥陀如来の御苦労ありつる御恩のかたじけなさよと、ふかくおもうべきなり。』

問うていわく、『さて、かように弥陀如来の、われらごときのものをすくわんと、たびたび願をおこしたまえることのありがたさを、こころえわけまいらせそうらいぬるについて、……』」（770、771頁）

○御文　蓮如

「しかれば、諸仏の本願をくわしくたずぬるに、五障の女人、五逆の悪人をば、すくいたまうことかなわずときこえたり。これにつけても、阿弥陀如来こそ、ひとり無上殊勝の願をおこして、悪逆の凡夫、五障の女質（にょしつ）をば、われたすくべきという大願をばおこしたまいけり。」（816、817頁）

○御文　蓮如

「それ、女人の身は、五障・三従とて、おとこにまさりてかかるふかきつみのあるなり。」

（835頁）


蓮如さんの『御文』には、女性のことを、「五障、三従」の身であると言ってみたり、「悪人」であると言ってみたりするものがたくさんあります。ここには、代表的なものを三つだけ取り上げました。


「わが身は女人なれば、つみふかき五障三従（ごしょうさんしょう）とてあさましき身にて、」

「すでに十方の如来も、三世の諸仏にも、すてられたる女人なりける」

「一切の悪人・女人をたすけたまえるうえに、なお女人はつみふかくうたがいのこころふかきによりて、」

「われらごときのものをすくわんと、」「**五障の女人、五逆の悪人をば、**」「**悪逆の凡夫、五障の女質**」

「女人の身は、五障・三従とて、おとこにまさりてかかるふかきつみのあるなり。」

たった三つの御文の中からでも、これだけの、女性を貶める表現が出てくるのです。女性差別的表現のオンパレードです。しかも、蓮如さんは、覚如さんよりも表現がきつくなっています。蓮如さんの活躍された時代は、鎌倉時代から室町時代へ続く、社会安定期（注3）の最終期から戦乱期に入りかけの時代に当たります。社会的ないろいろなものが崩れていき、あらゆる人々の中に不安と、未知なる将来への希望とが複雑に絡まった時代であったと思います。そのような中で、蓮如さんは、人々に「指針」と感じられるものをぶつけられたのだと思います。その「指針」は、たとえ、ある人の中に傷を与えようとも、多くの人々を「救済」へと導くならば、その「指針」を世に出すことをよしとされたのかもしれません。

この辺りのことは、私は「秘密」（注4）ということにしておくしかないと思っています。なぜなら、蓮如さんに迫る資料が、偏ったものしかないからです。（私が言う「秘密」を秘なるものとして）自ら世間に訴えかけられた『御文』と、（「秘密」の存在さえ意識することなく）言行を記録された『蓮如上人御一代記聞書』しかないからです。

蓮如さんは、親鸞さんには肉薄しておられるようですが、無量寿経に対してどれだけ迫っておられるのか資料がなく、私には判断のしようがありません。

蓮如さんは、人間的な資質、能力の面から言えば、日本の宗教者の中の2大巨頭の1人と言ってもよいと思います。もう1人は空海さんだと私は思っています。

しかし繰り返して言いますが、蓮如さんという方はその内実に非常に迫りがたい人なのです。

注3　①戦乱期、②社会拡張期、③社会安定期について、実際の歴史の上でどの期に当たるのかを例示したいと思います。皆様が想像しておられる「三期」を利用した、時代区分と、私の時代区分が乖離（かいり）している可能性がありますので、例示いたします。

日本の場合

聖徳太子より以前の時代　①（②）
聖徳太子の時代から平安時代前期まで　②
平安時代摂関政治確立より平安時代後期まで　③
平安時代後期から鎌倉時代前期まで　①②
鎌倉時代前期（執権政治期）から室町時代前期まで　③（②）
室町時代中期から戦国時代後期まで　①（②）
安土桃山時代から江戸時代前期（綱吉期頃）まで　②（③）
江戸時代中期から明治時代中期まで　③
明治時代後期から昭和時代中期まで　②
昭和時代中期（昭和40年頃）から現在まで　③

ヨーロッパの場合

ギリシャ、ローマ時代 ①②

ローマ時代より後、大航海時代の前夜まで ③

大航海時代、ルネッサンス、宗教改革の時代 ②

近代王権君主の時代 ②③

産業革命の時代 ②③

現代 ③(②)

インドの場合

アショカ王の前まで ③①

アショカ王時代 ①②

紀元前2世紀から後4世紀頃まで ①②(③)

紀元後5世紀頃から現代まで ③

注4　女性のことを言う時に、「悪しか作れない、浅ましき身」というような、相手を追い込むような言辞（女性差別的表現）を使っておられることのその奥には、しっかりした覚悟（女性に対する思いや

り）があるのかどうかについては、私は、「秘密」にしておくしかないということを申し上げました。私の浅はかな観測を申し上げれば、覚悟があるとするのは半々より少し少ないのかなと思います。それでも、この時代に、個々人のところまで仏法を届けられたという功績は計り知れないものがあります。

ここで私が「秘密」と申し上げているのは、蓮如さんがそういう表現を使われたその意図が、歴史資料からは伺いきれないという、そういう意味です。

補注　蓮如さんの「秘密」

蓮如さんの「秘密」ということで、実は、もう一つ、さらに重大な問題があるのです。それは、『御文』の中に、非常にたくさん出てくる、

「本願たのむ決定心をえたる、信心の行人とはいうなり。さてこのうえには、たとい行住座臥に称名すとも、弥陀如来の【御恩を報じもうす念仏なりとおもうべきなり。】」（聖典762頁）

「かくのごとく決定してのうえには、ねてもさめても、いのちのあらんかぎりは、称名念仏すべきものなり。」（聖典833頁）

という表現の中にあります。

このような内容の文章は、5帖の御文、80通中、約8割の御文にあります。場所が決まって

いて、ほとんどが御文の最後の所にあります。

私は、この表現の教えとしての正しさについて、異議を持つ者ではありません。蓮如さんのこの表現の中に、誤りは一片だに存在してはいません。それでは、私はなぜこの表現を問題にするのでしょうか。

それは、この御文を聞いた人々がこの御文の真意と異なった受け取りをすることが多いからです。しかも、この御文を読んでいる坊主衆も、真意と離れた理解をしていることが多かったのではないかと思われるからです。

蓮如さんの真意を確認しておきたいと思います。蓮如さんは、一貫して次のように仰っておられます。「信心決定ということ（阿弥陀仏に救済されるということ）があって、その上に、念仏（南無阿弥陀仏と称えること）ということがあるのだ。その念仏は、阿弥陀仏に救済された、その御恩に報いる念仏になるのが当然である。」

これを、多くの信徒たちは、次のように聞くのです。次のように勘違いするのです。

蓮如上人が必ず仰っている言葉、『信心決定（しんじんけつじょう）の上には、』という言葉を、受け止めようとしないのです。その言葉がないかのごとく、通り過ぎていってしまうのです。

そして、『信心決定の上には、』という言葉を聞いた時、《(本当はそうではないのに）ああ、私は信じているし、信心決定しているのと同じだ》と思ってしまうのです。

そうすると、その後の受け止め方が全く異なってしまいます。《私は、阿弥陀さまの御恩に報いるための念仏を称えていればよいのだ》ということになっていきます。それで、《なんまんだぶつ、なんまんだぶつ、あみださま、ありがとうございます、なんまんだぶつ、なんまんだぶつ》ということになっていくのです。

これを、「受け止め」の誤りと言わずにどうしたらよいのでしょうか。現在の僧侶の中にも、これを堂々と勧める人がいるくらいなのです。《念仏は、感謝の念仏が本物の念仏なのだ》と。

そこで、この誤解される可能性があることを蓮如さんがどのように思っておられたのかが、気になります。私は、そのことを、「秘密」と申し上げたのです。

蓮如さんは、『御文』で、次のようにも言っておられます。

「なにの分別もなく、くちにただ称名ばかりをとなえたらば、極楽に往生すべきようにおもえり。それはおおきにおぼつかなき次第なり。」（第五帖11）（第三帖2、4、5でも同じようなことを言っておられます）。

蓮如さんにこのことをお尋ねしたら、気持ちよく、カラカラと笑われるような気がします。全くすごい人です。

後文（1）

お釈迦さまがどんなことを教えられたのか、どのような言葉で語られたのか、どのように見つめられたのか、この本がほんの少しでも考える手掛かりになっていれば、これほどありがたいことはありません。

この本の著述を終えるに当たり、ますます思いを強くしたことがあります。それは、いかに仏教の内に分け入ろうとする人がいないかということです。

この本を書くに当たり、多くの本、論文を参考にさせていただきました。現代語訳をそのまま引用させていただいたことも多くありました。本当に、ありがたいことです。それらの方々の業績がなければ、これほどまで、お釈迦さまのことを考えることはできなかったと思います。私にとって、至幸の極み、これほど、充実した時間はありませんでした。

しかし、感謝の念と共にもう一つ、感じたことがありました。それは、仏教学者の方々は、「仏教そのもの」に対する造詣が深いものと思っていたことが、多くの場合、勘違いであったということです。

この場合、私が「仏教そのもの」と言っているのは、「いわゆる歴史」のことではありません。仏教のテキスト（文字文献）（文字資料）のことではありません。その両方の知識はとても大切なものですが、そのいわゆる歴史（歴史的資料）、テキスト（文字資料）、それらが意味していること、そのもののことです。

時間の中の動きは、どうして起こっているのか。どういう人の、どういった意志で動いているのか。

テキストは、誰によって何のために作られたのか。テキストはなぜ今、私たちの目に触れるように存在しているのか。

それらが仏教に関連するものであるならば、それらが指し示す「仏教そのもの」に視線の先を向けてほしいのです。

歴史的資料（テキストを含む）、考古学的資料の全く残っていないとされている時代、地域のことについても関心を持って探求していってほしいのです。それらが存在している時代、地域のことと同じ重みを持って関心を持ち続けることが、仏教の歴史そのもの探求のためには必須のことです。

しかし、このことに関心を持って探求している人は本当に少ないのです。

仏教の現在残っているテキストについての知識の総量は、私の想像をはるかに超えるものです。

しかし、現在残っているテキストの中だけに限定してみても、そのテキストの中に何が書かれているのか、そのテキストを書いた人々は、どういう意図を持って書いたのか、そのテキストをなぜ移動させたのか、そのテキストをなぜ保存させたのか、そういうことにアプローチしようとする人は、本当に少ないということです。

自分が本を書いたというための本、自分が論文を書いたというための論文、これは、世の中では当たり前のことであるということは分かっています。これは、仕方がないことかもしれません。そういうことによって、この世の中が成り立っていることは分かっています。

しかし仏教に関してだけは、そうでないことを、そうでないものを、期待してしまうのです。

こういうことを書くと、お坊さんがよくされる、仏教らしい話がいっぱい書かれている、そういう本がいいのか、と思われるかもしれませんが、そういうことではありません。

私が期待するのは、お坊さんたちがよくされるご法話とは対極にある話なのです。そのことは、この本のどこでもいいのでほんの少しでも読んでもらえれば分かると思います。

非常に乱暴ですが、少しだけ書くとするならば、「世の中に受け入れられる話」、「受ける話」ではなく、「世の中が、『それはおかしい』というような話」、「有り得ないとするような話」を期待してしまうのです。お釈迦さまがされた話のように。

お釈迦さまが、ご自分の得られた知見を他の人に聞いてもらおうと決心される前に、逡巡されるということがありました。ためらわれるということがありました。お釈迦さまが、「他の人がこのことを理解するのは難しい」、「苦労ばかりで、効果が期待できない」と思われたように、世の中が受け容れがたいものであったのです。つまり、お釈迦さまが得られた知見、すなわち、「仏教」そのものは、世の中には受け容れられがたいものだったのです。

最後に、私は、本当にお釈迦さまに会いたいです。会っても言葉も通じないですが、それでも会いたいです。通じない言葉で、いっぱいおしゃべりがしたいです。声が聞きたいです。足の温かみを感じたいです。お釈迦さまの吸う息、吐く息を感じたいです。想像するだけで、うきうきします。考えてみるだけで、うれしいです。

２０２０年10月28日記す

後文(2)

この本を書きながら、私が一貫して感じてきたことがあります。

お釈迦さまの姿、お釈迦さまの声、お釈迦さまの言葉、お釈迦さまのしぐさ、そのどれを取っても、「そのまま」であることです。川を流れていく水のように自然なのです。木々の間を吹き抜けていく風のように自然なのです。洋々たる大海のように自然なのです。

ここには、こうしていこうという思いが全くありません。

このようにするために、こういうふうに言っておこうとか、こうしてほしいからこういうふうに励まそうなどということが全く感じられないのです。

このような人には、古今東西の宗教家、学者、芸術家、政治家、一般の人も含めて、出会ったことがありません。

この人と私との違い、違って当たり前なのですが。

この人と私との遠さ、離れていて当たり前なのですが。

そういうことをぼんやり考えるだけで、とても気持ちがいいのです。何なのかよくは分からないのですが、こころがすっきりするのです。

私は、自分の一生を考える時、まず初めに、私の記憶のもっとも初め、最初に母親を感じた時のことを思い起こします。その瞬間から、その時から、私の時（とき）が動き出します。私の時計が動き出します。その甘酸っぱい感じ、心地よい暖かさ、優しい柔らかな言葉、すごく安心するおっぱいの感触、すりむいたところをきれいにしてくれた母親の唾の匂い、ありありと思い起こすのです。すべて私の想像の世界の産物なのかもしれません。でも、今の私にとって、記憶の奥の奥にあるものなのです。

その時から、私は始まり、今の今までずーっと続いている感じがします。赤ちゃんから、子どもになり、成年になり、大人になっていく、そのことに慣れていく、そして、知らないうちに、年を取っていく、そんな感じでしょうか。

こういうことを感じるのは、みなさんも同じことだと思います。それとも、違っているのでしょうか。

私は、他の人がどう思っているのか、考えるのがとても下手くそです。いつも、私の予想ははずれなのです。人を見る目は全くありません。この人はこういう人なんだろう、と思うことは、すべて後になってから逆になってしまうのです。ですから、この人はいい人だと思っても、そう思ったことをいつも白紙にしようとしています。なかったかのようにしています。それが、私にとっても、相手の人にとっても、一番よい結果になるようなのです。

私の周りにいろいろな人がいます。家族、友だち、近所の人、仕事での付き合いの人、友だちでも本当に信頼のおける人、ただの知り合いの人、自分の属している団体、組織の中での立場上の付き合いの人、好きなことが同じ気の置けない人、どうでもいいとしか言いようのない人、憧れの人、なぜか好きな人、顔も見たくない人。声も聞きたくない人。本当にいろいろな人がいます。その人たちの顔を思い浮かべてみて、思うことがあります。浮かんでくる一人一人の顔を見て、一人一人、みんなちゃんと生きているなーと思ってしまうのです。この時、思い浮かぶ言葉は、「ちゃんと」です。これ以外の言葉ではこの感じを表すことができないのです。別に私が謙遜して言っているわけではありません。勝手にへりくだって思うということではありません。なぜかそう思ってしまうのです。よく分かりません。

私がちゃんとしていないんじゃありません。私は、ちゃんとしていると思っています。

私のことをご存じの方は、うんうんとうなずいておられるでしょう。

そして、その後に思うことがあります。それは、みんなも大変だなーということです。自分も大変なんだけれど、みんなも大変だなーということです。

なんでこんなことを考えているのだろうか。どうして、自分も大変なんだけれど、みんなも大変なんだと思ってしまうのだろうか。

私は、話をしながら考えていることが時々あります。今まで考えたこともないことが頭の中に湧き起こり、そのことを真剣にすごいスピードで考えるということが時々あります。話をしながら考えているのです。今も何でなんだろうと考えています。大体こういう時は、考え込んでしまってどうしようもなくなるということは、絶対にありません。なぜか答えがちゃんと出てくるのです。

いま、浮かんだ言葉は、「場」、「場所」です。

いろいろな人の顔をすごいスピードで思い浮かべている時、その人、どんな人も、みんな、それぞれの場所にいるよね。その場所は、安穏であったり、引きずっているものであったり、動かそうとするものであったり、大きくしたり、小さくしたりするものであったり、守ろうとするものであったり、変えたいと思うものであったり、どんなものであろうが、「場所」にいるよね。「場」にいるよね。

生まれた時から、すでにある場所を生きています。

母親、父親からのあふれんばかりの愛情、その愛情をいっぱいに感じながらの開放感、信じている自由さから突然訪れる閉塞感（拘束）、生まれた時から、最初から、一つの「場」にいます。

今も、今の、ある場所にいます。今の、ある場所を生きています。

家庭の中の今ある役割。仕事としている中の位置、すること。もろもろの中での果たすこと、しなくてもいいこと。

「場」、「場所」を初めて見つけたと思った時が、自我の目覚め（アイデンティティーの創出）。それだけのことなのに。自我の目覚めが起きたら何とかなると思っていたけれど、そうはならなくてがっかりさせられる。

自分の「場」を見てみようとするけど、その「場」がはっきり見えることは、ほとんどないのです。

「場」が少し見えてきたら、やりがいがありました、となります。これが私のしたいことです、となります。

普通の人は、ほとんどの人は、この「場」のことなんか、生まれてから死ぬまで考えたこともないのです。


もし……、もし……、もし、「場所」に生きているのだとしたら、

「離れる」、「無くす」、「目覚める」、「消える」、こういう言葉が生き生きとしてきます。ほんの少し分かってきます。

私にとってなじみのある言葉になってきます。私にとって近い言葉になってきます。自分に縁のある言葉になってきます。

抽象的な言葉の世界から、誰もが持っているこの現実世界に、ドーンとやって来た感じがします。無味乾燥の言葉が、私の生きている世界にしっとりと寄り添っているようになっている、そんな感じがします。本当に知らぬ間の出来事です。

「(私が生きている、その)場所を離れる(離)」《これまでと違った場所に行く》、
「(私が生きている、その)場所を無くす(無)」《新しい場所が生まれる》、
「(私が生きている、その)場所に目覚める(覚)」《はっきりよく分かる》、
「(私が生きている、その)場所が消える(滅)」《充実と安らぎ》。(注)

私、「－ここじゃないどこかへと行ってみたい気持ち－だから」というワンフレーズがとても好きなのです。「SEKAI　NO　OWARI」というグループの歌、「PLAY」の中の一節です。

なんだか言っていることが似ているようなきがします。

急に叫びたくなりました（ウオー）。

2020年11月1日記す

注　ここで言う「場所」は、先で言う「場」のことです。

この一段を少し説明してみます。解説をすると、かえって分かりにくくなるかもしれません。言わずもがな、の解説になるのかもしれません。

（私が今、思い付いたまま書き連ねてみます。読まれた方は、何を訳の分からないことを言っているのか、となるのかもしれません。それでも思い付いてきてしまうので、文字にしてみます。）


まずは最初に、私の言う「場所」、「場」とは、どんなものなのか、ということから、お話ししていきます。

「場所」は、あらゆる人にあります。どんな人にも、どんな瞬間にもあります。

でも、「場所」は、あらゆる人にとって、あってもなくてもどうでもよいものなのです。一生、

「場所」なんて知らずに過ごすのですから。


私たちは、本来、自由なのです。自由になれるのです。何もできないような生き方しかしていないようだけど、何でもできるのです。これから、できるのです。

できることを信じて生きていくのとは違います。そういうのとは違います。

私の前に広がった空間がある感じ。私の前に青空がある感じです。

立ってみて下さい、立ち上がってみて下さい。

前を見てみて下さい。視線を少し上に上げてみて下さい。

更に上に上げて、空を見上げてみて下さい。

真上を見て下さい。

しんどいですか。そうですね。こんなこと何年も、何十年も、したことないですもんね。

真上は、全く自由です。広々としています。

気持ちいいですよね。いろんな所が、ゆるーくなってきますね。

こんな感じのことをしている時、そこに「場所」があるのです。


「場所」の疑似空間を作ることが、今、とてもはやっています。とてもいいことですね。自分サイドでないものを予感させるだけでも、すごくいいことです。

でもそれは、私の言う「場所」とは、全く異なるものです。その指導者は、この世界ではない世界を覗けることに気づきなさい、と言っているのです。そして、気づいている所で安らぎなさい、と言っているのです。とてもいいことですね。

「気づきなさい」とは言っていないじゃないか。「気づきがあります」と言っているのではありませんか。でも結局、「気づきなさい」と言っているのです。

でも、私はしません。気づきのリンも、気づきの香も、気づきの風も、気づきの音も、私にはいりません。

「場所」は、離れることができます。

今ある私の「場所」から離れることができます。そうすると、今いる私の「場所」とは違った「場所」に行くことになります。お引っ越しです。家出です。

「場所」は、なくなることがあります。

今いる私の「場所」がなくなると、新しい「場所」にいることになります。

「場所」をなくすこともできるみたいですが、私にはとても及びもつきません。全エネルギーをかけても、絶対できません。これができたのはたった1人だそうです。

「場所」に目覚めることがあります。今ある私の「場所」というより、「場所」そのもののことがよく分かるということがあるみたいです。よく分かったような気になることもあります。本当はよく分かっていなかった、と反省させられることがほとんどですが。

この「分かる感」は喜びと捉えられることがあります。「分かる」は楽しいことです。ほんの少しの、まやかしの「目覚めた感」で、神の啓示を受けたと思ってしまう人もいます。自分は神だと勘違いする人もいます。

「場所」が消えることがあるみたいです。
これは、「私」の最終的な行き先のイメージです。
これは、あらゆる「私」たちの落ち着きです。
これは、究極の充実、究極の安らぎを意味します。

2022年3月4日記す

後文(3)

一昨日、NHKのテレビで、哲学者マルクス・ガブリエル当人がする哲学の話を、偶然拝見しました。そこで、私にとって、興味深い言葉が、キーワードとして語られていました。それは、「意味の場　fields of the sense（この英語、少し間違っているかもしれませんが、原語では、Sinnfeld、意味領野とも訳されているみたいです）」という言葉でした。この言葉が、彼の哲学の中で非常に重要な役割を果たしていることが、彼の言葉で語られていました。

興味をそそられましたので、彼の最近出た著書を買うことにしました。『なぜ世界は存在しないのか』（講談社　2018年）と、『新実存主義』（岩波新書　2020年）の2冊を今日手にし、パラパラっと読んでみました。その中で、目に止まった箇所を紹介いたします。

「私の無世界観（『世界は実在しない』）が重要になってくる。実在は宇宙で尽くされるわけではないという見方だ。宇宙の大きさは圧倒的というしかないが、存在するのはそれだけではない。」（『新実存主義』152頁）

「『われわれ独自の〈存在〉のあり方』は、われわれが『軌範のもとで』存在しているという事実にこそあると彼（ブノワ）はいう。『規範のもとでの存在は、たんなる〈存在〉と同じではない。』」（『新実存主義』165頁）

「4という数字は『2＋2』とも書けますし、『3＋1』とも書けます。フレーゲは、『2＋2』や『3＋1』を『与えられ方』と呼び、これを『意味 Sinn』と呼んでいます。（中略）フレーゲの用いる『与えられ方』という言葉の代わりに、わたしたちは『現象』という言葉を用いることにしましょう。すると、意味とは対象が現象する仕方のことである、と定義することができます。」（『なぜ世界は存在しないのか』101頁）

「意味の場とは、何らかのもの、つまりもろもろの特定の対象が、何らかの特定の仕方で現象してくる領域です。」（『なぜ世界は存在しないのか』102頁）

「存在すること＝何らかの意味の場に現象すること」。（『なぜ世界は存在しないのか』108頁）

「わたしたちの生きている世界は、意味の場から意味の場への絶え間のない移行、それもほかに替えのきかない一回的な移行の動き、さまざまな意味の場の融合や入れ子の動きとして理解することができます。全体としての冷たい家郷などの問題ではありません。『全体として』というようなものは存在しないからです。」（『なぜ世界は存在しないのか』142頁）

この二つの本を読んでの感想は、この哲学者は、「確かさを少しずつ積み上げていって英知に到達しようとする（100年以上前に絶えてしまっていますが、）」者ではないし、「ある特別な道具（眼鏡）を使えば新しい世界（画像）が見られますよと言う」者でもないし、「感じているんだ（思っているんだ、見ているんだ）と静かに叫ぶ」者でもないということです。とても興味深く読ませていただきました。

ガブリエルさんは、自分の直感に基づいて出てきた結論（命題）（この場合、一般によく使う言葉は、「仮説」です）に向かって、あらゆる哲学上の議論、たまには、宗教上の議論を再構築することが巧みな人であると思います。しかも、それをする能力は、素晴らしいものがあります。私が彼について興味深いのはその点ではありません。私が勝手に「自分の直感に基づいて出てきた結論」と呼んだもののことです。「世界」という概念は、議論を始める前に、暗黙の了解事項として存在する概念です。詳しくは書く時間はありませんが、それに疑念を持ち、それに非存在を仮説として立てる。それだけで、素晴らしい功績であると思います。

このことは、私が追いかけてきた、仏教の流れの最初から現在までのあらゆる瞬間に、肯定的に存在した命題なのです。

「意味の場」は、私の言う「場（場所）」と非常によく似た概念です。外から見れば、全く同じものに見えます。しかし、全く異なるものです。

彼の言う「意味の場」は、仮説へ導くのに使う非常に強力な道具です。道具そのものに価値はありますが、そのための道具を他の人から借りて、仮説へと導くのに使ったということです。

私の「場（場所）」は、道具ではありません。これは、必ず「私の場（場所）」、あるいは、「あなたの場（場所）」なのです。「場（場所）」という言葉は、何かをするのに組み込まれるようなものではありません。私が変革される時だけ、私が充実した時を過ごせるようになった時だけ、顕現する「ものこと」なのです。

「場（場所）」が消える時、「場（場所）」は、現れるのです。

それが、安らぎであり、充実であるのです。

2022年11月5日記す

家族の言葉

この本を読んでいただき、本当にありがとうございます。

著者、竹市昭英は令和5年1月17日に69歳で亡くなりました。

父が、この本を書き始めたのは、ちょうど病気がわかった頃でした。約3年半の闘病をしながらの本の執筆でした。身体がどんどん思うようにいかなくなる中、最後の最後まで「本のことが気になる」と言っていましたが、残念ながら、本の完成は見られませんでした。本の出版にあたり、父の思いをくみ取りつつ、推敲しましたが、読みづらい箇所や注意書きを書き加えきれない箇所があることを、お詫び申し上げます。

この本は、父の生涯を通しての学び、考え、思いがすべて詰まったものになっていると思います。そして、父特有の話し方や、表現になっており、父がまるでそこで話をしているように感じられます。

父は、この本を読んでいただいた方と、もっともっと話がしたかったことと思います。嬉しい言葉、厳しい言葉、どんなご意見でも、嬉しくて嬉しくてしかたなかったことでしょう。大きな声で、時間も忘れて、嬉しそうに話す父の姿をもっと見たかったです。どうか本を読んでいただいた方で、こんなことを言う人がいたと、お話していただけたら幸いです。

竹市 昭英（たけいち あきひで）
１９５４年１月生まれ
１９７７年 京都大学文学部哲学科（仏教学専攻）卒業
１９８２年 名古屋大学大学院文学研究科博士前期課程
（インド哲学史）中退
光澤寺（真宗大谷派）前住職

本当の仏教の話　下巻

幹(みき)編第6章から枝葉(えだは)編

発　　行　　日　2023年8月20日
著　　　　　者　竹市 昭英
発　　　　　行　光澤寺
岐阜県岐阜市柳津町本郷2－17
株式会社岐阜新聞社
題　　　　　字　竹市 昭英
カバーデザイン　株式会社リトルクリエイティブセンター
臼井南風
編集・制作　岐阜新聞社 読者事業局 出版室
500-8822 岐阜市今沢町12 岐阜新聞社別館4階
TEL：058-264-1620（出版室直通）
印刷・製本　西濃印刷株式会社

ISBN978-4-87797-327-8
JASRAC 出 2304814-301